本书是国家社科基金重点项目（14AZD058）的最终研究成果、
国家社科基金重大项目（专项立项）（项目批准号：18VSJ056）
与教育部人文社科重点研究基地重大项目（项目号：17JJD790001）的阶段性成果。

DEVELOPMENT AND OPENING-UP OF CHINESE PRODUCER SERVICES
Theory, Empirics, and Strategy

中国生产性服务业发展与开放

理论、实证与战略

程大中◎著

复旦大学出版社

前　言

　　现代经济增长不仅是经济结构尤其是产业结构不断演进和变化的过程,也是劳动分工不断深化和扩大的过程。在这一过程中,服务业在国民经济中的比重趋于上升。在服务业内部,随着分工深化而发挥着中间品作用的生产性服务业(producer services)变得越来越重要。从当前的国际背景来看,世界经济的服务化、全球化、自由化与实体化趋势没有根本性改变。在这一趋势下,生产性服务业的发展与开放呈现出新的特征、态势与机制。本书正是基于这一深刻背景,从理论与经验两个层面较为深入地研究了中国生产性服务业的发展基础与国际竞争力、对外开放与自由化程度、对外开放动因与经济效应,借此提出扩大中国生产性服务业对外开放的路径与战略。

　　本书共分为九章。第一章主要阐述生产性服务(业)的基本含义与意义、本项研究的现实背景和主题以及内在逻辑与结构安排。第二章从四个维度即生产性服务(业)的界定和功能及中国问题、开放水平测算与评估、对外开放(或自由化)的影响以及战略与路径问题,评介已有相关代表性文献,指出本书的主要研究工作以及可能贡献。第三章是整个研究的基本理论基础,从理论上探讨全球价值链分工背景下生产性服务的增长机制与经济效应,并以此为基础进行了实证检验。第四、五章分别从国内产业与国际贸易两个角度,比较分析中国生产性服务业的发展水平、结构变化、产业关联以及国际竞争力,并检验了服务国际竞争力对服务贸易差额的影响。第六、七章分别基于全球价值链(GVC)参与程度和国内外增加值含量分解、限制性壁垒指数等指标,比较分析了中国服务业(包括生产性服务业)的自由化与对外开放水平。第八章探究了中国生产性服务业对外开放的基本动因,主要包括服务行业自身的显性比较优势(RCA)、参与GVC分工程度以及伙伴经济体服务行业壁垒等因素。第九章则总结本书的主要研究工作及发现,并对相关政策含义进行讨论。

本书得到的研究结论主要包括:(1)全球价值链分工拓展了市场容量,增加了作为中间品的生产性服务的可得种类(varieties);全球价值链分工引发的竞争促进了生产性服务的生产效率,进而提高了最终品生产乃至整个经济的生产率,有助于治疗"成本病"(cost disease)。(2)与其他样本经济体相比,中国生产性服务业的发展水平相对较低;国民经济中的物质性投入消耗相对较大,而服务性投入(生产性服务)消耗相对较小;国民经济的增加值比率也相对较低。这一状况即使在考虑到经济发展阶段的影响之后仍然如此。(3)中国大多数产业的生产性服务投入率均比其他经济体的平均水平(甚至比大部分经济体)要低,表明后者的服务经济发展水平高于中国,而中国目前仍处于工业化发展阶段,尚未进入服务经济时代。(4)无论是以总值贸易还是以增加值贸易衡量,中国服务行业包括生产性服务业的显性比较优势指数都很低,意味着中国服务行业的国际竞争力较弱。服务国际竞争力越高(低),服务贸易顺差的规模或可能性就越大(小)。(5)以投入下游度(ID指数)与产出上游度(OU指数)衡量,中国服务业参与GVC分工的程度都很高,而且在样本时期里大多数服务行业参与GVC分工的水平都出现了不同程度的提升。但中国服务行业购买的外国增加值占比(FV_buy)、被外国使用的增加值占比(FV_sell)都很低,这与库兹涅茨的发现相一致,即大国(及其行业)的对外贸易依存度一般较低。(6)以服务贸易限制性壁垒(STRI)总指数衡量,中国属于世界上服务市场限制程度最高的少数几个经济体之一。以分项STRI指数衡量,外国准入限制是绝大多数服务行业最为关键的限制性壁垒。2014—2018年,中国所有服务行业的规制透明度都趋于恶化,人员流动限制与其他歧视性措施有增无减,竞争壁垒在大多数行业趋于增加。在服务市场的人员流动限制方面,中国是中等偏宽松一些的国家。但以竞争壁垒、外国准入限制、规制透明度及其他歧视性措施壁垒衡量,中国属于世界上服务市场开放度和自由度最低的少数几个国家之一。有些服务部门(如广播、电信等)的限制性壁垒较高,可能是因为这些部门受到政治与意识形态因素的影响太大。(7)全部样本实证分析表明,服务行业参与GVC分工的程度越深、服务行业的显性比较优势越强,则其受到的限制性壁垒就越低,即服务行业就越开放。针对中国的实证分析表明,服务行业的显性比较优势越强,则其受到的限制性壁垒就越低,而服务行业参与GVC分工的程度对其对外开放程度的影响则不确定或不显著;但如果伙伴经济体服务行业的限制性壁垒越高,则中国服务行业的限制性壁垒也会越高。这表明,中国服务行业对外开放的基本动因是基于"部门对等互惠"和"公平贸易"意义上的"讨价还价",而不是完全基于自身的显性比较优势与GVC分工参与程度。

本书研究得到的政策启示主要是:(1)推动服务市场尤其是生产性服务市场的开放与竞争、打破封闭与垄断是扩张国内外市场容量的有效途径,这有助于扩大产出规模,形成规模经济效应,从而扩大对生产性服务的中间需求、促进生产性服务业增长。(2)在全球价值链分工背景下,经由开放与竞争而获得多样化、高效率的生产性服务将有助于提升生产性服务使用者(如最终产品/行业)的生产率。如果没有生产性服务领域的改革开放,仅靠生产性服务使用者(如制造业和农业领域)的改革开放,无法有效而最大限度地增进"双重"(生产性服务的数量与质量、生产性服务的提供者与使用者)经济绩效。(3)服务贸易领域的"质量竞争"可能比"价格竞争"更重要。中国发展服务贸易应该更加关注非价格(成本)因素的作用,特别是要把提高服务质量作为重中之重。但服务质量是多维度的,受到很多经济与非经济因素的影响。(4)中国应该积极主动扩大与深化服务行业(包括生产性服务业)的市场化改革与开放,切实增强国内服务生产能力、提高服务质量和建立可靠的提供服务的信誉,从而提高自身服务业的国际竞争力。获得高质量和低成本的服务特别是生产性服务将会增加商品的产出,并使其在国际市场上更具竞争力,从而形成制造业与服务业、货物贸易与服务贸易良性互动的局面。

总之,要解放思想,回归生产性服务业的经济属性;打破行政性垄断,促进生产性服务业的市场竞争;降低交易成本,发挥好生产性服务业的黏合剂作用;顺应全球服务自由化趋势,推动生产性服务业的对外开放;鼓励服务创新,促进生产性服务业与其他产业有效融合;完善统计核算,提高生产性服务业发展、改革与开放的透明度。只有这样,中国的生产性服务业才能够最终实现从行政性垄断向市场竞争的转型、从企业内部循环向市场循环的转型、从低端市场循环向高端市场循环的转型,从而提高中国生产性服务业的发展水平与国际竞争力,为中国整体经济的长期可持续发展提供有力支撑。

目　　录

第一章　生产性服务业发展与开放：现实问题与启示　/ 001
    第一节　生产性服务（业）的含义与意义　/ 001
    第二节　经济"四化"趋势与生产性服务业发展和开放　/ 004
    第三节　研究主题及其内在逻辑　/ 012
    第四节　结构安排　/ 014

第二章　生产性服务业相关研究概述　/ 017
    第一节　文献发展脉络　/ 017
    第二节　生产性服务（业）：界定、功能与中国的问题　/ 019
    第三节　关于生产性服务业开放水平的测算与评估　/ 024
    第四节　关于生产性服务业开放（或自由化）的影响　/ 027
    第五节　关于生产性服务业开放/自由化的战略与路径　/ 032
    第六节　本章小结　/ 036
    附录　/ 037

第三章　生产性服务业的增长机制与效应分析　/ 038
    第一节　引言：文献与分析思路　/ 038
    第二节　模型分析与假说　/ 040
    第三节　计量模型与数据　/ 047
    第四节　经验分析结果　/ 055
    第五节　基本结论与政策启示　/ 063
    附录　/ 064

第四章　中国生产性服务业发展水平、结构与产业关联　/ 068

- 第一节　投入-产出方法及相关指标构建　/ 068
- 第二节　数据　/ 074
- 第三节　生产性服务业的发展水平与结构差异　/ 076
- 第四节　生产性服务业的产业关联　/ 092
- 第五节　本章主要结论　/ 107
- 附录　/ 111

第五章　中国生产性服务业的国际竞争力　/ 117

- 第一节　基本背景与问题的提出　/ 117
- 第二节　分析方法与数据　/ 122
- 第三节　总体服务的国际竞争力比较　/ 128
- 第四节　分项服务的国际竞争力比较　/ 133
- 第五节　服务的国际竞争力如何影响服务贸易差额　/ 142
- 第六节　本章小结　/ 150
- 附录　/ 151

第六章　中国生产性服务业参与全球价值链分工分析　/ 154

- 第一节　数据与方法　/ 154
- 第二节　生产性服务业的 GVC 参与程度测算　/ 158
- 第三节　生产性服务业的国内外增加值分解　/ 167
- 第四节　本章主要结论与讨论　/ 176
- 附录　/ 177

第七章　中国生产性服务业对外开放壁垒分析　/ 181

- 第一节　全球服务领域自由化的制度安排及其演进　/ 181
- 第二节　基本数据　/ 186
- 第三节　总体限制性壁垒分析　/ 189
- 第四节　分项限制性壁垒分析　/ 192
- 第五节　本章主要结论与讨论　/ 212

第八章　中国生产性服务业对外开放的动因分析　/ 215
　　第一节　引言:机制分析与问题的提出　/ 215
　　第二节　数据及变量处理　/ 219
　　第三节　基于全部样本的计量分析　/ 223
　　第四节　针对中国的计量分析　/ 234
　　第五节　因果关系与内生性问题　/ 241
　　第六节　本章主要结论与讨论　/ 250
　　附录　/ 251

第九章　促进中国生产性服务业对外开放的战略与政策思考　/ 252
　　第一节　主要研究工作及发现　/ 252
　　第二节　战略和政策启示及讨论　/ 258

参考文献　/ 266

后记　/ 283

图 表 目 录

表格目录：

表 3-1	GVC 分工与产出规模：对假说 1 的检验	/ 055
表 3-2	生产性服务相对就业与产出规模：对假说 2 的检验	/ 056
表 3-3	生产性服务与生产率：对假说 3 的检验	/ 058
表 3-4	内生性检验：对假说 1 和假说 2 的 2SLS 回归	/ 060
表 3-5	内生性检验：对假说 3 的 2SLS 回归	/ 060
表 3-6	不同技能劳动力：对假说 2 的检验	/ 061
表 3-7	不同技能劳动力：对假说 3 的检验	/ 062
表 4-1	跨国投入-产出表的基本结构	/ 070
表 4-2	产业关联：后向关联与前向关联	/ 074
表 4-3	2000—2014 年 WIOD 数据的经济体与行业样本	/ 075
表 4-4	2014 年中国生产性服务的部门构成：与美国、印度的比较（%）	/ 085
表 4-5	2014 年各样本经济体的生产性服务投入去向（%）	/ 086
表 4-6	2014 年中国各服务部门的生产性服务比率（PSR，%）：与美国、印度比较	/ 090
表 4-7	2014 年各样本经济体五大行业的服务投入率（SIR，%）	/ 092
表 4-8	2014 年中国五大类产业的分类服务投入率（SIR，%）	/ 096
表 4-9	2014 年样本经济体五大类产业的分类服务投入率平均值（%）	/ 099
表 4-10	中国服务行业的后向关联	/ 102
表 4-11	中国服务行业的前向关联	/ 104
表 4-12	基于标准化关联系数的中国服务业分类	/ 106
表 5-1	2000—2014 年中国 22 个服务行业的 RCA 指数及其变化	/ 139

表 5-2	基于多边回归方程(5-3)的计量分析	/ 144
表 5-3	分经济体多边计量分析:基于 16 个贸易大国	/ 145
表 5-4	基于双边回归方程(5-4)的计量分析	/ 146
表 5-5	分经济体双边计量分析:基于 16 个贸易大国	/ 147
表 5-6	基于多边回归方程(5-3)的计量分析:内生性检验	/ 148
表 5-7	基于双边回归方程(5-4)的计量分析:内生性检验	/ 149
表 6-1	2000—2014 年中国 22 个服务行业参与 GVC 分工程度的变化	/ 164
表 6-2	2000—2014 年中国 22 个服务行业的增加值分解及其变化	/ 173
表 7-1	超出 WTO 的经贸新议题与新领域	/ 183
表 7-2	STRI 指数涵盖的样本经济体与行业	/ 188
表 8-1	三个数据集的样本经济体匹配	/ 220
表 8-2	WIOD 与 STRI 的样本服务行业匹配	/ 221
表 8-3	主要变量统计描述:2014 年全球样本	/ 224
表 8-4	STRI 指数与 GVC 参与程度、显性比较优势之间的 Pairwise 相关性:2014 年全球样本	/ 225
表 8-5	对总体限制性指数 STRI 的回归分析:因变量为 lnSTRI	/ 227
表 8-6	对分项限制性指数的 OLS 回归分析结果:因变量为分项指数	/ 228
表 8-7	主要变量统计描述:全球样本	/ 229
表 8-8	STRI 指数与 GVC 参与度、RCA 指数的 Pairwise 相关性:全球样本	/ 230
表 8-9	对总体限制性指数 STRI 的回归分析:自变量滞后 5 年	/ 232
表 8-10	对分项限制性指数的 OLS 回归分析结果:因变量为分项指数	/ 234
表 8-11	主要变量统计描述:中国样本	/ 235
表 8-12	STRI 指数与 GVC 参与度、显性比较优势之间的 Pairwise 相关性:中国样本	/ 236
表 8-13	对中国总体限制性指数 STRI 的回归分析(自变量滞后 5 年):未考虑伙伴经济体的总体限制性壁垒	/ 238
表 8-14	对中国分项限制性指数的 OLS 回归分析:因变量为分项指数(未考虑伙伴经济体的壁垒)	/ 238

表 8-15　中国与其他样本经济体在服务行业壁垒设置上的相关性　/ 239
表 8-16　对中国总体限制性指数 STRI 的回归分析:考虑美国的
　　　　　总体限制性壁垒(lnSTRI_USA)　/ 242
表 8-17　对中国总体限制性指数 STRI 的回归分析:考虑英国的
　　　　　总体限制性壁垒(lnSTRI_GBR)　/ 243
表 8-18　对中国总体限制性指数 STRI 的回归分析:考虑德国的
　　　　　总体限制性壁垒(lnSTRI_DEU)　/ 244
表 8-19　对中国总体限制性指数 STRI 的回归分析:考虑日本的
　　　　　总体限制性壁垒(lnSTRI_JPN)　/ 245
表 8-20　对中国总体限制性指数 STRI 的回归分析:考虑韩国的
　　　　　总体限制性壁垒(lnSTRI_KOR)　/ 246
表 8-21　对中国总体限制性指数 STRI 的回归分析:考虑俄罗斯的
　　　　　总体限制性壁垒(lnSTRI_RUS)　/ 247
表 8-22　对总体限制性指数 STRI 的回归分析:GMM 估计
　　　　　(自变量滞后 5 年,全部样本)　/ 248
表 8-23　对中国总体限制性指数 STRI 的回归分析:GMM 估计
　　　　　(自变量滞后 5 年,未考虑伙伴经济体的总体限制性壁垒)　/ 249

表格附录:
表 A2-1　2008—2017 年国家社科基金资助的服务业相关研究重大与
　　　　　重点课题　/ 037
表 A3-1　样本经济体与行业　/ 064
表 A3-2　核心变量的统计描述(1996—2009)　/ 066
表 A8-1　对总体限制性指数 STRI 的回归分析:因变量为 lnSTRI　/ 251

图示目录:
图 1-1　生产性服务(业)的含义:与消费性服务(业)比较　/ 002
图 1-2　分工演进与生产性服务外部化　/ 003
图 1-3　2016 年全球不同收入水平经济体的服务业占比　/ 005
图 1-4　2016 年全球收入水平与服务业占比的相关性　/ 006

图1-5	各经济体整体服务业产出中的中间使用占比(%)	/ 007
图1-6	各经济体各行业产出中的中间使用占比(%)	/ 008
图1-7	全球价值链分工中的生产性服务：中国与发达经济体的比较	/ 009
图1-8	1990—2016年跨国公司海外附属机构(FA)的生产与贸易	/ 011
图1-9	本书的主要内容与结构安排	/ 014
图2-1	关于服务、服务业、生产性服务业及服务贸易问题的经济学研究简史	/ 017
图2-2	市场化与非市场化的服务(业)	/ 022
图3-1	直接生产活动(D)与间接生产活动(生产性服务)(S)的组合	/ 041
图3-2	生产性服务的增长机制与生产率效应	/ 045
图3-3	1996—2009年全球价值链分工的演进	/ 050
图3-4	1996—2009年两种分工指数之间的相关关系	/ 051
图3-5	1996—2009年生产性服务活动的劳动力含量变化（相对于直接生产活动的比重，年平均）	/ 053
图3-6	最终产品或部门的生产率变化(对数值、年平均)	/ 054
图4-1	全部样本经济体的国民经济增加值率(VAR)(%)	/ 076
图4-2	中国国民经济的增加值率(VAR)(%)：与其他代表性经济体的比较	/ 077
图4-3	国民经济增加值率(VAR)与实际人均GDP(对数值，纵轴)的关系	/ 078
图4-4	中国的服务投入率(SIR,%)：与其他代表性经济体的比较	/ 078
图4-5	全部样本经济体的服务投入率(SIR,%)	/ 079
图4-6	服务投入率(SIR)与实际人均GDP(对数值，纵轴)的相关关系	/ 080
图4-7	全部样本经济体的服务产出占总产出的比重(STOT,%)	/ 080
图4-8	中国的服务产出占总产出的比重(STOT,%)：与代表性经济体比较	/ 081
图4-9	服务产出占总产出比重(STOT,%)与实际人均GDP（对数值，横轴）的相关关系	/ 081
图4-10	中国的生产性服务比率(PSR,%)	/ 082
图4-11	全部样本经济体的生产性服务比率(PSR,%)	/ 082

图 4-12　生产性服务比率(PSR,%)与实际人均 GDP(对数值,纵轴)
的相关关系　　　　　　　　　　　　　　　　　　　　／ 083

图 4-13　2014 年样本经济体的生产性服务构成(PS_comp,%)　／ 084

图 4-14　2014 年各样本经济体的生产性服务投入去向(PS_use,%)　／ 089

图 4-15　2014 年样本经济体各服务部门的生产性服务比率(PSR,%)　／ 091

图 4-16　2014 年各样本经济体、各行业的服务投入率(SIR,%)　／ 095

图 4-17　2014 年房地产行业的产业关联:所有样本经济体的比较　／ 107

图 4-18　2000—2014 年中国的产业关联:基于所有行业的比较　／ 109

图 5-1　世界服务贸易进出口及其占总体贸易比重:基于 BOP 统计　／ 118

图 5-2　服务贸易比重与人均收入水平的关系:基于 2017 年全球
各经济体　　　　　　　　　　　　　　　　　　　　／ 119

图 5-3　中国服务贸易进出口及其占总体贸易比重:基于 BOP 统计　／ 119

图 5-4　人均收入水平与贸易差额的关系:2017 年　　　　　　／ 120

图 5-5　2014 年 43 个样本经济体的总体服务出口占总出口的
比重(%)分布:基于总值贸易的测算　　　　　　　　　／ 125

图 5-6　2014 年样本经济体的总体服务出口占总出口的比重(%)
比较:基于总值贸易的测算　　　　　　　　　　　　／ 126

图 5-7　2014 年 43 个样本经济体的总体服务出口占总出口的
比重(%)分布:基于增加值贸易的测算　　　　　　　　／ 127

图 5-8　2014 年样本经济体的总体服务出口占总出口的比重(%)
比较:基于增加值贸易的测算　　　　　　　　　　　／ 128

图 5-9　中国服务与货物出口的国际竞争力:基于总值 RCA 指数
(RCA_GE)与增加值 RCA 指数(RCA_VE)的比较　　　／ 129

图 5-10　服务出口国际竞争力的国际比较及动态变化　　　　　／ 130

图 5-11　2000—2014 年各经济体服务的国际竞争力排序与比较　／ 131

图 5-12　服务国际竞争力与收入水平的关系　　　　　　　　　／ 133

图 5-13　2014 年中国服务行业的 RCA 指数:与其他经济体比较　／ 134

图 5-14　2014 年服务行业的 RCA 指数:中国与其他经济体的比较　／ 136

图 5-15　2000—2014 年各经济体服务行业的国际竞争力排序与比较　／ 138

图 5-16　2000—2014 年中国服务行业的增加值分解及其变化　　／ 141

图 6-1	对一单位产出所含直接和间接增加值的追踪	/ 157
图 6-2	2014年中国服务行业参与GVC分工的程度：与其他国家的比较	/ 159
图 6-3	2014年服务行业参与GVC分工的程度：中国与其他经济体的比较	/ 161
图 6-4	2000—2014年各经济体服务行业参与GVC分工程度比较	/ 163
图 6-5	2000—2014年中国服务行业参与GVC分工程度的变化	/ 166
图 6-6	2014年中国服务行业的增加值分解：与其他经济体比较	/ 168
图 6-7	2014年服务行业的增加值分解：中国与其他经济体的比较	/ 170
图 6-8	2000—2014年各经济体服务行业的增加值分解比较	/ 172
图 6-9	2000—2014年中国服务行业的增加值分解及其变化	/ 175
图 7-1	现代多边贸易体制的发展历程	/ 182
图 7-2	2018年服务行业的总体限制性壁垒：中国与其他经济体比较	/ 190
图 7-3	2014—2018年各经济体的总体限制性壁垒比较	/ 191
图 7-4	2014—2018年中国23个服务行业的总体限制性壁垒变化	/ 192
图 7-5	中国各服务行业的分项限制性壁垒及其变化	/ 193
图 7-6	2018年服务行业的竞争壁垒：中国与其他经济体的比较	/ 195
图 7-7	2014—2018年各经济体服务行业的竞争壁垒比较	/ 196
图 7-8	2014—2018年中国22个服务行业的竞争壁垒变化	/ 197
图 7-9	2018年服务行业的外国准入限制：中国与其他经济体的比较	/ 198
图 7-10	2014—2018年各经济体服务行业的外国准入限制比较	/ 199
图 7-11	2014—2018年中国22个服务行业的外国准入限制变化	/ 200
图 7-12	2018年服务行业的人员流动限制：中国与其他经济体的比较	/ 201
图 7-13	2014—2018年各经济体服务行业的人员流动限制比较	/ 203
图 7-14	2014—2018年中国22个服务行业的人员流动限制变化	/ 203
图 7-15	2018年服务行业的规制透明度：中国与其他经济体的比较	/ 205
图 7-16	2014—2018年各经济体服务行业的规制透明度比较	/ 206
图 7-17	2014—2018年中国22个服务行业的规制透明度变化	/ 207
图 7-18	2018年服务行业的其他歧视性措施：中国与其他经济体的比较	/ 208

图 7-19　2014—2018 年各经济体服务行业的其他歧视性措施比较　/ 209

图 7-20　2014—2018 年中国 22 个服务行业的其他歧视性措施变化　/ 210

图 7-21　2014—2018 年中国的数字服务贸易壁垒：与其他代表性
经济体的比较　/ 211

图 7-22　数字服务贸易的分项限制性壁垒及其变化：中国与其他
经济体的比较　/ 212

图 8-1　服务业对外开放政策形成的政治经济学分析框架　/ 216

图 8-2　总体 STRI 指数与 GVC 参与度、RCA 指数的相关性：
2014 年全球样本　/ 226

图 8-3　总体 STRI 指数与 GVC 参与度、显性比较优势的相关性：
全球样本　/ 232

图 8-4　总体 STRI 指数与 GVC 参与程度、显性比较优势的相关性：
中国样本　/ 237

图 9-1　服务与商品"两分法"的经济学与哲学探源　/ 259

图示附录：

图 A3-1　生产性服务活动的劳动力含量比重(logs)：来自国内
(logs_home)与来自国外(logs_foreign)的比较　/ 067

图 A3-2　生产性服务活动的劳动生产率(logq)：国内(logq_home)与
国外(logq_foreign)的比较　/ 067

图 A4-1　2014 年中国各细分行业(56 个)的分类服务投入率(SIR,%)
　/ 111

图 A4-2　2014 年样本经济体五大类产业的分类服务投入率(SIR,%)　/ 114

图 A4-3　2014 年样本经济体的产业关联：基于所有行业的比较　/ 116

图 A5-1　2017 年全球各经济体的服务业与服务贸易比重分布　/ 151

图 A5-2　人均收入水平与贸易差额的关系：2017 年子样本　/ 152

图 A5-3　2000—2014 年各样本经济体货物出口的国际竞争力比较　/ 153

图 A6-1　2000—2014 年各经济体所有行业参与 GVC 分工程度比较　/ 178

图 A6-2　2000—2014 年各经济体所有行业的增加值分解比较　/ 180

第 一 章

生产性服务业发展与开放：
现实问题与启示

经济增长是非常重要的，"一旦你开始考虑它们，就很难再考虑其他事情了"[1]。而现代经济增长的最重要特征之一，就是快速的结构转换率[2]。在这一过程中，服务业在国民经济中的比重趋于上升。在服务业内部，随着分工深化而发挥着中间品作用的生产性服务业（producer services）则变得越来越重要。本章首先讨论生产性服务（业）的基本含义与意义，然后立足世界经济发展的"四化"趋势，即经济服务化、经济全球化、经济自由化与经济实体化，并结合中国经济的现实背景，分析生产性服务业发展和开放呈现出的新特征、新态势与新机制，揭示本项研究的现实意义，提出要研究的主要问题及其内在基本逻辑。

第一节 生产性服务（业）的含义与意义

国民经济中的服务业包括很多部门与行业，那些为生产者提供作为中间投入的服务的部门与行业统称为生产性服务业（或称生产者服务业）。生产性服务业的界定是基于对服务业或服务部门的功能性分类，最早由 Greenfield(1966)提出，后经过 Browning and Singelmann(1975)等学者的发

---

[1] 原文为"Once one starts to think about them, it is hard to think about anything else."参见 Lucas, Robert, 1988, "On the Mechanics of Economic Development", *Journal of Monetary Economics*, 22 (1), pp. 3-42.
[2] Kuznets, Simon, 1973, "Modern Economic Growth: Findings and Reflections", *American Economic Review*, 63, pp. 247-258.

展而得到深化。如果服务能够像有形商品那样被区分为中间品和消费品,生产性服务无疑对应着作为中间投入品(intermediate inputs)的服务,而消费性服务(或称"消费者服务业",consumer services)则是作为最终消费品的服务。

在外延上,生产性服务是指具有中间投入功能的相关服务行业。但在实际经济统计中,生产性服务业的行业划分与界定是个难点,因为有些(纯粹的)生产性服务业的使用主体仅仅是生产者或企业,如审计服务。但有些(混合的)服务行业(如交通运输服务、银行服务)既可以作为生产性服务,为生产者或企业所用(因为企业需要);也可以作为消费性服务,为个人或家庭所用(因为一般消费者也需要),只不过不同服务行业的侧重点有所不同而已(见图1-1)[1]。

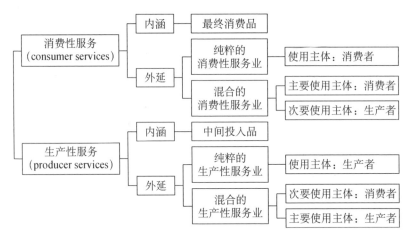

图1-1 生产性服务(业)的含义:与消费性服务(业)比较

资料来源:笔者制作而成。

生产性服务业的发展存在着一个规律性趋势,即由"内部化"或"非市场化"向"外部化"或"市场化"演进(如图1-2所示)[2]。在经济发展水平与市场化程度较低、市场交易成本较高时,生产性服务通常由企业自身来提供;随着经济的发展、市场化程度的提升以及市场交易成本的降低,经济系统中就

---

[1] 纯粹的消费性服务业包括娱乐文化服务、医疗健康服务等。
[2] Cheng and Daniels(2014)对此做了详细的讨论。

开始涌现出专门提供诸如财会、营销、咨询、物流等服务的独立市场主体,服务需求者可以通过市场来购买所需的各类服务,而无须进行自我服务。

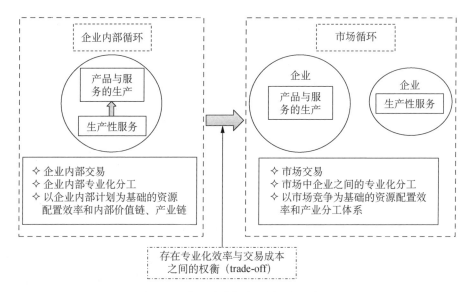

图1-2 分工演进与生产性服务外部化

资料来源:笔者制作而成。

从这一层意义上讲,生产性服务又可以分为企业内部自我提供的生产性服务与通过市场交易而获得的生产性服务。前者可以反映企业内部专业化分工以及以企业内部计划为基础的资源配置效率和内部产业链状况,而后者则反映市场之中企业与企业之间的专业化分工以及以市场竞争为基础的资源配置效率和产业分工体系。生产性服务的外部化、市场化与产业化发展是专业化分工和资源配置从企业内部向市场之中的自然扩展。伴随这一趋势,一方面,企业内部的价值链和产业链会得到优化,核心竞争力会得以提升;另一方面,企业乃至整个经济的资源配置和利用效率会得以提高,产业分工与产业结构更趋合理,整体经济的创新力与竞争力随之提升。

生产性服务业的发展不仅反映出其自身专业化分工的广度(服务门类或种类)与深度(服务质量与效率),还反映出与其他产业之间的分工水平。尽管农业、制造业与服务业的发展都需要生产性服务业,但在工业化阶段生产性服务业的主要服务对象是制造业,工业化阶段也是分工迅速深化的阶段。

在微观层面,现代大工业生产的福特主义(Fordism)渐趋瓦解,信息技术革命引发的温特尔主义(Wintelism)悄然兴起。企业的生产模式与业务流程正发生巨大变化,从大规模生产到定制生产,再到大规模定制,生产环节与业务单元的模块化与外包趋势逐渐增强。

微观层面的变革引发中观层面新的产业分工的形成。新的产业分工不同于传统的水平分工和垂直分工,而是以"微笑曲线"为代表的价值链分工模式,这在IT制造业领域表现得尤为明显。"微笑曲线"的两端(生产的上下游阶段)是以研发、销售、物流、售后服务等为主要内容的生产性服务,这些阶段的附加值较高。"微笑曲线"的底部(生产的中游阶段)主要是制造、加工或组装过程,这一阶段的利润空间较小。

生产性服务在这一价值链分工的作用,不仅体现在其自身作为利润源泉的价值,更体现在其作为各个专业化生产环节的纽带而产生的"黏合剂"功能。通过生产性服务业这一纽带,制造业逐渐服务化,服务业逐渐机械化、自动化,两大产业相互融合、互动发展。在这一趋势下,经济效率越来越取决于在不同生产活动之间建立起来的相互联系,而不仅仅取决于生产活动本身的生产率状况(Riddle,1986;程大中,2004)。

第二节 经济"四化"趋势与生产性服务业发展和开放

从国际背景看,世界经济发展存在的"四化"趋势(经济服务化、经济全球化、经济自由化与经济实体化)没有改变。在这一趋势下,生产性服务业的发展与开放呈现出新的特征、态势、要求与机制。反观中国国内,我们却发现一些与国际发展趋势不同步、不一致、甚至相悖的方面,由此导致的问题与矛盾不能不引起重视,也需要进行深入研究。

一、经济服务化与生产性服务业的兴起

世界经济发展史表明,从农业经济到工业经济再到服务业经济,是人类社会经济发展的必然趋势(Fuchs,1968;Riddle,1986)。18世纪中后期的工业革命实际上开启了从农业文明到工业文明的演进;全球的工业化主要是发达国家的工业化,正式开始于18世纪中叶。当时的中国正处于清朝乾隆

年间。乾隆是一个非常幸运的皇帝,他见证了全球工业化的开始、见证了美国的诞生。但在全球快速工业化的过程中,中国实际上错过了工业化。中国是一个农业主导的社会,马克思说的亚细亚生产方式在中国比较明显,持续了几千年的历史,而这个历史没有跟上世界工业文明的步伐。

第二次世界大战结束之后,世界经济出现了新的转型,就是服务业革命。相对于工业革命,服务业革命是悄悄进行的。工业革命是以大机器的生产为主要特征,而服务业革命则悄无声息,并且主要发生在以美国为代表的发达国家。美国是第二次世界大战之后世界上第一个进入服务经济的国家,随后很多其他国家也都进入了这样的时代。图 1-3 和图 1-4 显示服务业占 GDP 的比重随着收入水平的提高而上升。目前,全球服务业占 GDP 的比重平均达到 65%,高收入经济体已经接近 70%。

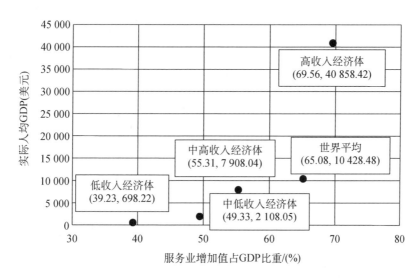

图 1-3 2016 年全球不同收入水平经济体的服务业占比

注:实际人均 GDP 以 2010 年不变价格美元衡量。每组经济体的坐标依次为服务业比重(%)与实际人均 GDP(美元)。
资料来源:基于世界银行数据整理而得。

在 20 世纪中叶很多发达国家逐步跨入服务经济时代的时候,中国则进入了高度封闭的计划经济时期。这个时期的经济发展战略主要是以工业特别是重工业为主导的发展战略。如果从人类历史的发展长河来看,中国计划经济时代工业优先的发展战略似乎是在补清朝时期落下的工业化的课。对

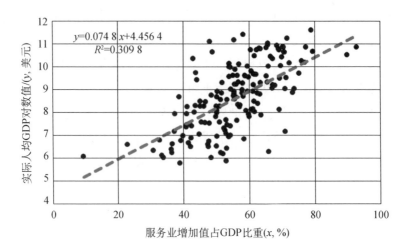

图1-4 2016年全球收入水平与服务业占比的相关性

注：实际人均GDP以2010年不变价格美元衡量。
资料来源：基于世界银行数据整理而得。

于一个大国来说，没有工业化基础的后果是不可想象的。对于这个时期中国产业结构调整有很多研究和讨论，但是事实就是这样。

改革开放以后，中国的产业结构过于重化，服务业的发展严重不足。目前，在世界进入服务经济时代的时候，中国实际上面临的是如何在工业化升级的同时，促进服务经济的发展。这是整个人类发展的大趋势，也是中国进一步发展的大趋势。这个趋势背后的经济学基本逻辑包括两个方面：第一，从供给方面来讲，这是专业化分工深化、细化的结果；第二，从需求来看，人类最终需求趋于多样化、高级化。这两个方面都是随着人类社会的发展而不断演进的。分工的深化、人类需求的高级化和多样化促进了服务经济的多样性发展。

在经济服务化（服务业逐渐超过其他行业而成为经济发展主导产业）的过程中，服务业内部的部门/行业结构也在悄然变化：生产性服务业（如金融服务、信息通信技术即ICT服务、商务服务、专业服务等）的重要性持续上升并成为整个服务业中所占比重最高的行业类别；这类行业往往具有较高的需求收入弹性、较高的可贸易性（tradability）、较显著的生产率增长（因普遍采用ICT技术）以及既面向企业也面向家庭的双重经济功能等特征（Eichengreen and Gupta，2013）。

如果采用投入-产出法进行测算,则目前整体服务业的总产出作为中间使用(intermediate use)的比重超过30%(见图1-5的不同经济体比较)。其中,批发贸易、运输、邮电通信、金融中介服务及其他商务服务的产出有超过50%的比重作为中间使用,因而这些服务行业最具有生产性服务的特点(见图1-6)。

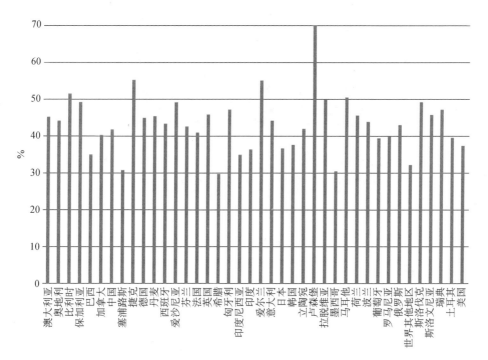

图1-5 各经济体整体服务业产出中的中间使用占比(%)

注:以2009年的不变价格WIOD数据为基础进行计算而得。
资料来源:基于WIOD数据计算而得。

二、经济全球化与国际分工新趋势

经济全球化具体表现为生产、贸易、投资等方面的全球化,其背后作用机制是国际分工的深化与细化。这一分工演化表现为,逐渐由产业间分工演进到产业内分工再到价值链分工(Grossman and Rossi-Hansberg,2008;UNCTAD,2011)。在价值链分工的背景下,如何协调与联结价值链分工导致的高度分散化的生产活动与无国界的复杂生产网络?生产性服务就是关

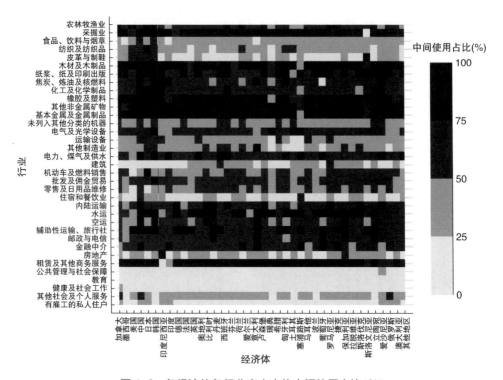

图 1-6　各经济体各行业产出中的中间使用占比(%)

注：以 2009 年的不变价格 WIOD 数据为基础进行计算而得。
资料来源：基于 WIOD 数据计算而得。

键。像运输与物流、金融、信息、分销、专业服务等这些生产性服务不仅在全球产业链和价值链分工中起到"黏合剂"的作用，而且其本身也是全球增加值贸易(trade in value added)的重要组成部分(Jones and Kierzkowski, 1990; Mattoo, Wang and Wei, 2013; UNCTAD, 2013)。

根据联合国贸发会议(UNCTAD, 2013)的统计，全球约 60% 的贸易为中间品贸易(包括有形产品与服务)，这些中间产品和服务(生产性服务)在不同阶段被纳入供最终消费的产品和服务的生产过程；尽管服务业在全球 BOP(国际收支平衡表统计)净出口中仅占 20% 左右的份额，但出口增加值中几乎有一半(46%)是由服务部门的活动贡献的，因为大部分出口制造品在生产过程中都需要投入服务(作为中间投入的生产性服务)。另外，全球 60% 以上的 FDI 都流向了服务业，而在服务业中又有 60% 以上的 FDI 流向了主要承担生产性服务功能的服务行业(UNCTAD, 2004)。

在这样的全球产业链、价值链与创新链分工格局中,美国等发达经济体无疑处于主导地位,占据这些链条的高端以及生产性服务市场的高端,中国要么被排斥在这种分工格局以及"高端生产性服务↔高端制造业"市场循环之外,要么处于这些链条的低端及"低端生产性服务↔低端制造业"市场循环的陷阱(见图 1-7)。如何突破目前的困局? 本书将进行初步的探讨。

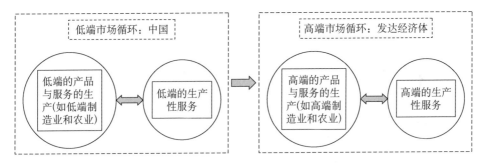

图 1-7 全球价值链分工中的生产性服务:中国与发达经济体的比较

资料来源:笔者制作而成。

三、经济自由化与生产性服务业对外开放

我们可以从两个层面观察经济自由化的趋势。在国家层面上,为了抓住和利用好经济全球化带来的机遇并借此推进贸易投资战略以及经济发展战略,各国、各地区都在追求更高水平的经济开放与自由化,包括促进生产性服务业的改革与开放。

在国际层面上,目前及未来全球经贸制度框架正逐渐由以 WTO 为主导的多边框架(服务领域是《服务贸易总协定》,即 GATS 框架)发展到区域性经贸安排(FTA 或 PTA)与 WTO 多边体制并存的多重框架,并有可能出现新的、更高层次的多边框架。这是区域主义多边化发展与现行多边体制停滞不前和残缺不全的必然结果。近年来《服务贸易协定》(Trade in Services Agreement,TiSA)的产生与发展就是最好的佐证[1]。

全球经贸制度结构演进生生不息,是不以人的意志为转移的;制度缺陷

---

[1] 截至目前,TiSA 有美国、欧盟等 24 个成员,共 51 个经济体,它们自称是"服务挚友"(Really Good Friends of Services)。详细分析见本书第七章。

必然会倒逼制度的进一步创新,而不是踯躅不前。总之,不断发展的国际经济贸易与价值链分工日益要求突破既有的规则与体制约束,使改革领域逐渐从传统的"边境上壁垒"(on-the-border barriers)(涉及降低关税与非关税壁垒的"第一代"贸易自由化)延伸至"边境内壁垒"(behind-the-border barriers)(涉及国内规制改革的"第二代"贸易自由化)(Lawrence,1996)。

服务领域包括生产性服务业的对外开放则更多地涉及"边境内壁垒"的削减。因此,服务业开放是各国都高度关注的行业重点,而生产性服务业则是重中之重。另外,进入21世纪,国际经济活动中的"贸易-投资-服务"相互交织("trade-investment-services" nexus),客观上要求出台"21世纪的贸易规则",涉及知识产权保护、投资保证、资本流动保证、人员流动以及一流基础设施(电信、网络等)的提供等方面(Baldwin,2011)。这些也都涉及服务行业(包括生产性服务业)的对外开放与自由化。

所以,开放、竞争、合作、共赢、效率是当今世界经济的主旋律,旨在降低交易成本、促进贸易和投资便利化(因而也是促进分工)的国家与国际水平上的制度结构变化正是顺应了这一趋势。面对这一趋势,中国该如何做出战略抉择:是满足于已有的"入世"承诺开放水平,还是要进一步扩大对外开放?本书也将从生产性服务业的角度探讨这一重要的现实问题。

四、经济实体化与生产性服务业的微观基础

2008年的全球金融危机不仅使发达经济体,也使发展中经济体重新认识到实体经济发展的重要性,而实体经济的微观基础——企业的发展则是重中之重。这是因为当今国际贸易和投资的主要动力结构正逐渐由传统的比较优势转换到规模经济优势再到企业尤其是跨国企业优势;传统比较优势与规模经济优势不是不重要,而是集中地由企业发挥出来,企业是各种优势的集大成者和最终实现者。这也是全球经济结构(服务化)、分工结构(全球化)、制度结构(自由化)之所以会出现目前演变趋势的微观基础。

根据联合国贸发会议(UNCTAD)的统计(如图1-8所示),跨国公司海外附属机构的生产占全球GDP的比重达到10%,其出口占全球货物与服务总出口的比重则超过30%。而跨国公司协调的全球价值链约占全球贸易的80%(UNCTAD,2013)。

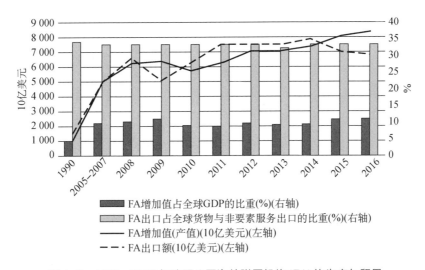

图 1-8　1990—2016 年跨国公司海外附属机构（FA）的生产与贸易

注：“2005—2007”表示 2005—2007 年危机前平均水平。"FA"表示外国附属机构（foreign affiliates）。
资料来源：根据相关年份的 UNCTAD《世界投资报告》（World Investment Report）整理计算而得。

在这些跨国公司中，生产性服务业（如金融、会计、咨询、设计、软件服务等）跨国公司占据了半壁江山，它们与其他产业（如制造业）跨国公司形成互动，主宰着国际投资、国际分工与世界市场。

若进行国家之间的比较，我们还可以发现，当今世界的强国特别是经济强国都是建立在坚实的企业微观基础之上的，国家之间的竞争在很大程度上也是企业之间的竞争。美国等发达经济体不仅拥有为数众多、国际化和跨国化水平很高、竞争实力超强的大企业，还拥有更多充满活力和竞争力的中小企业，这些中小企业对经济、就业和创新的贡献丝毫不逊于大企业（根据美国中小企业局网站 www.sba.gov）。

但相比之下，中国的世界级跨国公司不仅偏少而且其国际化和跨国化水平偏低（尽管进入《财富》世界 500 强的企业不少），这与中国快速发展的进程以及在世界经济中的地位极不相称；同时，中国的中小企业自改革开放以来虽有较大发展，但由于受到融资、信息、管理等方面的约束，其进一步发展的潜力还远未被发掘出来，其对国民经济的贡献也远未发挥出来。这方面的缺陷与不足尤其表现在中国的服务（包括生产性服务业）领域。这也是图 1-7 所显示问题的微观根源。

第三节 研究主题及其内在逻辑

本书将立足世界经济发展的"四化"趋势,从理论和经验两个层面分析中国生产性服务业的发展基础、问题根源与开放障碍,并从战略和政策两个维度研究新形势下如何更好地推动中国生产性服务业的发展与开放。

实际上,近年来,生产性服务业的发展与开放已经引起中国政府的高度重视。比如,国家"十二五"(2011—2015)规划曾经提出,"深化专业化分工,加快服务产品和服务模式创新,促进生产性服务业与先进制造业融合,推动生产性服务业加速发展";"大力发展服务贸易";"坚持'引进来'和'走出去'相结合,利用外资和对外投资并重,提高安全高效地利用两个市场、两种资源的能力"。

国家"十三五"(2016—2020)规划又提出,"加快推动服务业优质高效发展","扩大服务业对外开放,优化服务业发展环境,推动生产性服务业向专业化和价值链高端延伸"以及"大力发展生产性服务贸易"。

这期间的中央会议还提出,"统一内外资法律法规,保持外资政策稳定、透明、可预期。推进金融、教育、文化、医疗等服务业领域有序开放,放开育幼养老、建筑设计、会计审计、商贸物流、电子商务等服务业领域外资准入限制"。"要加快调整优化经济结构,推动提质增效升级,加快发展生产性服务业,促进制造业结构调整和产业升级"。

2018年年初以来,中国与美国之间的贸易摩擦以及多轮贸易谈判磋商也进一步表明,服务业(包括生产性服务业)的改革开放将不仅成为中美双边经贸关系的焦点,也是中国未来经济改革与开放的重点。

本书通过研究认为,目前中国生产性服务业发展水平较低、国际竞争力较弱,不仅无法跟上国际发展新趋势,而且已经成为制约国内工业化(特别是制造业)提升、服务化发展的瓶颈。这一现状不只是由于较低的经济发展阶段导致的,而且与三个方面因素息息相关:一是行政性垄断程度较高、市场竞争不足。处于产业链和价值链上游的金融、电信等行业不仅存在市场垄断,更重要的是存在行政性垄断。二是专业化分工水平低下、外部化和市场化不足。有相当规模的生产性服务供求的实现是基于企业内部循环(企业内部自我提供生产性服务),尚未演进到市场循环(企业通过市场交易从专业化服务性企业那里购买生产性服务)。三是对外开放水平低下、国际化和高端化不足,即中国生产性服务业总体上处于"低端生产性服务↔低端产品与服务的生产(如低端制造业和农业)"的低端市场循环,尚未真正嵌入或融入发达国家主导的"高端生产性服务↔高端产品与服务的生产(如高端制造业和农业)"的高端市场循环(如图 1-7 所示)。这三个因素相互作用,形成恶性循环,使中国生产性服务业陷入低水平陷阱而不能自拔。

为了使中国生产性服务业跃出低水平发展陷阱,我们需要有一个清晰、务实、系统的国家战略以及围绕这一战略而要进行的相关体制、机制、规制、政策等方面的配套改革。

本书基于"分工-开放-绩效-制度"(深化专业化分工,扩大开放竞争,提升经济绩效,优化制度环境)四位一体的分析思路,提出扩大中国生产性服务业对外开放的基本战略,即实现"三大转型":从行政性垄断向市场竞争的转型、从企业内部循环向市场循环的转型、从低端市场循环向高端市场循环的转型,进而提高中国生产性服务业的发展水平与国际竞争力。扩大中国生产性服务业对外开放的路径:通过扩大对外开放融入国际分工,通过国际化竞争与合作借鉴国际先进经验,打破中国生产性服务业发展的低端循环、嵌入发达经济体主导的高端循环,促进低端生产性服务业的高端化;以此为"标杆"带动国内相关体制、机制、规制、政策等方面的配套改革,打破制度约束与瓶颈,降低交易成本、深化专业化分工,通过国际国内市场化竞争提高绩效,促进内部化生产性服务的外部化与竞争力提升,最终实现中国生产性服务业与其他产业(特别是制造业,还有农业)的双重转型升级。

这些转型升级的实现对于中国这样的发展中大国来说意义重大,因为它意味着中国将要完成经济工业化和服务化的双重任务,最终赶上全球经济结构调整的步伐,顺利实现国内经济结构特别是产业结构的优化升级与战略转型,确保国民经济更有效率、更加公平、更可持续地发展。而像美国等发达国家那样,要实现高水平、高质量的工业化与服务化,就需要有高水平、高效率、高质量的生产性服务业作为支撑;先进制造业与先进生产性服务业是互动发展的。

本书聚焦生产性服务业,并不意味着对其他服务行业忽略不计或者其他服务行业与生产性服务业就一定存在绝对的差异性。生产性服务业与其他服务行业一样,在本质上都是提供服务产品的;生产性服务业往往具有既面向企业也面向家庭(个人)的双重经济功能;生产性服务业的对外开放不仅是其自身的需要,也会因其具有中间投入的功能而影响到其他行业乃至整个国民经济。因此,生产性服务业可以说是整个服务业的"牛鼻子"。抓住这个"牛鼻子",不仅可以产生"牵一发而动全身"的功效,而且也能在很大程度上对其他服务行业的对外开放起到示范作用。

第四节 结构安排

本书共包括九章内容(见图1-9)。第一章主要讨论生产性服务(业)的基本含义与意义,分析世界经济发展的"四化"趋势及其对中国生产性服务业发展与开放的启示。

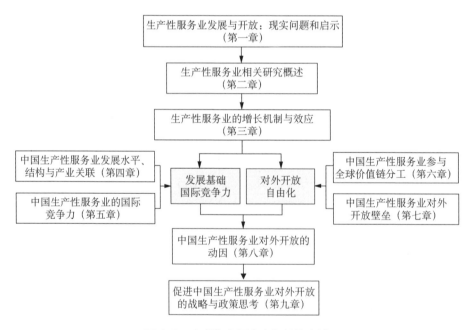

图1-9 本书的主要内容与结构安排

第二章是文献评述,首先简要回顾国内外相关研究的学术史,然后从四个维度,即生产性服务(业)的界定和功能及中国问题、生产性服务业开放水平的测算与评估、生产性服务业开放(或自由化)的影响以及生产性服务业开放(或自由化)的战略与路径问题,评介已有相关代表性成果及观点,指明进一步探讨、发展或突破的空间。目前,国内外已经有大量的关于(中国)生产性服务业及其发展、开放、国际贸易等方面的理论与经验研究。这些国内外研究成果是本项研究的学术基础,在理论思想、研究方法、经验素材等方面为本项研究提供了很好的借鉴与启发。

作为整个研究的基本理论基础,第三章首先从理论上探讨生产性服务的增长机制以及经济效应,并且特别把这一讨论放在目前的全球价值链分工背景下。全球价值链分工跟技术进步一起拓展了市场容量,深化了世界各国的专业化分工,从而增加了作为中间品的生产性服务的可得种类(varieties);全球价值链分工引发的竞争促进了生产性服务的生产效率,进而提高了最终品生产乃至整个经济的生产率。在理论探讨的基础上,我们采用WIOD跨国投入-产出数据度量生产性服务与全球价值链分工,并进行计量检验,跨国的经验分析结果与理论预期相一致。

第四章与第五章分别从国内产业与国际贸易两个角度,比较分析中国生产性服务业的发展水平、结构变化、产业关联以及国际竞争力。第四章主要从生产性服务业的内涵出发,采用投入-产出方法,并基于跨国投入-产出数据,对中国与世界上其他经济体的生产性服务业发展水平、部门结构及产业关联进行比较研究。第五章主要采用学界常用的显性比较优势(revealed comparative advantage, RCA)指数,并从总值贸易与增加值贸易两个维度进行比较分析。在此基础上,我们进一步检验了服务国际竞争力对服务贸易差额的影响,从非价格因素的角度解释"服务贸易差额悖论"产生的原因。

服务业对外开放既是经济全球化的重要领域,也是各国经济自由化与对外开放的重点与难点。为了衡量服务业特别是生产性服务业对外开放的程度,我们既可以采用一些显性指标(如进出口相对比重),还可以使用一些隐性指标。这就是第六章与第七章的工作。第六章基于跨国投入-产出数据,从全球价值链(GVC)参与程度与国内外增加值含量分解两个方面,测算中国服务业特别是生产性服务业的对外开放程度。第七章在回顾全球服务领域自由化制度安排及其演进的基础上,基于限制性壁垒指数比较分析中国服务业特别是生产性服务业的自由化与对外开放水平。

第八章研究中国生产性服务业对外开放的基本动因。我们重点分析服务行业的对外开放壁垒(自由化的反面)是如何受到服务行业自身的显性比较优势、参与 GVC 分工程度以及伙伴经济体服务行业壁垒影响的。服务行业自身的显性比较优势及参与 GVC 分工的程度属于服务行业自身因素;伙伴经济体的服务行业壁垒高低,既可以看作国家之间战略互动的政治经济学动因,也可以看作服务领域开放承诺(基于 WTO/GATS)的"部门对等互惠"与"讨价还价"。

第九章则总结本书各部分的主要研究工作与主要发现,并对由此得到的战略及政策含义与启示进行讨论。

第 二 章

生产性服务业相关研究概述

本书的研究主题是中国生产性服务业的对外开放问题。对于这一现实问题的思考可以基于不同的分析框架,采用不同的分析方法。鉴于本书的研究主题与分析框架,我们首先简要梳理这一研究领域的学术发展史,然后从四个维度,即生产性服务(业)的界定和功能及中国问题、生产性服务业开放水平的测算与评估、生产性服务业开放(或自由化)的影响以及生产性服务业开放(或自由化)的战略与路径问题,评介已有相关代表性成果及观点,最后,指明进一步探讨与发展的空间。

第一节 文献发展脉络

由于本书关注的对象主要属于服务经济领域,因此,我们着重从服务产品、服务业、服务贸易和服务业对外开放以及中国国内研究等四个方面简要回顾国内外相关研究的学术史(见图 2-1)。

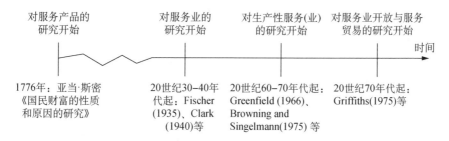

图 2-1 关于服务、服务业、生产性服务业及服务贸易问题的经济学研究简史

资料来源:程大中,《生产者服务论》,文汇出版社 2006 年版,第 10—15 页;程大中,《国际服务贸易》,高等教育出版社 2009 年版,第 16—18 页。

对服务产品本身的研究历史较长，可以追溯至古典经济学创立之时。当然，在亚当·斯密之前的重商主义和重农学派那里，也留有关于该问题讨论的影子，但那是集中于生产性劳动和非生产性劳动的争论。这一讨论对后来的马克思写《剩余价值理论》影响甚大，进而影响到计划经济时期的中国。

将服务提升到产业或行业水平的高度来进行理论与经验研究，开始于20世纪30年代末期。最早的贡献者是Fischer（1935）和Clark（1940），他们开启了服务业研究的新时代，把服务业看作经济增长、结构变迁过程中的重要部分。从20世纪60年代开始，Greenfield（1966）、Browning and Singelmann（1975）等又基于服务业的功能性分类（function-based classification）提出生产性服务（producer services）的概念，掀开了关于生产性服务业问题研究的新篇章（后文将对这方面的研究成果进行详细评述）。

对服务贸易与服务业对外开放（包括生产性服务的国际贸易与对外开放）的研究相对较晚，最早可追溯至20世纪70年代中期出现的关于服务贸易自由化方式及其福利含义的讨论。不过，这些早期研究都是描述性的和政策导向性的（descriptive and policy-oriented），认为服务贸易发展受到普遍存在的政府干预措施的影响，而这些措施超出了国际协议特别是GATT的范围（Griffiths，1975；Sapir and Winter，1994）。这些早期研究以及后来的研究都一致认为，服务贸易并不像以前所认为的那样不重要。当然，关于服务贸易的研究之所以姗姗来迟甚至被国际贸易理论家所忽视，其主要原因是服务被看作"非贸易品"（non-traded）。但如今的国际服务贸易在内涵与外延上已经与传统国际经济分析中的非贸易品相去甚远，因为科技的发展、经济的全球化以及统计制度的完善，改变了人们对服务贸易的内涵与外延的认识。随后出现的研究在经验和理论两个方面都取得了重要进展。截至目前，服务业对外开放与服务贸易研究大多是在传统贸易理论（主要包括比较优势理论和要素禀赋理论）、新贸易理论（new trade theory）、异质性企业贸易理论（heterogeneous firms trade theory）的框架下展开的。后文将围绕生产性服务业的对外开放问题详细讨论这些研究进展及其对本书研究的重要启示。

中国在这方面的研究进展大致可以分为以下三个阶段：

第一阶段是计划经济时期，学术界对服务问题的研究主要采用马克思主义政治经济学的范式，探讨劳动的生产性与非生产性、服务的价值与使用价值等相关问题,涌现了以于光远为代表的"宽派"、以孙冶方为代表的"窄派"和以杨百揆为代表的"中派"等一批新中国最早的服务问题研究学者[1]。

第二阶段是改革开放以后,特别是从 20 世纪 80 年代末开始,学术界从略带有意识形态特征的研究转向对服务业(早期通常称为第三产业)发展、改革与开放战略和政策的理论与实证研究,涌现出一批学者,如李江帆(1984,1990)、郭克莎(1992)、刘伟和杨云龙(1992)、胡庄君(1993)、张汉林和刘锡刚(1996)、杨圣明(1999)等。

第三阶段是进入 21 世纪,特别是随着中国加入 WTO,服务业与服务贸易发展和开放问题变得愈发重要。同时,伴随着经济学研究的本土化、国际化与规范化,国内越来越多的研究者开始尝试运用西方主流经济学思想和方法对中国的服务经济与服务贸易进行理论、实证与政策研究。这方面的学者主要有黄少军(2000)、许宪春(2000,2004)、陈宪(2000)、盛斌(2002)、岳希明和张曙光(2002)、李善同和华而诚(2002)、李冠霖(2002)、黄维兵(2003)、刘志彪(2004)、江小涓和李辉(2004)、周振华(2005)、吕政等(2006)、顾乃华和李江帆(2006)、刘培林和宋湛(2007)、卢锋(2007)、汪德华等(2007)、江小涓(2008a、b)、裴长洪和彭磊(2008)、夏杰长(2008)、夏杰长等(2010)、平新乔等(2009)、姚战琪(2010)、王耀中和王记志(2012)、芮明杰和赵小芸(2012)、王恕立和胡宗彪(2012)、张艳等(2013)、江小涓(2017,2018)、唐晓华等(2018)、李永友和严岑(2018)、孙浦阳等(2018)、唐保庆等(2018),等等。笔者在这一时期也作了较多的相关研究。这些研究都不同程度地涉及中国生产性服务业的发展、改革与开放问题(程大中,2004、2006、2008;Cheng and Daniels,2014)。

第二节　生产性服务(业):界定、功能与中国的问题

一、生产性服务(业)的界定

在现代经济中,服务业不仅越来越重要,而且呈现出巨大的行业异质性

---

[1] 大概受苏联教科书的影响,中国政治经济学教科书都把是否生产物质产品作为划分生产性劳动与非生产性劳动的依据。按此标准,现实中非物质生产领域(服务领域)里的劳动性质和价值创造问题就难以确定。那么,到底哪些服务部门属于生产性的呢?对此划分不同,就出现不同的派别。

(heterogeneity)(Lee and Wolpin，2006；Buera and Kaboski，2012）。Francois and Hoekman(2010)指出,将服务分为消费性（或最终）服务(consumer services)与生产性（或中间）服务非常重要。与作为最终消费品的消费性服务(又称消费者服务或生活性服务)不同(这类服务或服务于个人,如理发；或服务于家庭,如家政服务),生产性服务是作为中间投入品(intermediate inputs)而进入货品或服务生产过程中的服务,这样的部门与行业称为生产性服务业,这一界定是基于对服务业或服务部门的功能性分类（如Greenfield，1966；Browning and Singelmann，1975；Bryson and Daniels，1998；Grubel and Walker，1989；Stibora and de Vaal，1995）。

但如第一章图1-1所显示的,在实际经济统计中,生产性服务业的行业划分与界定是个难点,因为有些服务行业(如交通运输服务、银行服务)既可以看作生产性服务业(因为企业需要),也可以看作消费性服务业(因为一般消费者也需要),只不过不同服务行业的侧重点有所不同而已。也就是说,生产性服务业往往具有既面向企业也面向家庭(个人)的双重经济功能。

基于生产性服务(业)含义的界定,研究者们一般采用投入-产出方法(input-output analysis)来识别与界定具体的生产性服务（业）,如Khayum(1995)、Antonelli(1998)、Windrum and Tomlinson(1999)、van Ark *et al*.(2002)、Guerrieri and Meliciani(2005)、Inklaar *et al*.(2008)、Cheng and Daniels(2014)、侯永志和陈波(2002)等。根据这些文献,如果一个特定服务行业提供的产出当中有越高的比重是用作其他行业的中间投入,该特定服务行业就越具有生产性服务的性质；相反,则越具有消费性服务的性质。一般把50％作为区分这两类服务的参考分界线,高于50％的一般作为生产性服务(业),低于这个比重的一般作为消费性服务(业)。基于这一界定方法,人们往往把金融服务、ICT(information and communication technology)服务、运输服务、分销服务(批发与零售)、专业服务(professional services)或商务服务(business services)看作服务业中最具代表性的生产性服务(业)。

二、生产性服务(业)的特征与经济功能

Markusen，Rutherford，and Tarr(1999)等认为生产性服务具有以下特征:生产性服务是中间投入品；生产性服务密集于熟练劳动力和其他知识资

本(knowledge capital or knowledge-based assets)之中,生产性服务的提供(或生产)是基于规模经济,即知识与技能一旦获取,其提供服务的边际成本就很低;生产性服务是定制化(customized)和差异化的;生产性服务的国际贸易受制于很多直接和间接的限制。一些研究分析生产性服务在专业化分工与生产过程分散化中的作用,比如青木昌彦和安藤晴彦(2003)的"模块化"理论、Francois(1990)的递增报酬和垄断竞争单部门模型对生产性服务在专业化分工中的联结与协调作用的分析、Jones and Kierzkowski(1990)的生产段和生产性服务链(production blocks and producer service links)理论等。在经济增长理论中,虽然没有专门研究生产性服务的模型,但却以几个关键的具体表现形式(如生产性政府服务、教育服务、金融服务、生产性中间投入品等)出现在模型之中。在这些模型中,生产性服务直接进入企业生产函数,从而意味着大量差异性生产性服务的可获得性对于经济增长十分重要(Barro and Sala-I-Martin,1995;Berthélemy and Varoudakis,1996)。有一项内地和香港学者的联合研究——《建立香港与内地服务产业链的战略构想与对策研究》(2000)指出,生产性服务是建立香港与内地服务产业链的关键环节。

三、关于中国生产性服务业的问题及其根源探讨

国内很多学者都认为,中国目前生产性服务业发展相对滞后,其原因主要包括:改革滞后导致的市场化程度较低;制造业落后导致对生产性服务的需求不足;外资制造业与本地生产性服务业关联程度较低;生产性服务业没有形成有效集聚;政策性扭曲与歧视等(如吕政等,2006;江静等,2007;李善同和高传胜,2008;夏杰长,2008;贺正楚等,2012;唐晓华等,2018;等等)。

本书将结合其他学者以及笔者自己的研究(Cheng and Daniels,2014),进一步把生产性服务细分为"通过市场交易的生产性服务"(transacted-through-market producer services)与"内部自我提供的生产性服务"(in-house producer services)。二者的区分不仅具有重要的统计意义,而且也具有深刻的经济学含义。

首先,在统计核算方面,服务产品/产出被生产出来后,一般会通过市场化与非市场化两种机制提供给需求者。据此可以将服务分为市场化服务与

非市场化服务。前者是指通过市场交易来提供或获取的服务(transacted-through-market services),后者是指通过(组织)内部提供的服务(in-house services)。市场化(或外部化,externalization)服务是服务产出统计的主体,而非市场化(或内部化,internalization)服务的产出则要么无法统计,要么被统计到主业上(见图2-2)。实际上,国民经济统计中的投入-产出数据是基于产业(企业)之间的分工,由此计算出的生产性服务是通过市场交易而获得的生产性服务(外部化和市场化的生产性服务),而不是企业内部自我提供的生产性服务(运用企业水平投入-产出表测算的除外)。

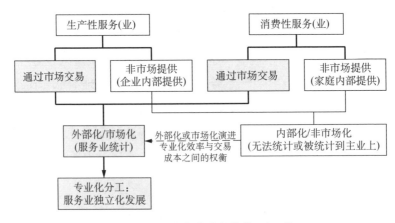

图2-2 市场化与非市场化的服务(业)

资料来源:笔者制作。

其次,在经济学意义上,"通过市场交易的生产性服务"可以反映市场之中企业与企业之间的专业化分工以及以市场竞争为基础的资源配置效率和产业分工体系,而"内部自我提供的生产性服务"则反映企业内部专业化分工以及以企业内部计划为基础的资源配置效率和内部价值链、产业链状况(见图1-2、图2-2)(程大中,2006,2008;Cheng and Daniels,2014)。

历史地看,服务业的发展存在着一个规律性趋势,即由内部化(或非市场化)向外部化(或市场化)演进,并且这一演进趋势受制于专业化效率(specialization efficiency)与交易成本(transaction cost)(涉及契约精神、市场环境与政策环境的质量等)之间的权衡(trade-off)(杨小凯,1998)。在经济发展水平与市场化程度较低、市场交易成本较高时,服务通常由企业(或家庭)自身来提供;随着经济的发展、市场化程度的提升以及市场交易成本的降低,经济系统中就开始涌现出专门提供诸如财会、营销、咨询、物流、家政等服务的独立市场主体,服务需求者可以通过市场来购买所需的各类服务,而无须进行自我服务(self service)。

这一演进规律具有很深刻的经济含义,即生产性服务的外部化、市场化与产业化发展是专业化分工和资源配置从企业内部向市场之中的演进与扩展。伴随着这一趋势,一方面,企业内部的价值链和产业链会得到优化,核心竞争力会得以提升;另一方面,企业乃至整个经济的资源配置和利用效率会得以提高,产业分工与产业结构更趋合理,整体经济的创新力与竞争力随之提升(Cheng,2013)。服务业的发展不仅反映其自身专业化分工的广度(extensity)(服务门类或种类)与深度(intensity)(服务本身的专业化水平),还反映出与其他产业之间的分工水平。同时,随着经济的发展、分工的深化和细化,产业相互融合、互动发展,产业边界日益模糊。在这一趋势下,经济效率越来越取决于在不同生产活动之间建立起来的相互联系,而不仅仅取决于生产活动本身的生产率状况(Riddle,1986)。这不仅给经济统计工作带来挑战,也给制度(包括体制、机制、规制、政策等)设计带来难题;只有把统计信息搞准确,才能摸清发展状况与问题所在,同时,制度设计要始终关注如何最大限度地降低交易成本、促进分工发展。

本书将基于反映这一经济学思想的"分工-开放-绩效-制度"(深化专业化分工、扩大开放竞争、提升经济绩效、优化制度环境)"四位一体"的分析思路,从内涵与外延两个方面评估中国生产性服务业的发展水平与国际竞争力,剖析导致目前中国生产性服务业发展水平落后的深层次原因。我们的初步研究发现,有三方面原因最为重要:

一是行政性垄断程度较高,市场竞争不足。处于产业链和价值链上游的金融、电信等行业不仅存在市场垄断,更重要的是存在行政性垄断(见第六章讨论)。

二是专业化分工水平低下,外部化和市场化不足。有相当规模的生产性服务供求的实现是基于企业内部循环(企业内部自我提供生产性服务),尚未演进到市场循环(企业通过市场交易从专业化服务性企业那里购买生产性服务)。这背后的原因是,市场交易成本(如契约成本高、缺乏诚信等)高于专业化分工好处,因而阻碍了国内生产性服务的市场化和外部化发展;同时,市场竞争与开放不足导致生产性服务的生产效率低下,因此,生产性服务作为中间投入可能不但没有节约使用者的成本,反而还会加大后者的负担(见第九章讨论)。

三是对外开放水平低下,国际化和高端化不足(见第七章讨论)。中国生产性服务业总体上处于"低端生产性服务↔低端产品与服务的生产(如低端制造业)"的低端市场循环,尚未真正嵌入或融入发达国家主导的"高端生产性服务↔高端产品与服务的生产(如高端制造业)"的高端市场循环。这背后的原因是,生产性服务业的水平与质量不仅取决于自身供给,也受制于市场需求。中国生产性服务业发展水平与质量较低在很大程度上是由于其他行业(特别是制造业)的发展水平和质量较低所致,因为生产性服务业与其他行业(尤其是制造业)之间是互动发展、融合发展的关系。

所有这些直接的、间接的原因彼此相互作用,形成恶性循环,使中国生产性服务业发展受阻。因此,本项研究认为,之所以出现目前这样的困境,是因为我们在生产性服务业发展与开放方面仍然缺乏一个清晰、务实、系统的国家战略以及围绕这一战略而要进行的相关体制、机制、规制、政策等方面的配套改革。

第三节 关于生产性服务业开放水平的测算与评估

一、非关税措施是服务领域对外开放的主要限制性政策措施

Hoekman and Braga(1997)认为,由于服务生产和消费的同时性,像关税这样的边境措施将很难适用,因为海关无法观察到服务的跨境流动。所以,采取的限制性措施将旨在限制外国服务以及服务提供者的进入,他们对此分为以下4种类型:数量限制型措施或政策[quantitative-restriction (QR)-type policies]、基于价格的限制性措施(price-based instruments)、许可证或资质要求(licensing or certification requirements)、进入分配与通信网络或系统的歧视性限制(discriminatory access to distribution and communications systems)。

Hardin and Holmes(1997)将服务业FDI(主要针对"商业存在"提供模式)壁垒定义为:"政府采取的任何导致有关在哪里投资以及以何种形式投资

之决策产生扭曲的政策措施……这些政策措施包括对投资水平的限制,或要求通过成本高昂和耗时的'扫描程序'(screening processes)以使当局相信该FDI将符合所在国的国家利益。"他们认为,关于服务业FDI壁垒的分类没有一个固定的标准,关键取决于研究目的。比如,常见的分类有GATS分类和UNCTAD分类等。

Banga(2005)则把服务领域的贸易与投资、服务交易模式与影响服务提供和消费的壁垒结合起来考虑,从而将服务贸易壁垒划分为产品移动壁垒、资本移动壁垒、人员移动壁垒和商业存在(或开业权)壁垒四种形式。

WTO(2012)比较详细地介绍了服务领域对外开放的主要非关税措施(non-tariff measures,NTMs),涉及服务市场准入、国民待遇与国内规制。这一区分比较重要,因为它们涉及不同问题:提高市场竞争性(通过较低的进入与退出壁垒)、减少歧视、改进非歧视性规制的治理。

总之,服务领域包括生产性服务业的对外开放,更多地涉及"边境内壁垒"(behind-the-border barriers)(涉及国内体制、机制、规制、政策等制度方面的改革)的削减(Lawrence,1996)。

二、生产性服务业开放水平(或贸易与投资自由化程度)的测算方法

要促进生产性服务业的对外开放,首先需要知道如何测算生产性服务业的对外开放水平(或其反面——限制水平特别是非关税措施的限制水平)。在这方面,学者们作出了很多努力。总体来说,对于贸易壁垒的衡量有直接方法和间接方法之分,前者是基于对一项明确政策或做法(如进口配额或对外国服务提供者的规制)的观察;后者则通过观察实际经济绩效与自由贸易下的预期经济绩效之间的偏差来推断贸易壁垒的存在。

目前,国际上对服务业开放水平(或限制水平)的测算有多种方法:(1)频率/覆盖率衡量法(frequency/coverage measures)(Hoekman,1995;PECC,1995)。(2)STRI方法,即服务贸易限制指数(OECD,2009;Borchert et al.,2012)。STRI方法是一种新的频率衡量法,最早由澳大利亚的一批研究者构建,后来OECD和世界银行的经济学家们作了进一步扩充,特别是构建了相对丰富的数据库。(3)基于价格的衡量法(price-based measures),即根据国

内外的价格差异(或称为价格楔子,price wedge)来衡量服务贸易壁垒,主要包括基于财务的衡量法(financial-based measures)(Francois and Hoekman,1999)与经济计量方法(Doove et al.,2001)。(4)基于数量的衡量法(quantity-based measures),即基于标准的贸易决定模型(如引力模型)并采用经济计量模型进行分析(Francois and Hoekman,1999;Warren,2001)。(5)关税化(tariffication)方法,即把服务贸易壁垒转换成关税等值(tariff equivalent)(Hoekman,1995;Kee,Nicita and Olarreaga,2009;WTO,2012)。盛斌(2002)、程大中(2003)等曾用频率/覆盖率衡量法测算过中国"入世"时服务部门承诺开放的水平。

但是,目前有关服务领域非关税措施的数据仍然较为缺乏。有限的数据主要包括:(1)WTO内部关于服务措施的信息,主要包括各成员国的GATS承诺表以及相关通告(notifications)。但实际情况是,各成员国未必完全按照自己的承诺执行。因此,各成员国在服务领域实施的实际限制性措施不得而知。(2)OECD与世界银行构建的服务贸易限制指数(services trade restrictiveness indexes,STRIs),但这些指数仅为跨国截面数据,而非时间序列数据。实际上,澳大利亚生产率学会(Australia productivity commission,APC)最早于20世纪90年代构建了服务贸易限制指数(services trade restrictiveness index,STRI)(Findlay and Warren,2000)。(3)OECD的产品市场规制指标(product market regulations,PMR),包括整个经济的法律与规制信息(可能涉及在一些竞争性领域的反竞争的法律与规则)、非制造业规制指标(non-manufacturing regulation,NMR)(仅仅涵盖一些特定的服务行业,该指标衡量那些阻碍效率增进的竞争规则)(Conway and Nicoletti,2006)。(4)OECD的FDI限制指数(FDI Restrictiveness Index),涉及很多制造业与服务业部门中的外国投资的歧视性限制程度(discriminatory restriction)。其中,服务领域(针对GATS模式3的限制)有三个指数,即总体限制指数,电力、运输和通信部门限制指数以及专业服务限制指数(Kalinova et al.,2010)。

三、本书的探讨

"工欲善其事,必先利其器";"知己知彼,百战不殆"。为了探讨扩大中国生产性服务业对外开放的路径与战略,我们必须首先对中国生产性服务业的目前开放水平与准入条件进行评估和摸底,做到心中有数。这方面虽有一些研究(如盛斌,2002;程大中,2003等),但仍有进一步拓展与完善的余地,特别是采用最新方法与最新数据进行评估,非常重要。笔者曾通过计量分析发现,中国服务贸易承诺减让的基本动因是基于"部门对等互惠"和"公平贸易"意义上的"讨价还价",而不是基于中国服务贸易的显性比较优势。这一发现在一定程度上得到了 Egger and Lanz(2008)、Roy(2009)的支持。

本书将基于这些研究并结合以上介绍的方法以及相关数据库尤其是最新的 OECD 服务贸易 STRI 数据库,对中国生产性服务业对外开放水平进行评估,并对其中的动因进行探讨。这就是第七、八章涉及的主要内容。

第四节 关于生产性服务业开放(或自由化)的影响

一、关于生产性服务业对外开放(或自由化)的影响机理分析

相关代表性研究主要包括三个方面:一是关于"生产段和生产性服务链"(production blocks and producer service links)的作用;二是关于生产性服务的国际贸易自由化帕累托改进效应;三是关于生产性服务市场开放对下游产业乃至整个经济效率的影响。

(一)关于"生产段和生产性服务链"的作用

Jones and Kierzkowski(1990)认为,一系列金融服务、信息服务、专业技术服务等生产性服务组成服务纽带,当生产过程逐渐由分散在不同国家的生产区段合作进行时,对生产性服务纽带的需求就会明显上升。跨国公司的全球化战略所带来的生产区位的转移与生产区段的分散就说明了这一点。以电信、运输、金融服务业为代表的现代生产性服务技术的迅速发展,大幅度地降低了国际服务链的相对成本,从而间接促进了生产区段分散的国际化,生产性服务的国际贸易也因此获得了快速增长。Jones and Kierzkowski(1990)的这一理论也可以得到传统贸易理论、规模经济贸易理论以及产品生命周期理论的支撑。特别地,传统贸易理论认为,由于国际市场上的要素生产率、要素价格和要素密集度的差异性,根据比较成本法则而在各生产段之间进行的产业内生产性服务贸易,将为那些随生产规模扩大而加大分散度的

生产段带来更多的收益；规模经济贸易理论（Ethier，1982；Helpman and Krugman，1985）强调国际贸易的规模报酬递增效应依赖于中间产品（零部件）的多样化程度，而生产段与生产性服务链理论则认为，规模报酬递增取决于产出规模和生产分散化程度。因此，在生产段与生产性服务链的理论框架中，生产性服务贸易或服务链的主要作用在于促进了生产段在国内和国外的分散化，从而实现规模报酬递增。这一思想也见于近年来关于价值链分工与增加值贸易（trade in value added）的研究（Grossman and Rossi-Hansberg，2008；UNCTAD，2011；Mattoo，Wang and Wei，2013；UNCTAD，2013）。

（二）关于生产性服务的国际贸易自由化帕累托改进效应

Markusen（1989）强调生产性服务部门的内部专业化或内部积聚，以及生产性服务贸易与最终品贸易的互补性，其主要结论是，生产性服务的国际贸易在以下两个含义上优于单纯的最终品贸易：一是生产性服务的自由贸易帕累托优于（Pareto-superior）封闭经济，但单纯的货物贸易未必如此；二是从世界整体看，生产性服务的自由贸易优于货物的自由贸易，尽管从单个国家的视角看未必如此。与 Markusen（1989）模型不同，Francois（1990）则关注生产性服务部门的外部专业化，即生产性服务在协调和联结各专业化中间生产过程中的外部积聚作用，强调生产性服务在协调现代经济体相互依存行动中的重要性，指出积极参与生产性服务的国际贸易或跨国公司，有助于各国特别是发展中国家提高国内的专业化水平以及融入国际专业化进程。因此，生产性服务贸易在实现"国际规模报酬"（international returns to scale）方面发挥着关键作用。

（三）关于生产性服务市场开放对下游产业乃至整个经济效率的影响

Markusen et al.（1999）、Van Marrewijk et al.（1996）、Markusen and Strand（2008、2009）等在一般均衡的框架下研究生产性服务的对外直接投资与跨国公司及其影响，他们认为，影响对外直接投资的政策往往与影响国际贸易的政策大相径庭，取消生产性服务的直接投资限制对东道国的收入与福利产生强有力的积极影响，进口生产性服务的种类的增加可以提高下游产业的全要素生产率（TFP）（当然，这还取决于下游产业使用生产性服务的密集程度），旨在保护国内熟练劳动力免受进口服务竞争的政策可能会事与愿违（因为在局部均衡条件下国内熟练劳动力与进口的生产性服务是相互替代的,而在一般均衡条件下两者则是互补的)。Francois and Schuknecht(1999)讨论了金融服务这一代表性生产性服务的开放效应,指出金融服务贸易自由化并不意味着资本市场自由化和金融资本流动,而是涉及金融服务体制开放,即允许外国金融服务机构进入本国市场,或向本国市场提供金融服务;金融服务贸易或金融服务部门对外开放,有助于促进竞争,提高金融服务部门绩效,并最终提高经济增长绩效。这一结论对于金融服务部门受到高度保护的国家推进金融服务的对外开放具有一定的政策意义。

二、生产性服务业对外开放(或自由化)的影响或效应评估

以上经济学机理分析为评估生产性服务业对外开放(或自由化)的影响或效应奠定了理论基础,但如何从经验层面去测算这些影响,则是一个非常重要的实际问题。归纳起来,这方面的经验研究大致分为两类:预测性研究(prospective studies)与回顾性研究(retrospective studies)。

(一)预测性研究

该类研究假设有两种情形:生产性服务业开放和不开放,因而有助于事先确定是否应该推动生产性服务业开放进程或采取相应的措施。该类研究通常采用"可计算一般均衡方法"(computable general equilibrium model, CGE模型)来模拟计算开放可能产生的影响。凡是采用CGE方法评估行业开放效应的研究,均在不同程度上涉及生产性服务业开放的影响问题,如Petri et al.(2011)、Itakura and Lee(2012)等。采用CGE模型专门研究服务业开放效应的研究主要有:Walmsley and Winters(2005)对OECD经济体服务市场开放的影响评估;Mattoo and Rathindran(2006)对健康服务贸易影响的评估;Konan and Maskus(2006)对服务领域跨境贸易与FDI自由化效应的评估;Rutherford et al.(2006)对俄罗斯"入世"服务部门开放效应的评估;Christen et al.(2012)从不同部门与服务业的关联、服务领域贸易与投资所遭受的壁垒差异性等角度研究了服务市场更大程度开放的影响;翟凡(2002)通过采用CGE模型模拟地分析了服务业规制改革对促进中国经济增长和就业的影响。不过,预测性研究这一方法对假设前提、参数设置以及使用的数据十分敏感,稍有变化,结果将大相径庭。尽管如此,这类研究因其能对不同

场景下(scenario)的效应及其政策选择进行事前模拟而特别受到国际谈判方与国内政策改革者的青睐。

(二) 回顾性研究

该类研究是把实际发生了的与可能发生的情况进行比较分析,因而可以充分利用有关生产性服务业对外开放实际历程的信息。相关研究主要包括:(1)关于电信及相关基础设施领域私有化与放松管制效应的研究。比如,Fink,Mattoo,and Rathindran(2003)基于1985—1999年86个发展中国家的面板数据分析基础电信领域的政策改革所产生的影响。他们分析与所有权(如私有化)、竞争有关的特定政策变革对部门绩效的影响,以及改革的实施顺序是否会影响绩效。(2)关于信息基础设施质量和定价行为对货物贸易的影响的研究。该类研究认为生产性服务部门的对外开放有助于提高高技术制造业部门的出口竞争力,如Boatman(1992)、Francois et al.(2009)、Francois and Woerz(2008)、Arnold et al.(2007)、Fernandes and Paunov(2012)等。(3)利用企业水平数据分析生产性服务业对外开放与自由化对自身行业及其他行业企业经济绩效(如TFP)的影响。比如,Arnold et al.(2008)基于10个撒哈拉沙漠以南非洲国家的1 000多家企业数据,发现生产性服务业(电信、电力和金融服务)的绩效与使用这些服务的企业绩效之间存在正相关关系。Cumminsand Rubio-Misas(2006)基于西班牙的企业数据,分析保险业放松管制与自由化对该行业企业产生的选择效应(低效率企业退出市场)与规模效应(高效率企业规模扩大)(净效应是整个行业的TFP提高)。Arnold et al.(2011)利用捷克的数据、Fernandes and Paunov(2012)利用智利的数据,分别检验了生产性服务业开放对制造业企业生产率的影响,并发现这一影响是积极的。国内学者如江静等(2007)、姚战琪(2010)、张艳、唐宜红和周默涵(2013)、孙浦阳等(2018)利用中国数据的研究也得出类似的结论。(4)关于服务部门特别是金融、电信等生产性服务部门自由化对经济增长的影响的研究,并发现这些影响是积极的。如Robinson et al.(2002)、Triplett and Bosworth(2004)、Inklaar et al.(2007,2008)、Mattoo et al.(2006)、Eschenbach et al.(2000)、Eschenbach and Hoekman(2006)、Fernandes(2009)、Beverellia et al.(2017)等。

三、本书的探讨

中国生产性服务业扩大开放政策的好与坏,不仅在于政策设计本身,更重要的是涉及政策实施所产生的影响。

本书的第三章通过理论与实证分析,探讨生产性服务的增长机制以及经济效应,并且特别把这一讨论放在目前的全球价值链分工背景下。全球价值链分工和技术进步一起拓展了市场容量,深化了世界各国的专业化分工,从而增加了作为中间品的生产性服务的可得种类(varieties);全球价值链分工引发的竞争提高了生产性服务的生产效率,进而提高了最终品生产乃至整个经济的生产率。这意味着:首先,推动服务市场尤其是生产性服务市场的开放与竞争、打破封闭与垄断是扩张国内外市场容量的根本途径,这有助于扩大产出规模、形成规模经济效应,从而扩大对生产性服务的中间需求,促进生产性服务增长;其次,在全球价值链分工背景下,经由开放与竞争而获得多样化、高效率的生产性服务将有助于提升生产性服务使用者(如最终产品/行业)的生产率。换句话说,如果没有生产性服务领域的改革开放,仅靠生产性服务使用者比如制造业和农业领域的改革开放,无法有效且最大限度地增进双重(生产性服务的数量与质量、生产性服务的提供者与使用者)经济绩效。这对于中国目前正在推进的服务领域改革开放与发展战略无疑具有一定的启示作用。

此外,本书认为,至少还可以从以下两个方面做进一步拓展性研究[1]:

(1) 采用 CGE 模型进行预测性研究或反事实分析(counterfactual analysis)。比如,既可以采用传统的 CGE 模型[基于社会核算矩阵(SAM)等数据]进行预测性分析;也可以基于 Eaton and Kortum(2002)、Caliendo and Parro(2015)模型,考虑中间品和价值链贸易、行业异质性以及投入-产出关联等特征事实,将服务行业看作可贸易的(尽管有的行业可贸易性较低),并引入服务贸易壁垒(见第七章的分析),进行反事实分析。

(2) 采用回顾性研究,不仅从行业层面分析中国生产性服务业对外开放对其自身及其他行业乃至整个经济的影响,还从企业层面检验这一影响。在

---

[1] 尽管本项研究目前告一段落,但我们仍在继续从这两方面进行研究。

这方面,可以结合国际贸易与投资领域的最新研究进展,把企业放在更加突出的位置。因为生产性服务业对外开放都会最终影响到企业,并进而通过企业影响到产业乃至整个国民经济。反过来,生产性服务对外开放的主体也是企业。鉴于中国生产性服务业发展的微观基础较弱,基于企业视角的评估是非常重要的。

第五节 关于生产性服务业开放/自由化的战略与路径

一、机理分析

(一) 两类服务市场的开放选择

Jones and Ruane(1990)基于特定要素模型(specific-factor model)分析,认为一国的服务业开放存在两种选择:服务要素贸易(trade in service factor)和服务产品贸易(trade in service product),分别涉及服务要素市场和服务产品市场的开放及其选择问题。这一研究有两个十分重要的政策启示:第一,政府在考虑开放服务贸易(选择开放服务产品贸易,还是服务要素贸易,还是完全自由贸易)时,仅仅比较本国封闭经济下的服务产品与服务要素的国内外价格是不够的,还应该确定本国在服务部门是拥有技术比较优势还是存在技术比较劣势。第二,不同的服务贸易开放选择会对要素收益产生不同影响,即存在收入分配效应。因此,政府在选择开放形式与开放顺序时将面临公平与效率的权衡,这将取决于政府的收入分配目标。

(二) 生产性服务业开放(或自由化)的多重性与复杂性

很多服务部门具有不完全竞争的特点,如存在限制市场准入的政府规制、官方批准的垄断或寡头垄断、规模报酬递增、产品差异、信息不对称以及网络效应等。而且,"要素非跨国流动"这一假设也不适用于很多服务行业的国际贸易,因为服务贸易(如"商业存在""境外消费"与"自然人流动"三种服务提供模式)通常涉及以资本或/和人员移动形式表现的要素跨国流动。

首先,考虑服务产品的异质性。一般来说,产品差异性需要通过对模型需求方和生产方的设定(specification)体现出来。如何在模型分析中引入服务异质性?这大致存在两种不同的方法:一是将服务产品的水平差异性反映到生产方面,如 Markusen(1989)、Rivera-Batiz and Rivera-Batiz(1992)、van Marrewijk et al.(1996)等运用 Dixit and Stiglitz(1977)的"多品种偏好"方法(love for variety)将多样化的生产性服务引入具有规模报酬递增技术的生产函数;二是将服务产品的水平差异性反映到需求方面,如 Francois(1990)、Wong et al.(2006)假定存在 Lancaster(1966,1979)"理想品种偏好"(ideal variety),Baier and Bergstrand(2001)则假设存在 Dixit-Stiglitz"多品种偏好"。另外,服务产品的差异性还表现在垂直差异性以及用途的差异性方面。对于用途的差异性,服务产品可以分为生产性服务和消费性服务等。

其次,考虑市场结构的非完全竞争性。Kierzkowski(1986)在一个双寡头模型的框架下研究运输服务中政府干预的影响;Francois and Wooton(2001)将服务市场看成是寡头市场,分析市场结构对服务贸易自由化的影响;Wong et al.(2006)建立的产业内服务贸易模型(intra-industry service trade model)也采用了寡头市场结构。

最后,考虑服务贸易模式的多样性。服务贸易有四种提供模式。Markusen(1989)、Rivera-Batiz and Rivera-Batiz(1992)研究服务贸易自由化中的服务提供模式主要是商业存在模式或 FDI 模式,Wong et al.(2006)则同时研究了两种服务提供模式,即跨境贸易和商业存在。总之,服务业包括生产性服务业的特殊性给其对外开放(或自由化)路径选择带来很大的复杂性。

二、经验分析

(一) GATS 关于市场准入与国民待遇条款对服务市场开放战略与政策的启示

《服务贸易总协定》(GATS)将市场准入与国民待遇列为成员方在服务开放方面承担的特定义务(具体承诺义务)。根据规定,在做出市场准入承诺的部门,任一成员方不得在其特定地区或全部领土内维持或采取六种限制措施,除非在其减让表中另有说明。但 GATS 中的市场准入与国民待遇条款比 GATT(《关税与贸易总协定》)中的相关条款更加宽泛。首先,GATS 的国民待遇条款并没有区分边境限制与国内限制(frontier and internal constraints),而是区分国内提供者与外国提供者;但在 GATT 中,国民待遇条款则仅针对国内税收和国内规章。这意味着,GATS的国民待遇条款涵盖了通常定义的国民待遇与市场准入两个方面。更为重要的是,GATS的市场准入条款也大大超出了传统的认识范围,将多边贸易纪律扩展到国内政策特别是国内竞争政策领域。正如 Snape(1998)所说:"GATT 主要关注'我们'(us)和'他们'(them)的关系;GATS的这些条款不是关注'我们'和'他们'的关系,而是关注'我们中的一些'(some of us)与'我们中的剩余部分和他们'(the rest of us and them)之间的关系。"这表明,在开放服务领域的过程中,不仅要处理好国内已开放服务部门与其他经济体相应部门的关系,而且要处理好国内已开放服务部门与未开放服务部门之间的关系。

(二) 关于服务业国内改革、对外开放以及二者的顺序和相互关系

Fink et al. (2003)分析了基础电信服务领域所有权改革(私有化)与竞争政策改革的选择与组合问题,认为两者都可以提高经济绩效,但综合性的改革计划需要由一个独立的规制者作为支撑,这样才能产生最大的收益;他们还认为,改革的次序是很重要的:如果在私有化之后引入竞争而不是同时实施改革,则新的固定线路连接(fixed line connections)数量将变少。一些研究认为,应该首先推动服务业的国内改革与竞争,然后促使其对外开放,这就是所谓的"以改革促开放"(如 UNCTAD,2012);另一些研究则认为,对外开放(如加入 WTO 或加入 FTAs)可以为服务业国内改革树立一个标杆,从而有利于摆脱利益集团对改革的阻挠和羁绊,这就是所谓的"以开放倒逼改革"(如 Lawrence,1996)。还有一些研究认为服务业国内改革与对外开放之间应是互动关系(如 Roland,2002 等)。

(三) 中国生产性服务业发展、改革与开放的战略、路径与政策问题

总体来看,国内已有研究大多关注中国服务业(包括生产性服务业)的发展与改革问题,对如何扩大开放问题也有所涉及。这些相关研究从产业互动、空间集聚、税收调整、创新、政府职能转变、法治环境、统计制度改革、服务外包、微观基础等方面或角度对中国服务业(包括生产性服务业)的发展与改革问题提出了许多真知灼见。比如,吕政等(2006)从消除进入壁垒、强化分工优势、促进产业关联、推动服务业创新、优化产业布局和加强区域协调等方面,提出了中国生产性服务业发展的战略途径及对策建议。刘志彪(2004)、周振华(2005)、夏杰长(2008)、芮明杰和赵小芸(2012)、张艳等(2013)、孙浦

阳等(2018)、唐晓华等(2018)从生产性服务业与制造业互动的角度,探讨相关政策措施。顾乃华和李江帆(2006)、王恕立和胡宗彪(2012)等从技术效率和生产率的角度探讨中国服务业的发展绩效并提出相关政策建议。刘培林和宋湛(2007)基于企业微观数据的分析认为,大量资金投入服务业(尤其是生产性服务业和现代服务业)企业的机会成本大于投入制造业企业的机会成本,所以,服务业发展应该分门别类、实事求是地推进。平新乔等(2009)认为,中国服务业企业目前缴纳的营业税如折算成增值税,其税率高于18.2%,超出了增值税的标准税率17%,因此,可以考虑的政策选择是:应逐步推进从营业税到增值税的转变,让服务业的全体企业有权进行"进项抵扣"。许宪春(2000)、岳希明和张曙光(2002)等指出中国服务业核算存在的问题并提出了对策措施。陈建军等(2009)在新经济地理学框架下探讨了中国生产性服务业集聚的成因与发展趋势,提出了中国城市差异化发展战略的政策措施。卢锋(2007)、姚战琪(2010)、江小涓(2008b)等从国际服务外包的角度,探讨促进中国承接国际服务外包的微观基础与政策措施。汪德华等(2007)基于跨国横截面数据的分析发现,以一国法治水平衡量的契约维护制度的质量与其服务业比重显著正相关、政府支出和投资规模与其服务业比重显著负相关。此外,还有一些综合性的研究涉及中国服务业发展战略问题,比如,近年来受到国家社科基金资助的重点和重大项目(见本章附录表A2-1)、中国社会科学院财贸经济研究所(财经战略研究院)专家(江小涓、裴长洪、高培勇、荆林波、夏杰长、何德旭等)主编或撰写的《中国服务业发展报告》等。

三、本书的探讨

国内已有研究大多关注中国服务业(包括生产性服务业)的发展与改革问题,也涉及如何扩大开放问题,但对于扩大生产性服务业对外开放的路径与战略仍需做进一步深入、细致的探讨。

本书希望基于"分工-开放-绩效-制度"(深化专业化分工、扩大开放竞争、提升经济绩效、优化制度环境)四位一体的分析思路,通过理论、经验与政策研究,充分论证与细化本项研究提出的扩大中国生产性服务业对外开放的路径与战略。我们将结合中国"入世"时的服务业开放承诺和当前的自由化水平以及 TiSA 最新发展趋势[1]，从行业部门、微观基础、要素支撑、开放平台、提供模式、清单列举方式、基本原则等方面探讨中国生产性服务业扩大对外开放的实施路径与机制。在此基础上，我们提出要处理好"十五大关系"，构建四个方面的战略支撑。只有这样，中国的生产性服务业才能够最终实现三大战略转型与四个战略目标，从而为中国整体经济的长期可持续发展提供有力支撑。

第六节 本章小结

目前，国内外已经有大量的关于（中国）生产性服务业及其发展、开放、国际贸易等方面的理论与经验研究。这些国内外研究成果是本项研究的学术基础，在理论思想、研究方法、经验素材等方面为本项研究提供了很好的借鉴与启示。本书主要基于经济"四化"（经济服务化、经济全球化、经济自由化、经济实体化）的国际背景，采用"分工-开放-绩效-制度"（深化专业化分工、扩大开放竞争、提升经济绩效、优化制度环境）四位一体的分析思路，着眼于"三大转型"（从行政性垄断向市场竞争的转型、从企业内部循环向市场循环的转型、从低端市场循环向高端市场循环的转型）的目标，研究中国生产性服务业的发展基础与国际竞争力、对外开放与自由化程度、对外开放动因与效应，借此提出扩大中国生产性服务业对外开放的路径与战略。

---

[1] GATS框架下的服务业开放承诺有五个维度：(1)水平承诺与具体承诺；(2)不同行业部门；(3)服务的四种提供模式；(4)市场准入限制、国民待遇限制及其他承诺三类限制；(5)没有限制、有些限制与不作承诺三类开放程度。2013年以来，中国在上海等地设立了自由贸易园区，并想进行服务行业开放试点。自由贸易园区现有服务业开放政策的基本特点是"负面清单的特别管理措施+正面清单的扩大开放措施"，这既不同于现有的《外商投资产业指导目录（2017年修订）》，也不同于中国"入世"时的服务业开放承诺。

附录：

表 A2-1 2008—2017 年国家社科基金资助的服务业相关研究重大与重点课题

项目号	重大和重点项目	项目名称	批准时间	主持人	单位
17ZDA056	重大项目	中国服务业发展政策的演变及有效性协同性研究	2017-11-15	李朝鲜	北京工商大学
15ZDB154	重大项目	中国基础电信服务业开放战略问题研究	2015-11-05	吕廷杰	北京邮电大学
14ZDA084	重大项目	扩大我国服务业对外开放的路径与战略研究	2014-07-14	夏杰长	中国社会科学院
12ZD102	重大项目	服务经济理论与中国服务业发展改革	2012-09-01	江小涓	中国社科院财经战略研究院
10ZD028	重大项目	经济全球化背景下中国服务业产业安全研究	2010-11-30	王耀中	长沙理工大学
08ZD041	重大项目	中国现代服务业发展战略研究	2009-03-30	夏杰长	中国社会科学院
18AJY012	重点项目	高质量发展阶段服务业开放对中国产业结构升级的影响研究	2018-06-21	齐俊妍	天津财经大学
16AJY005	重点项目	科技服务业促进创新创业的功能、机理及有效供给研究	2016-06-30	冯华	北京交通大学
15AGL004	重点项目	新常态下加速我国现代服务业升级的战略研究	2015-06-16	胡晓鹏	上海社会科学院
14AZD058	重点项目	扩大我国生产性服务业对外开放的路径与战略研究	2014-07-14	程大中	复旦大学
14AJL012	重点项目	新型城镇化与现代服务业融合发展研究	2014-06-15	王耀中	长沙理工大学
14AGL021	重点项目	包容性发展视角下加快我国老龄服务业分类协同发展研究	2014-06-15	高传胜	南京大学
08AJY009	重点项目	我国现代服务业发展战略研究	2008-06-04	白长虹	南开大学
08AJY035	重点项目	开放经济下我国现代服务业发展战略研究	2008-06-04	王耀中	长沙理工大学
08AJY046	重点项目	现代服务业发展战略研究	2008-06-04	郑江淮	南京大学

注：此表仅列出 2008—2017 年的重点项目（有 9 个）和重大项目（有 6 个），未列出一般项目等类型的资助。实际上，我们通过国家社科基金项目数据库输入"服务业"关键词进行查询，结果显示有多达 184 个资助项目。

资料来源：从全国哲学社会科学工作办公室官方网站(http://www.npopss-cn.gov.cn/)的国家社科基金项目数据库(http://fz.people.com.cn/skygb/sk/index.php/Index/index)下载整理而得。

第三章
生产性服务业的增长机制与效应分析

本章首先从理论上探讨生产性服务的增长机制以及经济效应,并且特别把这一讨论放在目前的全球价值链分工背景下。全球价值链分工和技术进步一起拓展了市场容量,深化了世界各国的专业化分工,从而增加了作为中间品的生产性服务的可得种类;全球价值链分工引发的竞争提高了生产性服务的生产效率,进而提高了最终品生产乃至整个经济的生产率。在理论探讨的基础上,本章采用 WIOD 跨国投入-产出数据度量生产性服务与全球价值链分工,并进行计量检验,跨国的经验分析结果与理论预期相一致。

第一节 引言:文献与分析思路

前面的章节已经表明,与作为最终消费品的消费性服务不同,生产性服务是作为中间投入品进入其他产品或服务的生产过程。无论是基于国际背景,还是考虑国内实际需要,对生产性服务(业)的增长机理以及经济效应的研究都是有必要的。

本章的研究与有关服务业增长的经济效应的文献密切相关。William Baumol 关于服务业"成本病"(cost disease)的论点是最早关注这些经济效应的(如 Baumol,1967;Baumol et al.,1985)。该论点认为,服务部门的生产率增长要比货物生产部门更难实现;如果对服务的需求缺乏价格弹性但富有收入弹性,则服务部门将在名义产出中占据越来越大的份额,并最终导致总体生产率增长的下降(总体生产率增长率等于以名义产出份额为权重的各部门生产率增长率的加权平均)。Triplett and Bosworth(2003)则认为,

Baumol 的"成本病"已经治愈,因为他们发现服务业劳动生产率在 1995 年之后出现全面的加速增长;这是由于服务业全要素生产率(TFP)的提高、信息通信技术(ICT)投资的扩张以及外购中间投入的增加。Alwyn Young (2014)指出,如果劳动者基于其在不同任务上的相对生产率而自选择地进入某个行业,该行业劳动力的平均效率或生产率将与该行业的就业份额负相关。这可以解释萎缩的货物部门与扩张的服务部门之间存在的生产率增长差异。在本章的分析中,我们强调在开放经济条件下生产性服务是如何影响生产率的以及如何治疗"成本病"的[1]。

本章采用跨国投入-产出方法评估生产性服务增长与自由化产生的影响。这方面的文献可以分为预测性研究与回顾性研究。前者通常采用"可计算一般均衡方法"(CGE 模型)来模拟计算生产性服务市场开放可能产生的影响(如 Petri et al., 2011; Walmsley and Winters, 2005; Konan and Maskus, 2006; Christen et al., 2012;翟凡,2002)。后者则利用有关生产性服务业对外开放实际历程的信息,把实际发生了的与可能发生的情况进行比较分析,相关研究涉及电信及相关基础设施领域私有化和放松管制效应(如 Fink et al., 2003)、信息基础设施质量和定价行为对货物贸易的影响(如 Francois and Woerz, 2008)、(基于企业水平数据分析)生产性服务业对外开放与自由化对自身行业及其他行业企业经济绩效(包括 TFP)的影响(如 Cummins and Rubio-Misas, 2006; Arnold et al., 2008; Arnold et al., 2011; Fernandes and Paunov, 2012; Beverellia et al., 2017;姚战琪,2010;张艳等, 2013)。在本章的研究中,我们将使用跨国投入-产出方法经验性地分析产出规模对专业化分工与生产性服务增长的影响,并进而评估生产性服务增长对生产率的影响。所有这些分析都考虑全球价值链分工的背景与特征事实,并且基于跨国的价值链与产业链关联以及跨国比较分析。我们基于经济功能与内涵来界定生产性服务,并考虑跨国之间的价值链关联而非囿于一国之内。这一研究是对该领域纯理论研究(如 Markusen, 1989; Francois, 1990;

---

[1] 在 Baumol 的分析中,有两个隐含的假设:一是服务仅限于消费性服务(consumer services)(作为最终使用);二是服务产出是相对不可贸易的(nontradable)。但本部分分析的生产性服务则是高度可贸易的。

Jones and Kierzkowski,1990)进行实证检验的首次尝试[1]。

本章的理论模型分析受到 Francois(1990)规模报酬递增与垄断竞争模型以及 Romer(1990)含有产品品种扩张的内生增长模型的启发。一方面,我们假定在每个品种(对应每家企业)的生产过程中从事生产性服务活动的劳动生产率是异质的(heterogeneous);另一方面,将一国国内的专业化分工拓展至全球价值链分工,并区分生产性服务所含劳动力要素的不同来源。遵循 Alwyn Young(2014)的做法,我们只关注经济的供给方,而不考虑需求方的偏好以及一般均衡模型的闭式解(general equilibrium closure)[2]。

不同于通常采用的、按行业划分的国民经济就业统计方法,本章采用全球价值链与增加值的测算方法(Leontief,1936;Miller and Blair,2009;Koopman et al.,2014;Wang et al.,2014),来估算相关生产活动(包括生产性服务活动)的要素投入含量,以此来度量从事相关生产活动(包括生产性服务活动)的实际就业。这一做法比较契合本章关于全球价值链分工的视角。此外,本书还将生产性服务所含劳动力要素的来源进一步分解为国内与国外,从而可以考察产出规模扩张对不同来源的生产性服务就业增长所产生的不同影响,以及不同来源的生产性服务增长对最终产品/行业全要素生产率的不同影响。这一研究不仅是该领域经验分析的首次尝试,也具有比较重要的政策含义,特别是涉及一国生产性服务领域的对外开放问题。这也是本项研究的应有之义。

第二节 模型分析与假说

本部分沿着 Edwards and Starr(1987)、Francois(1990)和 Jones and Kierzkowski(1990)的研究路径,构建一个反映专业化与分工的简单模型。其目的是用来刻画全球价值链分工背景下生产性服务的增长机制、生产性服

---

[1] 正如前面的章节所讨论的,在全球价值链分工背景下,像物流、金融、信息、分销、专业服务等生产性服务是协调与联结高度分散化生产活动与无国界复杂生产网络的关键。经济效率取决于不同生产活动之间的相互联系,而不仅仅取决于各生产活动本身的生产率状况。这些生产性服务不仅在全球价值链分工中起到"黏合剂"的作用,而且其本身也是全球增加值贸易(trade in value added)的重要组成部分。

[2] 我们将在后续的研究中考虑经济的需求方以及一般均衡解。

务在联合生产(joint production)中的角色以及生产性服务对生产率的影响。正如前面所述,我们遵循 Alwyn Young(2014)的做法,只关注经济的供给方,而不考虑需求方的偏好以及一般均衡模型的闭式解。在模型分析的基础上,我们得出三个假设,作为进一步经验研究的指引。

一、模型设定

考虑一个单一部门经济,所有企业都通过雇佣劳动力 L 生产一种差异性最终品 Y。该最终品有 N 种可能的品种,记为 $j=1,\cdots,N$。对于任何一种品种 j 的生产,都有 n 种生产技术可供企业选择,这些不同的技术以指数 $v=1,\cdots,n$ 表示。在本项研究中,v 是作为衡量价值链分工程度的指数,较高水平的 v 表示较高水平的专业化。因此,v 也可以看作生产被划分为不同阶段或环节(包括国内与国际)的数量。

假定企业(对应产品品种 j)的生产活动由直接生产活动(D_{ij})和间接生产活动(生产性服务)(S_j)构成(如图 3-1 所示)[1]。所有活动都需要劳动投入。如同 Francois(1990),我们定义 Y_j 的套嵌生产函数的第一层次结构:

$$Y_j = \min(Y_j(D), Y_j(S)) \tag{3-1}$$

其中,$Y_j(\cdot)$ 是不同生产活动(D、S)对最终产出的贡献。Y_j 与 $Y_j(\cdot)$ 之间的里昂惕夫关系意味着,为了生产最终产出,每种活动都是必需的[2]。

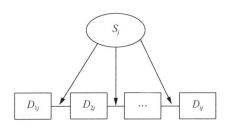

图 3-1　直接生产活动(D)与间接生产活动(生产性服务)(S)的组合

---

[1] 现实中的分工模式包括 Baldwin and Venables(2010)所定义的两种形式,即"蛇形模式"(snake)与"蜘蛛模式"(spiders)。本项研究主要关注前者。

[2] 如同 Antràs(2003),我们假定在给定的专业化与分工水平下,各种活动(投入)都是高质量的,因而最终品的生产无需进一步的成本投入。

我们按照 Edwards and Starr(1987)与 Francois(1990)，假定直接生产活动因专业化分工而呈现出规模经济效应，其内在机制是，如果存在一组具有不同专业化程度的生产函数或生产技术，当专业化程度由低向高演进时，这一组生产函数或生产技术就表现出递增的规模报酬。也就是说，专业化分工与规模的变化涉及生产方法的质的变化，而不仅仅是投入种类的变化。假定不同企业雇用劳动力 L 生产不同种类(j)的差异性产品 Y。由于存在专业化分工，每种差异性产品 y_j 的生产都具有规模经济效应；由于无止境的规模经济，每种差异性产品的生产在只有一个企业时成本最低，所以，每个品种产品容不下两个企业，所有企业自由进入并以平均成本定价。

公式(3-1)中的直接生产活动(D)的生产函数：

$$Y_j(D) = v^\delta \prod_{i=1}^{v} L_{D_{ij}}^{\frac{1}{v}} \tag{3-2}$$

其中，$v(=1, \cdots, n)$表示价值链（或专业化）的分工程度。$L_{D_{ij}}$ 表示在生产差异性产品 j 的直接生产活动 i 中使用的劳动力（直接劳动）。$\delta(>1)$为专业化分工收益指数。Adam Smith 以来有关专业化与分工的文献（如Spence, 1976；Dixit and Stiglitz, 1977；Borland and Yang, 1992；Yang and Ng, 1993；Rodríguez-Clare, 1996）都强调，专业化分工的深化会提高经济效率与生产率，但也会导致交易成本(transaction costs)的上升。当生产率或效率益处超过交易成本时，专业化分工的演进才能进行下去；否则，专业化分工将停止深化。为了刻画这一机制，我们定义：

$$P = \left(\frac{v}{\tau}\right)^\alpha \tag{3-3}$$

其中，P 表示经济效率和生产率，τ 表示交易成本，$\alpha(\geqslant 0)$为参数。在对称性(symmetries)假设下[1]，直接劳动在既定的专业化水平上被均等地配置于所有生产活动之中。这样，企业（对应特定的产品品种）j 对直接劳动的需求：

---

[1] 在后续研究中，我们将放松这一假定，考虑价值链分工不同环节的异质性，即高低端差异。

$$L_{D_j} = \sum_{i=1}^{v} L_{D_{ij}} = v^{1-\delta} Y_j \qquad (3-4)^{[1]}$$

公式(3-1)中的间接生产活动(生产性服务活动)(S)对劳动的需求：

$$L_{S_j} = \kappa v^{\beta} + q_j^{\gamma} Y_j \qquad (3-5)$$

其中，L_{S_j}表示企业j在生产性服务活动中雇用的间接劳动力。q_j为从事生产性服务活动的劳动生产率[2]。γ表示弹性参数并预期为负值。参数κ表示与专业化分工相关的经常性成本(overhead cost)(如企业为了管理和协调各专业化直接生产活动而雇佣管理人员、工程师及其他技术人员等)。因为企业投入服务是为了协调和控制生产过程，所以，服务投入成本既是生产过程复杂程度(由v来衡量)的增函数，也是产出规模(Y_j)的增函数。$\beta(\geqslant 0)$为非负参数。注意，这里的生产性服务可以由企业自我提供(in-house)，也可以从市场上购买[3]。不管以什么方式获得生产性服务，企业都是需要投入成本(或雇佣劳动)的。

假定直接劳动的工资率为w，间接劳动的工资率为ϕw，则与公式(3-1)生产函数相联系的总成本函数(总成本等于直接劳动与间接劳动的成本之和)：

$$C(Y_j, q_j) = (v^{1-\delta} Y_j + \kappa v^{\beta} + \phi q_j^{\gamma} Y_j) w \qquad (3-6)$$

在产出规模、生产性服务活动的劳动生产率给定时，专业化程度指数v

---

[1] 这是因为$Y_j = v^{\delta}[L_{D_{1j}}^{1/v} L_{D_{2j}}^{1/v} L_{D_{3j}}^{1/v} \cdots L_{D_{nj}}^{1/v}] = v^{\delta} L_{D_{ij}}$，所以，$L_{D_j} = v L_{D_{ij}} = v v^{-\delta} Y_j = v^{1-\delta} Y_j$。
[2] 与Francois(1990)略有不同，这里不假定生产性服务活动的劳动生产率是同质的。
[3] 这一区分对于模型的结果并不是关键的，但对于实际经济中的服务业统计核算与产业发展很重要。如果企业是自我提供生产性服务，则这反映的是企业内部不同生产活动或环节的专业化分工；如果企业从市场上购买生产性服务，则这反映的是企业外部即市场中的不同企业(生产性服务提供者与需求者)之间的专业化分工。从企业内部专业化分工向企业外部专业化分工的演进本身也是专业化分工的演进，但这需要设定含有不同行业或部门的模型，方能刻画这一演进过程及其影响。如果从全球价值链分工的角度去思考特定产品(而非企业)的生产，我们就无需做这样的区分；也就是说，特定产品的生产过程涉及不同生产活动或环节，而这些活动或环节可以是同一个国家的同一家企业完成的(企业内部专业化分工)，也可以是不同国家的不同企业共同完成的(企业外部专业化分工)。一般来说，生产过程涉及的生产活动或环节越多，专业化分工程度就越高，也就越有可能发生企业外部专业化分工。从这个意义上讲，理论与经验研究既可以基于产品/行业的视角(如本章后面的经验分析)，也可以基于企业的视角(这是我们下一步的研究方向)。

就成为成本最小化的企业的选择变量。令总成本函数 $C(Y_j, q_j)$ 对 v 的偏导数等于零,然后求出 v,则

$$v = \left(\frac{\delta-1}{\beta\kappa}Y_j\right)^{1/(\delta+\beta-1)} \tag{3-7}$$

这表明专业化程度 v 是产出规模 Y_j 的增函数。将公式(3-7)代入公式(3-6),得到最小成本函数 C^*:

$$C^*(Y_j, q_j) = \left[\left(\frac{\delta-1}{\beta\kappa}\right)^{\beta/(\delta+\beta-1)} \frac{\kappa(\delta+\beta-1)}{\delta-1} Y_j^{\beta/(\delta+\beta-1)} + \phi q_j^\gamma Y_j\right]w$$
$$= f(Y_j, q_j)w \tag{3-8}$$

其中,$\left[\left(\frac{\delta-1}{\beta\kappa}\right)^{\beta/(\delta+\beta-1)} \frac{\kappa(\delta+\beta-1)}{\delta-1} Y_j^{\beta/(\delta+\beta-1)} + \phi q_j^\gamma Y_j\right]$ 可以表示为 Y_j 和 q_j 的函数,即可以用函数 $f(Y_j, q_{S_j})$ 表示企业 j 雇用的劳动量。将公式(3-7)代入公式(3-4),可求得企业对直接劳动的需求为 Y_j 的函数:

$$L_{D_j} = \left(\frac{\delta-1}{\beta\kappa}\right)^{(1-\delta)/(\delta+\beta-1)} Y_j^{\beta/(\delta+\beta-1)} \tag{3-9}$$

可见,随着生产规模的扩大,对直接劳动的需求也会增加,但增加速度是递减的(因为 $\delta>1$)。将公式(3-7)代入公式(3-5),可求出对间接劳动的需求:

$$L_{S_j} = \left[\kappa\left(\frac{\delta-1}{\beta\kappa}\right)^{\beta/(\delta+\beta-1)} + q_j^\gamma Y_j^{(\delta-1)/(\delta+\beta-1)}\right] Y_j^{\beta/(\delta+\beta-1)} \tag{3-10}$$

将公式(3-10)除以公式(3-9),可以得到间接劳动投入(生产性服务就业)与直接劳动投入之比(s_j):

$$s_j = \frac{L_{S_j}}{L_{D_j}} = \frac{(\delta-1)}{\beta} + \left(\frac{\delta-1}{\beta\kappa}\right)^{(\delta-1)/(\delta+\beta-1)} q_j^\gamma Y_j^{(\delta-1)/(\delta+\beta-1)}$$
$$= g(Y_j, q_j) \tag{3-11}$$

可以看出,生产性服务就业相对比重是生产规模与从事生产性服务活动的劳动生产率的函数。在后面的经验分析部分,我们不仅考虑生产性服务活

动所含的源自全球的劳动力要素相对比重（相对于从事直接生产活动的劳动力要素投入），还对此进行分解而分别考虑生产性服务活动所含的源自国内与国外的劳动力要素相对比重。

最后，从公式(3-3)、等式(3-7)、等式(3-11)，我们可以得到描述经济效率或生产率(P)与生产性服务份额(s)、生产性服务的劳动生产率(q_j)、交易成本(τ)之间关系的关系：

$$P_j = \tau^{-\alpha}\left(\frac{\delta-1}{\beta\kappa}\right)^{[\alpha^2-(\delta-1)^2]/[\alpha(\delta+\beta-1)]} q_j^{\gamma} Y_j^{(\delta-1)/\alpha}\left(s_j - \frac{\delta-1}{\beta}\right)^{\delta-1/\alpha} \quad (3\text{-}12)$$

以上得到的条件可以用图 3-2 加以描述。第一象限的纵轴表示产出(Y)、横轴表示专业化指数(v)与从事生产性服务活动的劳动比重(s)。在第二象限，横轴表示最终产品或部门的经济效率或生产率(P)。注意，公式(3-8)给出了就业与产出的另一种关系：$f(Y_j, q_j)$表示作为产出水平函数的劳动投入量，它的反函数形式为$Y(L)$，即表示作为劳动投入量函数的产出水平，这在图 3-2 中用垂直于纵轴的直线表示。决定专业化程度的公式(3-7)在图 3-2 中的第一象限以一条经过原点的正斜率曲线表示，因为$\delta>1$、$\kappa>0$且没有截距。公式(3-11)对应的曲线也是正斜率，但不经过原点（横轴截距为正）。曲线Y与曲线s的交点决定了生产性服务劳动与直接劳动的相对比重，曲线Y与曲线v的交点决定了专业化程度。等式(3-3)对应的曲线开始于原点，其上的点表示，随着分工(v)的深化、生产性服务(s)的增长，最终产品或部门的经济效率或生产率(P)趋于上升。

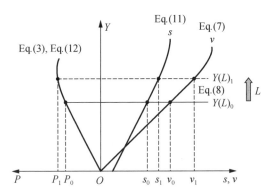

图 3-2 生产性服务的增长机制与生产率效应

二、参与全球价值链分工

随着一个国家或地区参与全球价值链分工,其面对的市场容量会扩大。在模型中,市场规模用劳动力 L 表示。封闭经济下的市场规模是 1 个 L,参与全球价值链分工后一国面对的市场规模大于 1 个 L[1]。随着以 L 表示的市场规模的扩大,图 3-2 第一象限中的产出从 $Y(L)_0$ 移至 $Y(L)_1$,专业化程度及从事生产性服务活动的就业比重也相应地趋于上升。这是因为专业化程度的提高意味着生产活动被分解成更多的生产阶段/环节,而要协调这些环节就必须雇用更多的劳动从事生产性服务活动。

实际上,一国参与全球价值链分工本身也会提高专业化水平,此时的专业化活动包括国内环节与国际环节两个部分;同时,参与全球价值链也意味着生产性服务市场的开放,生产性服务活动将由源自国内与国外的劳动力来完成。最终产品/行业的生产率因生产性服务投入的增加及其不同来源之间的(全球)竞争而趋于上升(由 P_0 到 P_1)[2]。

三、三个假说

总结起来,以上模型分析表明,由公式(3-7)、公式(3-8)、公式(3-11)以及公式(3-12)组成的方程系统决定了品种 j 的产出规模(Y_j)、劳动分工(v)、生产性服务活动的就业份额(s)、生产性服务活动的劳动生产率(q_j)与最终产品或部门的生产率(P)。由此,我们得出三个待检验的基本假说:

假说1:随着产出规模的扩张,价值链分工趋于深化。

假说2:随着产出规模的扩张,生产性服务就业比重趋于上升,但从事生产性服务活动的劳动生产率的提高会降低生产性服务的就业比重。

假说3:随着生产性服务活动的劳动投入比重的提高,最终产品/行业的全要素生产率趋于上升。

---

[1] 这一分析类似于 Krugman(1979,1980)。
[2] 模型描述的生产率变化与 Verdoorn(1949)定律(Verdoorn's Law)揭示的产出增长与生产率之间的程式化关系(stylized relationship)相一致;不同的是,该模型还将生产性服务(业)的增长与生产率的变化联系在一起。随后的经验分析将检验生产性服务增长对全要素生产率的影响。

第三节 计量模型与数据

一、计量回归模型

我们采用面板数据回归模型,考虑多种固定效应,以检验前面推导出的三个假说。

首先,为了检验假说1,需要对公式(3-7)两边取对数,进行线性变换,从而得到以下固定效应模型[1]:

$$\ln v_{ijt} = \alpha_1 \ln Y_{ijt} + \mu_i^v + \eta_j^v + \lambda_t^v + \varepsilon_{ijt}^v \tag{3-13}$$

其中,α_1 是我们特别关注的关键参数,$\alpha_1 = \dfrac{1}{\delta + \beta - 1}$。$i$、$j$、$t$ 分别表示经济体、部门或行业、年份。μ_i^v、η_j^v、λ_t^v 分别表示经济体、行业、年份三个层面的固定效应。ε_{ijt}^v 表示随机干扰项。为了考虑可能存在的非线性关系,我们还加上 $\ln Y_{ijt}$ 的平方项作为额外的解释变量。

其次,检验假说2。该假说背后的理论表达式即公式(3-11)无法直接进行对数线性转换,因为该式右边是两项相加而非相乘。所以,我们考虑以下计量模型形式作为公式(3-11)的近似表达:

$$\ln s_{ijt} = \beta_1 \ln Y_{ijt} + \beta_2 \ln q_{ijt} + \mu_i^s + \eta_j^s + \lambda_t^s + \varepsilon_{ijt}^s \tag{3-14}$$

其中,μ_i^s、η_j^s、λ_t^s 分别表示经济体、行业、年份三个层面的固定效应。ε_{ijt}^s 表示随机干扰项。我们还加上 $\ln Y_{ijt}$ 的平方项作为额外的解释变量,以分析可能存在的非线性关系。

最后,为了检验假说3,我们基于公式(3-12),并对以下模型进行回归:

$$\ln P_{ijt} = \gamma_1 \ln s_{ijt} + \gamma_2 \ln q_{ijt} + \mu_i^p + \eta_j^p + \lambda_t^p + \varepsilon_{ijt}^p \tag{3-15}$$

其中,P_{ijt} 为 t 年经济体 i 的行业 j(最终产品或部门)的生产率。μ_i^p、η_j^p、λ_t^p、ε_{ijt}^p 的定义如上。

---

[1] 变换之后的常数项为 $\dfrac{1}{\delta+\beta-1}\ln\left(\dfrac{\delta-1}{\beta\kappa}\right)$。

二、数据

由经验公式(3-13)、(3-14)和(3-15)可知,回归分析要用到的核心变量主要包括:(1)行业/产品的总产出(Y);(2)价值链分工程度指数(v);(3)从事生产性服务活动的就业(L_S);(4)生产性服务活动的劳动生产率(q);(5)从事直接生产活动的就业(L_D);(6)最终产品/行业的生产率(P)[1]。

为了构造这些变量,我们主要采用 WIOD 不变价格(以前一年价格衡量)跨国投入-产出数据集。该数据集涵盖 40 个经济体以及作为一个整体对待的"世界其余地区"(RoW),所涉行业 35 个,经过价格折算之后的样本年份为 14 年(1996—2009)(Dietzenbacher et al., 2013)(见本章附录表 A3-1)。

下面重点讨论价值链分工指数、生产性服务活动就业比重以及最终产品/行业全要素生产率的构建与测算。所有核心变量的统计描述见本章附录表 A3-2。

(一) 价值链分工(v)的衡量

我们采用 Fally(2011)、Antràs et al.(2012)、Antràs and Chor(2013)与 Miller and Temurshoev(2017)的下游度(downstreamness)与上游度(upstreamness)指数来度量价值链分工程度(v)。Miller and Temurshoev(2017)将 Antràs et al.(2012)的上游度指数看作对行业的"产出上游度"(output upstreamness, OU)的度量,并提出"投入下游度"(input downstreamness, ID)指数,该指数与 Fally(2011)的定义相同。对产出上游度而言,"产出"二字之所以加上,是为了强调与其他行业在供中间使用(intermediate use)的产出供给方面的关联;而对投入下游度而言,"投入"二字之所以加上,则是为了强调与其他行业在中间投入(intermediate input)的需求方面的关联。两个指数都可以用来衡量一个经济体或行业参与 GVC 分工的程度,这与本项研究对 GVC 分工的度量相一致[2]。

---

[1] 我们在基准回归中使用劳动生产率,使用全要素生产率作为稳健性检验。

[2] 需要特别强调的是,产出上游度(output upstreamness, OU)与投入下游度(input downstreamness, ID)指数并不能度量"微笑曲线"意义的价值链"高端"(high end)或"低端"(low end),而是反映一个经济体(及其行业)融入全球价值链的深度。这与本项研究描述的价值链分工程度相一致。

(1) 基于跨国投入-产出表,我们可以确定关于总产出和总投入的基本等式。从行(产出侧)的角度看,总产出(Y)可以表示为中间使用(Z)与最终使用(F)之和[1]:

$$Y = F + Z = F + AF + A^2F + A^3F + \cdots = (1 + A + A^2 + A^3 + \cdots)F$$
$$= (I - A)^{-1}F = LF \tag{3-16}$$

其中,A 为投入系数矩阵(input coefficient matrix),L 为全球 Leontief 逆矩阵(Leontief,1936),I 为单元矩阵。从列(投入侧)的角度看,总投入(Y')可以表示为中间投入(Z)与初始投入(V)之和[2]:

$$Y' = V + Z = V + VB + VB^2 + VB^3 + \cdots = V(1 + B + B^2 + B^3 + \cdots)$$
$$= V(I - B)^{-1} = VG \tag{3-17}$$

其中,B 为产出系数矩阵(output coefficient matrix),G 为全球 Ghosh 逆矩阵(Ghosh,1958)。

(2) 基于产出上游度与投入下游度指数得到测算价值链分工程度(v)的两种方法。首先,我们使用离初始要素提供者的距离作为权重乘以上面提到的投入侧关系式第二个等号右边的每一项,并除以总投入矩阵 $\hat{Y}'$(带 ∧ 表示对角矩阵),从而得到基于投入下游度的专业化分工指数(v_{ID}):

$$v_{ID} = V'(I + 2B + 3B^2 + \cdots)\hat{Y}'^{-1} = V'GG\hat{Y}'^{-1}$$
$$= i'\hat{Y}'G\hat{Y}'^{-1} = i'L \tag{3-18}$$

其中,i' 为加总向量(summation vector)(1 的行向量,以便将同一列上元素加总)。该指数≥1。该指数越大,某行业/产品的总投入中的中间投入部分(相对于初始投入或直接增加值)所占份额就越高,潜在的价值链分工程度就越高;反之,则反是。当某行业的所有投入均是初始投入而非中间投入时,

---

[1] 在本研究使用的数据样本中,有 1.29% 的观测值呈现的总产出等于 0,这要么意味着存在缺省值,要么意味着相应的经济体/行业并不生产任何东西。在这种情况下,模型的计算将非常困难。为了避免这一问题,我们对所有总产出为 0 的取值 0.000 000 1(美元)。这产生的影响微乎其微,因为这一很小的数值相当于我们样本的平均产出的 1.891 57E-13%。这一数据处理方法也曾被 Caliendo and Parro(2015)、程大中(2014、2015)所采用。

[2] 在投入-产出表中,Y' 为 Y 的转置矩阵。

该指数等于1。

其次,我们使用离最终使用者的距离作为权重乘以上面提到的产出侧关系式第二个等号右边的每一项,并除以总产出矩阵 $\hat{Y}$(带^表示对角矩阵),从而得到基于产出上游度的专业化分工指数(v_{OU}):

$$v_{OU} = \hat{Y}^{-1}(I + 2A + 3A + \cdots)F = \hat{Y}^{-1}LLF$$
$$= \hat{Y}^{-1}L\hat{Y}i = Gi \qquad (3-19)$$

其中,i'为加总向量(summation vector)(1 的列向量,以便将同一行上元素加总)。该指数≥1。该指数越大,则某行业的总产出中的中间使用部分(相对于最终使用)所占份额就越高,潜在的价值链分工程度就越高;反之,则反是。当某行业的所有产出均用作最终使用而非其他行业的中间使用时,该指数将等于1。

图 3-3 显示,v_{ID} 与 v_{OU}(以对数均值衡量)分别从 1996 年的 1.098、1.086 上升至 2009 年的 1.134、1.125。这表明,平均而言,全球价值链分工程度在样本时期里是趋于深化的。图 3-4 进一步显示这两个指数(对数值)之间存在显著的正相关关系。

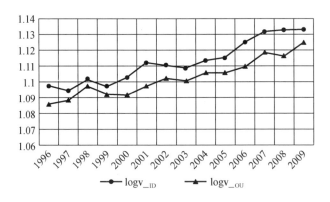

图 3-3　1996—2009 年全球价值链分工的演进

注:分别以 $\log v_{ID}$ 与 $\log v_{OU}$ 的年均值衡量。
资料来源:基于笔者的计算而得。

(二) 两种生产活动的就业测算

我们不是按照传统的就业统计方法,而是基于全球价值链与增加值方法测算不同生产活动所含的要素含量(factor content)。

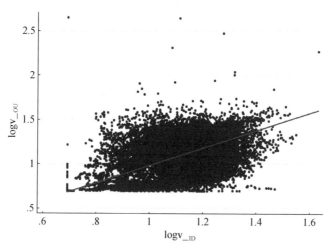

图 3-4　1996—2009 年两种分工指数之间的相关关系

资料来源:基于笔者的分析而得。

首先,我们计算 1 单位产出的直接要素投入(=直接要素投入/总产出)。WIOD 数据含有资本与劳动力要素,其中,劳动力分别用人数(千人)和工作时数(百万小时)加以衡量,并分为高、中、低三种技能(均以工作时数衡量)[1]。

其次,我们分不同要素计算 1 单位产出所含的全部(直接和间接)要素含量,即由第一步得到的单位产出直接要素投入矩阵乘以全球 Leontief 逆矩阵(L)。

再次,我们区分各样本经济体使用的中间品的类型与来源。中间品类型包括货物与服务,其中,作为中间品的服务就是本章讨论的生产性服务,除此之外的其他中间品作为直接生产活动[2]。中间品来源包括国内与国外,这一区分是全球价值链分工的应有之义。

最后,我们按照中间品的类型与来源以及不同要素,分别计算中间品活动(产出)所含的全部(直接和间接)要素含量,以及生产性服务活动所含的要素相对比重(相对于直接生产活动)。

图 3-5 描述了生产性服务活动中的劳动力含量相对重要性(相对于直接生产活动的比重)(s_i)的平均变化趋势。可以看出,在样本时期里,不管以何

---

[1] 技能类型基于联合国教科文组织(UNESCO)"国际教育标准分类"(ISCED)加以界定。
[2] 本项研究使用的样本有 35 个行业,其中,代码 1~17 的为货物生产行业,其余 18 个为服务行业(具体分类见本章附录表 A3-1)。

种指标测算或以不同技能劳动力衡量,生产性服务活动中的劳动力含量的平均份额都是趋于上升的。其中,相对于来自国内的劳动力含量,来自国外的劳动力含量份额的上升趋势尤为明显。

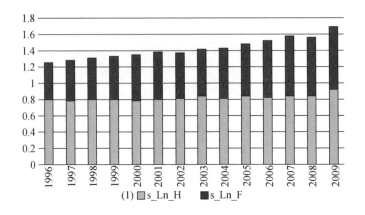

(1) s_Ln_H　s_Ln_F

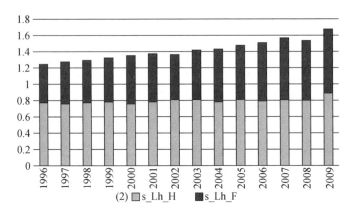

(2) s_Lh_H　s_Lh_F

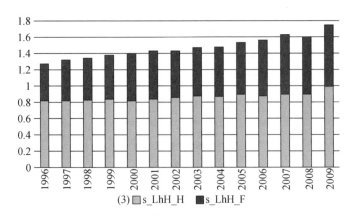

(3) s_LhH_H　s_LhH_F

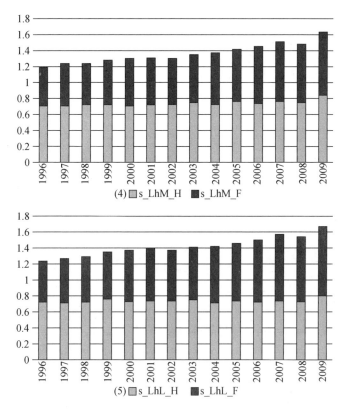

图 3-5 1996—2009 年生产性服务活动的劳动力含量变化
（相对于直接生产活动的比重,年平均）

注:对于每一个子图,上面的黑色柱子代表来自国外的含量部分,下面的灰色柱子代表来自国内的含量部分。二者之和等于生产性服务活动的总劳动力含量与直接生产活动的总劳动力含量之比。子图(1)和(2)的劳动力单位分别为就业人数(千人)和工作时数(百万小时)。子图(3)、(4)和(5)分别描述高技能、中技能、低技能劳动力(均以工作时数表示)的情况。

资料来源:笔者计算而得。

（三）生产率的测算

为了与前面的模型设定保持一致,我们使用劳动生产率(LP)(不考虑资本投入)作为最终产品或部门的生产率的基准测算。在对结果的稳健性检验中,我们使用全要素生产率(TFP)。在全球价值链分工背景下,为了使测算结果具有国际可比性,我们按照 Lai and Zhu(2007)的做法,采用多边增加值全要素生产率指数(multilateral value-added TFP index)。处理程序如下:

令 V_{ijt}、K_{ijt}、L_{ijt}、α_{ijt} 分别为 t 年经济体 i 的行业 j 的实际增加值、资本投入、劳动投入和劳动成本份额;定义 $\overline{\ln V_{jt}} \equiv \sum_{i} \ln V_{ijt}/C$;$\overline{\ln L_{jt}} \equiv$

$\sum_i \ln L_{ijt}/C$; $\overline{\ln K_{jt}} \equiv \sum_i \ln K_{ijt}/C$; $\bar{\alpha}_{ijt} \equiv (\alpha_{ijt} + \sum_i \alpha_{ijt}/C)/2$ (C 为样本国家数)。这样，t 年经济体 i 的行业 j 的 TFP 指数：

$$\ln TFP_{ijt} = (\ln V_{ijt} - \overline{\ln V_{jt}}) - \bar{\alpha}_{ijt}(\ln L_{ijt} - \overline{\ln L_{jt}}) - (1 - \bar{\alpha}_{ijt})(\ln K_{ijt} - \overline{\ln K_{jt}}), \forall i,j,t \quad (3-20)$$

图 3-6 显示了最终产品或部门的劳动生产率和全要素生产率的总体变化趋势。可以看到，在样本时期里，不管采用何种方法或涉及何种技能的劳动力，两种生产率指标平均而言都是趋于上升的，尽管在 2002/2003 年之前有些波动。

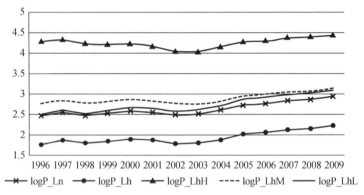

(1) Labor productivity of final good/sector

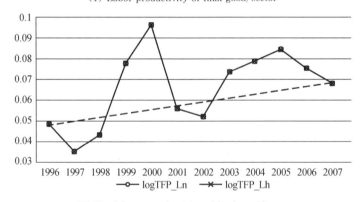

(2) Total factor productivity of final good/sector

图 3-6　最终产品或部门的生产率变化（对数值、年平均）

注：在子图(1)中，logP_Ln 与 logP_Lh 分别表示以就业人数和工作时数衡量的总体劳动生产率（对数值），logP_LhH、logP_LhM、logP_LhL 分别表示高、中、低三种技能劳动力的生产率（对数值）。在子图(2)中，logTFP_Ln、logTFP_Lh 分别表示以就业人数和工作时数衡量的全要素生产率（对数值）。子图(2)的样本年份减少是因为 2008 年和 2009 年的很多观测值缺失。

资料来源：基于笔者的测算而得。

第四节　经验分析结果

一、主要结果

首先,检验假说 1,即基于公式(3-13)从全球的角度分析产出规模对价值链分工的影响。由于修正的 Wald 检验(modified Wald test)显示存在组间异方差(groupwise heteroskedasticity),我们倾向于采用固定效应回归方法。同时考虑到价值链分工随着产出规模的扩大而趋于上升但可能在长期呈递减态势,我们加入产出规模的二次项,并预期其系数为负值;也就是说,产出规模与 GVC 分工程度之间可能存在"驼峰状"(hump-shaped)关系。计量结果如表 3-1 所示。

表 3-1　GVC 分工与产出规模:对假说 1 的检验

	因变量:$\log v_{ID}$		因变量:$\log v_{GU}$	
	(1)	(2)	(3)	(4)
$\log y$	0.019***	0.017***	0.013***	0.010***
	(0.001)	(0.001)	(0.003)	(0.002)
$(\log y)^2$		−0.000 2**		−0.000 3**
		(0.000)		(0.000)
R^2	0.216	0.217	0.058	0.06
N	20 090	20 090	20 090	20 090

注:所有回归都含有经济体、行业与年份固定效应。括号内的标准差基于国家-行业组合(pair)聚类(clustering)。*、**、*** 分别表示在 10%、5%、1%统计水平上显著。

对于两种模型设定(线性与二次型设定),产出规模变量($\log y$)的系数均显著为正,分别为 0.019 和 0.013(未考虑二次项)、0.017 和 0.010(考虑二次项)。由于因变量与自变量都是对数值,因此,这些系数也是价值链分工对产出规模的弹性。产出规模的二次项系数为负值,符合理论预期[1]。这意味

---

[1] 根据表 3-1 的估计系数,我们可以确定转折点或函数最大值点。对公式(3-13)的右边求导并令其等于 0,可以得到自变量在转折点的值(让 $\log y$ 的系数除以 2 倍的 $(\log y)^2$ 的系数并取绝对值,得到转折点上的自变量的值)。但本项研究的样本中很少有达到转折点的情形(包括后面的类似分析)。比如,根据表 3-1 的模型设定(4),可得转折点处的 $\log y = 16.67 (= |0.011/(2 * −0.000 3)|)$,而本样本显示的 $\log y$ 最大值仅为 14.913 7(见本章附录表 A3-2)。所以,带有二次项的回归可以作为分析时的参照。

着,1996—2009 年,在控制了经济体、行业及年份三个维度的固定效应后,产出规模增长 10%,则 GVC 分工程度上升 0.1%—0.2%。因此,这里的检验结果支持假说 1,即价值链分工随着产出规模的扩张而趋于深化。

此外,由于 $\alpha_1 = \dfrac{1}{\delta + \beta - 1}$,因此,当 $\alpha_1 = [0.01, 0.02]$ 时,$\delta + \beta = [51, 101]$。如果 β 不太大[1],则专业化分工收益指数 δ 将远大于 1。

其次,检验假说 2,即基于公式(3-14)从全球的视角分析产出规模和生产性服务的生产率对生产性服务相对就业比重的影响。前面已经提到,在全球价值链分工的背景下,一国/地区的生产性服务所含的劳动力要素要么来自本国,要么来自外国。这一区分十分重要,因为,一方面,考虑到服务的可贸易性较低,产出规模的扩大可能更大程度上驱动国内生产性服务就业的增长;另一方面,在全球价值链分工与增加值贸易的背景下,服务可以嵌入到贸易品中而变得可贸易[2],导致通常跨境意义上的服务低可贸易性变得不重要,这样一来,源自外国的生产性服务也可能因为本国(行业)产出的扩大而增加。结果如表 3-2 所示。

表 3-2　生产性服务相对就业与产出规模:对假说 2 的检验

	生产性服务所含劳动力要素的来源					
	全球		国内		国外	
	(1)	(2)	(3)	(4)	(5)	(6)
$\log y$	0.037	0.170***	0.080	0.245*	0.151***	0.160***
	(0.030)	(0.058)	(0.069)	(0.145)	(0.026)	(0.061)
$(\log y)^2$		−0.009***		−0.011		−0.001
		(0.002)		(0.007)		(0.003)
$\log q$	−0.077***	−0.082***	0.122	0.122*	−0.120***	−0.120***
	(0.021)	(0.022)	(0.074)	(0.074)	(0.014)	(0.014)
R^2	0.119	0.127	0.032	0.034	0.291	0.291
N	19 528	19 528	18 979	18 979	19 105	19 105

注:所有回归都含有经济体、行业与年份固定效应。括号内的标准差基于国家-行业组合(pair)聚类(clustering)。*、**、*** 分别表示在 10%、5%、1% 统计水平上显著。

---

[1] 在 Francois(1990)的模型设定中,$\beta = 1$。
[2] 这类似于 Grubel and Walker(1989)定义的"物化服务"(embodied services)概念。

表 3-2 的模型设定(1)、(2)分析一国/地区(行业)使用的生产性服务所含劳动力要素来自全球的情形。结果显示,生产性服务所含全部劳动力要素相对比重(与直接生产活动所含全部劳动力要素之比)与产出规模之间总是呈正相关的。但这对于模型(1)的线性设定是不显著的,对于模型(2)的二次项设定则是显著的。后者表明,平均而言,产出规模扩大 10%,则会导致生产性服务所含劳动力份额提高 1.4%[1]。生产性服务就业比重与从事生产性服务活动的劳动生产率显著负相关:生产性服务的劳动生产率提高 10%,则生产性服务的就业份额下降 0.82%。两个自变量的符号均符合理论预期。

我们进一步比较两个自变量的标准化系数大小(基于模型设定(2))[2],可以发现:产出规模的标准化系数[0.89=0.17×(4.229/0.808)]大于生产性服务生产率的标准化系数[−0.346=−0.082×(3.409/0.808)]的绝对值。这意味着,产出规模效应起主导作用。

如果将一个经济体(行业)使用的生产性服务所含劳动力要素的来源区分为国内与国外两部分[比如见表 3-2 的模型设定(4)和(6)],则基本结论仍然符合理论预期。具体说,如果一个经济体(行业)的产出规模扩大 10%,则生产性服务所含的源自国内的劳动力要素相对比重上升 2.45%,而源自国外的劳动力要素相对比重上升 1.6%。这表明,在全球价值链分工的背景下,一个经济体(行业)产出规模的扩大会导致生产性服务就业相对比重的增加,但这对生产性服务活动所含的源于本国的就业的促进效应更大一些。与此同时,随着从事生产性服务活动的劳动生产率的提高,源于本国的生产性服务就业将趋于上升。也就是说,如果从事生产性服务活动的劳动生产率上升 10%,则生产性服务活动中源自国内的劳动力要素相对比重上升约 1%。但这对源自国外的劳动力要素则不同:随着从事生产性服务活动的劳动生产率的提高,源于国外的生产性服务就业将趋于下降。

最后,检验假说 3,结果如表 3-3 所示。我们仍然区分生产性服务所含劳动力要素的不同来源,从而观察生产性服务的增长会不会因为来源差异而

---

[1] 本章附录表 A3-2 显示,产出规模(对数值)均值为 8.65,因此,在平均水平上,产出规模扩大 10%,则生产性服务的就业份额提高 1.43%(=0.017−2×0.009×8.65)。

[2] 标准化系数等于原系数乘以该自变量的标准差与因变量的标准差之比,用以衡量自变量对因变量变异的解释程度。

对最终产品/行业的生产率产生不同的影响。表3-3的模型设定(2)显示,生产性服务增长与生产率之间是正相关关系(使用全要素生产率时是显著的,使用劳动生产率时则是不显著的)。特别地,生产性服务就业比重上升10%,则最终产品/行业的全要素生产率提高约1.9%。

表3-3 生产性服务与生产率:对假说3的检验

	生产性服务所含劳动力要素的来源					
	全球		国内		国外	
	(1)	(2)	(3)	(4)	(5)	(6)
LP						
$\log s$	−0.087**	0.012	0.013	−0.036	0.182***	0.239***
	(0.043)	(0.043)	(0.021)	(0.026)	(0.025)	(0.026)
$\log q$		0.512***		0.384***		0.100***
		(0.028)		(0.078)		(0.014)
R^2	0.161	0.346	0.169	0.285	0.176	0.209
N	19 714	19 405	18 914	18 863	19 714	18 994
TFP						
$\log s$	0.119***	0.192***	−0.015	−0.067***	0.220***	0.270***
	(0.042)	(0.041)	(0.016)	(0.019)	(0.030)	(0.031)
$\log q$		0.441***		0.390***		0.067***
		(0.034)		(0.081)		(0.015)
R^2	0.416	0.471	0.419	0.472	0.426	0.435
N	17 901	17 817	17 817	17 767	17 901	17 437

注:所有回归都含有经济体、行业与年份固定效应。括号内的标准差基于国家-行业组合(pair)聚类(clustering)。*、**、***分别表示在10%、5%、1%统计水平上显著。

分不同来源看,如果生产性服务因为源自国内的劳动投入增长而增长,则最终产品/行业的生产率将趋于下降(使用全要素生产率时是显著的,使用劳动生产率时则是不显著的)。也就是说,生产性服务活动所含的源自国内的劳动力要素相对比重的上升并未促进最终产品/行业生产率的提高。但如果生产性服务因为源自国外的劳动投入增长而增长,则最终产品/行业的生产率将趋于上升(这对两种模型设定而言都是显著的)。具体来说,生产性服务所含的源自国外的劳动力要素相对比重上升10%,则本国最终产品/行业的劳动生产率将上升2.4%,全要素生产率将上升2.7%。对于所有的模型设定,生产性服务的劳动生产率的上升均显著提高最终产品或部门的两种生产率,而且这一影响对源自国内的生产性服务而言更大一些。

结合表3-2和表3-3的回归分析,我们可以得到以下三个结论:第一,在全球价值链分工的条件下,产出规模的扩大对生产性服务就业比重的影响以及生产性服务就业比重上升对全要素生产率的影响均取决于生产性服务所含劳动力要素的来源。第二,产出规模扩张较大程度地提高了生产性服务活动中的国内就业比重,但国内就业比重的上升并未提高本国最终产品/行业的生产率;相反,生产性服务活动中源自国外的就业比重的上升却显著促进了本国最终产品/行业全要素生产率的提高。第三,生产性服务的效率显著改进了最终产品或部门的生产率,并且源自国内的生产性服务的效率提高在更大程度上促进了最终产品或部门的生产率提升。这其中隐含的政策启示是,在全球价值链分工背景下,促进本国服务市场尤其是生产性服务市场的开放与竞争、打破封闭与垄断,对本国最终产品/行业的效率提升具有重要意义。

二、内生性检验

表3-1、表3-2和表3-3的固定效应估计是基准回归结果,为了检验其稳健性,我们要考虑基准回归可能存在的内生性(endogeneity)问题[1]。我们要探讨三组变量的关系:一是产出规模与价值链分工;二是产出规模与生产性服务增长;三是生产性服务增长与全要素生产率变化。然而我们不能确定内生性问题是否存在于这三组变量的关系中。比如,产出规模扩大会导致价值链分工深化,而价值链分工深化有可能会促进产出规模的扩张。类似情况也可能出现在另外两组变量的关系中。

为了检验可能存在的内生性问题,我们引入自变量的滞后项作为工具变量(instrumental variable,IV)(Cameron and Trivedi,2005),然后采用两阶段最小二乘法(2SLS)进行估计,结果如表3-4、表3-5所示。比较表3-1至

---

[1] 此外,我们还采用GMM动态面板回归方法(Roodman,2009)进行检验,但基准回归得到的基本结论并未受到挑战。

表 3-3、表 3-4、表 3-5,可以看出,内生性问题并不严重。所有结果均基于 Stata 命令 xtivreg2(Schaffer,2010)。Sanderson-Windmeijer multivariate F 检验(这是对 Angrist-Pischke F 检验的修正和改进)的结果表明,在第一阶段选用的工具变量是相关的(relevance)。所有设定都拒绝零假设检验。对

表 3-4 内生性检验:对假说 1 和假说 2 的 2SLS 回归

	假说 1		假说 2		
	$\log v_{ID}$ (1)	$\log v_{OU}$ (2)	全球 (3)	国内 (4)	国外 (5)
$\log y$	0.020*** (0.006)	0.010*** (0.002)	0.205*** (0.069)	0.510** (0.217)	0.131* (0.072)
$(\log y)^2$	−0.001 (0.001)	−0.0003** (0.000)	−0.010*** (0.002)	−0.012* (0.007)	−0.003 (0.003)
$\log q$			−0.096*** (0.033)	−0.27 (0.327)	−0.095** (0.037)
R^2	0.204	0.058	0.127	−0.062	0.248
N	18 655	18 655	18 122	14 884	14 937

注:所有回归都含有经济体、行业与年份固定效应。模型设定(1)和(2)的工具变量为自变量的 1 阶滞后项;模型设定(3)的劳动生产率工具变量为其 1 阶滞后项,模型设定(4)和(5)的劳动生产率工具变量为其 3 阶滞后项。*、**、*** 分别表示在 10%、5%、1% 统计水平上显著。

表 3-5 内生性检验:对假说 3 的 2SLS 回归

	LP			TFP		
	全球 (1)	国内 (2)	国外 (3)	全球 (4)	国内 (5)	国外 (6)
$\log s$	0.456*** (0.056)	0.778*** (0.040)	0.676*** (0.172)	0.413*** (0.155)	0.352*** (0.048)	0.527*** (0.130)
$\log q$	0.849*** (0.045)	0.800*** (0.034)	1.094*** (0.094)	0.182* (0.102)	0.390*** (0.045)	−0.022 (0.137)
R^2	0.502	0.493	0.449	0.514	0.488	0.482
N	16 891	16 198	14 077	13 839	16 464	13 839

注:所有回归都含有经济体、年份与行业三个维度固定效应。模型设定(1)、(2)的工具变量为自变量的 2 阶滞后项,模型设定(3)的工具变量为其 4 阶滞后项,模型设定(4)和(6)的工具变量为其 3 阶滞后项,模型设定(5)的工具变量为自变量的 1 阶滞后项。*、**、*** 分别表示在 10%、5%、1% 统计水平上显著。

内生性的 C 检验并不拒绝零假设(零假设为确定的内生性自变量可以作为外生变量)。所以,即使采用 2SLS 回归,其结果仍然支持之前的发现。因此,表 3-1 至表 3-3 的固定效应估计是稳健的。

三、劳动力技能的异质性

前面的计量分析均基于全球总体而未考虑劳动力技能存在的异质性问题,这将做进一步分析。观察不同技能劳动力的差异,这主要针对假说 2 和假说 3。表 3-6 显示,以三种技能劳动力分别衡量,产出规模的扩张均显著促进了生产性服务就业相对比重的上升,但略有差异的是:产出扩张对源自国外的高技能劳动力投入的促进作用更大,而对源自国内的中技能劳动力投入的促进作用更大。无论哪种技能劳动力,其生产率的提高均显著抑制生产性服务就业比重的上升。在总体上(不分要素来源),三种技能生产性服务就业的增长均显著促进了最终产品/行业全要素生产率的提升,但这主要是由于生产性服务所含的源自国外的劳动力投入增长所致。与预期相一致,生产性服务的效率提升总能显著增进最终产品或部门的生产率。这些发现不仅与前面基准模型的结论相一致,也进一步深化了前面的认识。

表 3-6　不同技能劳动力:对假说 2 的检验

		全球 (1)	国内 (2)	国外 (3)
高技能劳动力	$\log y$	0.135** (0.064)	0.289* (0.149)	0.162** (0.070)
	$(\log y)^2$	−0.008*** (0.003)	−0.013* (0.007)	−0.004 (0.004)
	$\log q$	−0.073*** (0.022)	−0.007 (0.087)	−0.119*** (0.014)
	R^2	0.13	0.015	0.263
	N	19 528	18 979	19 105
中技能劳动力	$\log y$	0.191*** (0.058)	0.374*** (0.141)	0.130** (0.059)
	$(\log y)^2$	−0.010*** (0.002)	−0.016** (0.007)	0.000 4 (0.003)

(续表)

		全球 (1)	国内 (2)	国外 (3)
	$\log q$	−0.088***	0.04	−0.118***
		(0.020)	(0.085)	(0.013)
	R^2	0.138	0.025	0.274
	N	19 528	18 979	19 105
低技能劳动力	$\log y$	0.141***	0.254	0.148**
		(0.051)	(0.161)	(0.060)
	$(\log y)^2$	−0.007***	−0.001	0.001
		(0.002)	(0.008)	(0.003)
	$\log q$	−0.095***	−0.097	−0.137***
		(0.017)	(0.095)	(0.014)
	R^2	0.099	0.085	0.299
	N	(0.017)	(0.095)	(0.014)

注：所有回归都含有经济体、行业与年份三个维度的固定效应。括号内的稳健标准差基于国家-行业组合(pair)聚类(clustering)。*、**、*** 分别表示在10%、5%、1%统计水平上显著。

表 3-7 不同技能劳动力：对假说 3 的检验

| | | LP | | | TFP | | |
		全球 (1)	国内 (2)	国外 (3)	全球 (4)	国内 (5)	国外 (6)
高技能劳动力	$\log s$	−0.031	−0.029	0.195***	0.185***	−0.019	0.209***
		(0.049)	(0.028)	(0.029)	(0.042)	(0.021)	(0.028)
	$\log q$	0.452***	0.310***	0.085***	0.406***	0.292***	0.069***
		(0.026)	(0.057)	(0.013)	(0.029)	(0.057)	(0.015)
	R^2	0.311	0.262	0.197	0.465	0.456	0.43
	N	19 405	18 863	18 994	17 817	17 767	17 437
中技能劳动力	$\log s$	0.007	−0.028	0.223***	0.200***	−0.036*	0.242***
		(0.042)	(0.026)	(0.027)	(0.041)	(0.019)	(0.028)
	$\log q$	0.459***	0.354***	0.101***	0.382***	0.326***	0.071***
		(0.025)	(0.066)	(0.014)	(0.027)	(0.064)	(0.014)
	R^2	0.326	0.28	0.206	0.463	0.461	0.432
	N	19 405	18 863	18 994	17 817	17 767	17 437

(续表)

		LP				TFP		
低技能劳动力	log s	0.021 (0.039)	0.017 (0.024)	0.211*** (0.024)	0.204*** (0.040)	−0.015 (0.018)	0.237*** (0.030)
	log q	0.429*** (0.022)	0.309*** (0.058)	0.097*** (0.013)	0.342*** (0.026)	0.306*** (0.060)	0.058*** (0.014)
	R^2	0.319	0.261	0.206	0.457	0.459	0.433
	N	19 405	18 863	18 994	17 817	17 767	17 437

注：所有回归都含有经济体、行业与年份三个维度的固定效应。括号内的稳健标准差基于国家-行业组合(pair)聚类(clustering)。*、**、***分别表示在10%、5%、1%统计水平上显著。

第五节 基本结论与政策启示

一直以来，服务业都被认为不仅自身无法实现显著的生产率增长，而且会导致"成本病"问题，拖累整个经济增长。全球价值链革命导致的分工重组在一定程度上改变了现代服务业的发展模式，从而为研究者们提供了新的视角去理解其在现代经济中发挥的日益重要的作用。

本项研究聚焦服务业中的一个关键部分——生产性服务，探讨生产性服务的增长如何影响最终产品或部门的生产率。我们在一个局部均衡的框架下分析专业化、产出规模、生产性服务的劳动投入份额与最终产品或部门生产率之间的关系。据此推导出三个基本假说：(1)专业化分工会随着经济产出的扩张而深化；(2)生产性服务的就业份额会随着经济产出的扩张而上升，但会随着生产性服务的劳动生产率的提高而下降；(3)最终产品或部门的生产率会随着生产性服务的劳动力投入的增加而上升。

首先，我们采用基于跨国投入-产出表的多国、多行业面板数据进行分析，发现产出规模扩张10%将导致价值链分工程度上升0.1%—0.2%，从而验证了我们的第一个假说。其次，从整体看，生产性服务就业比重与产出规模显著正相关，与从事生产性服务活动的劳动生产率显著负相关，但产出规模效应起主导作用。如果将一个经济体(行业)使用的生产性服务所含劳动力要素的来源区分为国内与国外两部分，则一个经济体(行业)产出规模的扩大对生产性服务活动所含的国内就业的促进效应更大一些。最后,从整体来看,最终产品/行业的生产率与生产性服务增长之间显著正相关。如果生产性服务因为源自本国的劳动投入增长而增长,则最终产品/行业的全要素生产率并未得到显著提升;但如果生产性服务因为源自外国的劳动投入增长而增长,则最终产品/行业的全要素生产率将显著趋于上升。这些发现对不同的模型设定以及考虑劳动力技能方面异质性的分析均是稳健可信的。总之,经验分析结果均支持我们提出的三个假说。

  本章的理论与经验分析结果具有鲜明的政策含义。首先,推动服务市场尤其是生产性服务市场的开放与竞争,打破封闭与垄断是扩张国内外市场容量的根本途径,这有助于扩大产出规模,形成规模经济效应,从而扩大对生产性服务的中间需求,促进生产性服务增长。其次,在全球价值链分工的背景下,经由开放与竞争而获得多样化、高效率的生产性服务将有助于提升生产性服务使用者(如最终产品/行业)的生产率。换句话说,如果没有生产性服务领域的改革开放,仅靠生产性服务使用者(如制造业和农业领域)的改革开放,无法有效而最大限度地增进双重(生产性服务的数量与质量、生产性服务的提供者与使用者)经济绩效。这对中国目前正在推进的服务领域改革开放与发展战略无疑具有一定的启示作用。

附录:

表 A3-1　样本经济体与行业

经济体代码	经济体	行业英文名称缩写	行业及数字代码
AUS	澳大利亚	Agri Hunt For Fish	1. 农林牧渔业
AUT	奥地利	Mining	2. 采掘业
BEL	比利时	Food Bev Tob	3. 食品、饮料与烟草
BGR	保加利亚	Textiles	4. 纺织及纺织品
BRA	巴西	Leather Footware	5. 皮革与制鞋
CAN	加拿大	Wood	6. 木材及木制品
CHN	中国	Paper Print Pub	7. 纸浆、纸及印刷出版
CYP	塞浦路斯	Petroleum	8. 焦炭、炼油及核燃料
CZE	捷克	Chemicals	9. 化工及化学制品

(续表)

经济体代码	经济体	行业英文名称缩写	行业及数字代码
DEU	德国	Rubber Plastics	10. 橡胶及塑料
DNK	丹麦	Other Non-Met Min	11. 其他非金属矿物
ESP	西班牙	Basic Metals	12. 基本金属及金属制品业
EST	爱沙尼亚	Machinery Nec	13. 未列入其他分类的机器
FIN	芬兰	Elec Optic Eq	14. 电气及光学设备
FRA	法国	Transport Eq	15. 运输设备
GBR	英国	Manuf Nec Rec	16. 其他制造业、回收利用
GRC	希腊	Elec Gas Water	17. 电力、煤气及供水
HUN	匈牙利	Construction	18. 建筑
IDN	印度尼西亚	Sale Repair Motor	19. 机动车销售及维修、燃料销售
IND	印度	Wholesale	20. 除机动车外的批发贸易及佣金贸易
IRL	爱尔兰	Retail	21. 除机动车外的零售贸易、家庭用品维修
ITA	意大利	Hotels Rest	22. 住宿和餐饮业
JPN	日本	Inland Transp	23. 内陆运输
KOR	韩国	Water Transp	24. 水运
LTU	立陶宛	Air Transp	25. 空运
LUX	卢森堡	Other Transp Serv	26. 其他支持及辅助运输活动、旅行社活动
LVA	拉脱维亚	Post Telecom	27. 邮政与电信
MEX	墨西哥	Financial Int	28. 金融中介
MLT	马耳他	Real Estate	29. 房地产活动
NLD	荷兰	Other Business Act	30. 机器设备租赁及其他商务活动
POL	波兰	Public Adm	31. 公共管理与国防、社会保障
PRT	葡萄牙	Education	32. 教育
ROM	罗马尼亚	Health Social Work	33. 健康及社会工作
RUS	俄罗斯	Other Services	34. 其他社区服务、社会及个人服务
RoW	世界其他地区	Private Households	35. 有雇工的私人住户
SVK	斯洛伐克		
SVN	斯洛文尼亚		
SWE	瑞典		
TUR	土耳其		
USA	美国		

注：由于数据的可获取性和准确性，中国的数据不包括香港特别行政区、澳门特别行政区和台湾地区。
资料来源：基于WIOD数据库。

表 A3-2　核心变量的统计描述（1996—2009）

变量	劳动力技能	生产性服务所含劳动力要素来源	观测值	均值	标准差	最小值	最大值
$\log y$	—	—	20 090	8.650 2	4.229 3	−23.025 9	14.913 7
$\log v$	—	—	20 090	0.705 3	0.233 1	0.000 0	1.415 4
$\log LP$	—	—	17 914	2.651 8	2.203 0	−10.619 5	9.527 8
$\log TFP$	—	—	17 901	−0.064 8	1.046 9	−7.124 9	9.316 7
$\log s$	总体	全球	20 090	−0.005 8	0.808 4	−3.434 5	4.510 8
		国内	19 031	−0.881 3	1.460 1	−13.715 7	3.312 0
		国外	20 090	−1.197 2	1.269 8	−9.775 1	4.464 6
	高技能	全球	20 090	0.003 6	0.827 9	−3.529 1	4.475 3
		国内	19 031	−0.836 9	1.459 2	−14.912 2	3.361 1
		国外	20 090	−1.231 6	1.269 6	−8.468 4	4.420 1
	中技能	全球	20 090	−0.038 1	0.795 4	−3.314 0	4.435 3
		国内	19 031	−1.025 2	1.521 3	−15.322 7	3.192 3
		国外	20 090	−1.146 8	1.269 2	−9.052 6	4.402 2
	低技能	全球	20 090	−0.012 7	0.801 9	−3.454 9	4.731 5
		国内	19 031	−1.148 4	1.635 2	−13.022 5	3.318 8
		国外	20 090	−1.116 2	1.390 1	−11.796 9	4.673 9
$\log q$	总体	全球	20 090	4.633 1	3.408 9	−27.268 6	9.588 1
		国内	19 031	5.845 0	1.717 4	0.071 9	18.991 3
		国外	20 090	5.824 4	3.595 5	−27.268 6	10.968 5
	高技能	全球	20 090	6.116 7	3.265 0	−26.991 0	11.804 8
		国内	19 031	7.250 3	1.757 6	1.815 6	19.496 2
		国外	20 090	7.352 0	3.414 1	−26.991 0	12.139 6
	中技能	全球	20 090	4.746 4	3.382 1	−27.821 3	9.557 3
		国内	19 031	6.054 1	1.834 3	−0.016 9	19.563 6
		国外	20 090	5.855 1	3.545 4	−27.821 3	10.905 1
	低技能	全球	20 090	5.232 4	3.641 4	−26.998 0	11.178 9
		国内	19 031	6.736 9	2.026 6	−0.622 0	19.116 3
		国外	20 090	6.335 9	3.821 3	−26.998 0	12.355 5

注：对生产性服务所含劳动力要素的不同技能与不同来源，生产性服务就业比重及劳动生产率的分布参见附录图 A3-1 与图 A3-2。

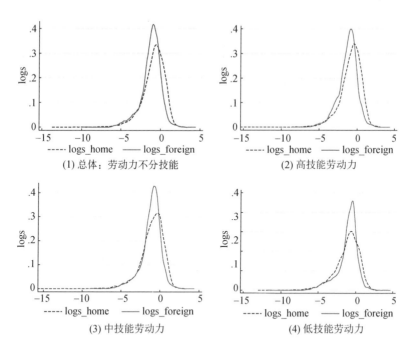

图 A3-1　生产性服务活动的劳动力含量比重（logs）：来自国内（logs_home）与来自国外（logs_foreign）的比较

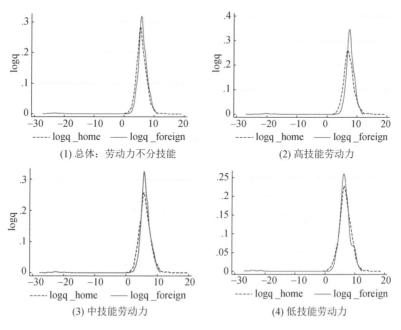

图 A3-2　生产性服务活动的劳动生产率（logq）：国内（logq_home）与国外（logq_foreign）的比较

第 四 章
中国生产性服务业发展水平、结构与产业关联

传统的国民经济统计核算记录的是外延意义上的生产性服务业,如果按照这种人为的划分方法,从特定服务部门出发进行分析,则无法全面反映生产性服务业发展状况及其在国民经济中的地位及影响。本章主要从生产性服务业的内涵出发,采用投入-产出方法,并基于跨国投入-产出数据,从时间序列与跨国截面两大维度,对中国与世界上其他经济体的生产性服务业发展水平、部门结构及产业关联进行比较研究[1]。

第一节 投入-产出方法及相关指标构建

为了分析中国的生产性服务业并进行跨国比较,我们需要首先介绍跨国投入-产出表与投入-产出方法,然后在此基础上讨论几个关键指标的构建。

一、跨国投入-产出表与投入-产出方法

投入-产出模型是多部门模型,用来研究国民经济各部门之间在投入与产出方面相互依存的数量关系,可以用线性方程组加以描述。投入-产出模型的数据基础是投入-产出表。投入-产出表分为价值型投入-产出表与数量

---

[1] 使用跨国投入-产出数据的一个好处在于,各经济体的行业/部门可以一一对应起来,更便于比较分析。当然,即使仅有国家投入-产出数据而没有跨国投入-产出数据,我们也可以采用"假设萃取"(hypothetical extraction)方法进行分析(Miller and Blair, 2009, Chapter12; Los, Timmer and de Vries, 2016)。

型投入-产出表。可以基于特定国家或区域来构建投入-产出模型与投入-产出表;也可以基于若干个国家或区域组成的更大范围的经济体集团,甚至基于整个世界经济,来构建投入-产出模型与投入-产出表,这就是跨国投入-产出模型与跨国投入-产出表。

假设有 C 个经济体(l, $m = 1, 2, \cdots, C$, 以上标表示), N 个行业(i, $j = 1, 2, \cdots, N$, 以下标表示), 这种情形下的跨国投入-产出表如表4-1所示。基于表4-1, 我们可以像第三章那样构建两个会计等式(accounting identity):

一是产出侧的会计等式(output-side accounting identity),即总产出(Y)可以表示为中间使用(Z)与最终使用(F)之和[1]:

$$Y = F + Z = F + AF + A^2F + A^3F + \cdots = (1 + A + A^2 + A^3 + \cdots)F$$
$$= (I - A)^{-1}F = LF \tag{4-1}$$

其中,A 为投入系数矩阵(input coefficient matrix),L 为全球 Leontief 逆矩阵(Leontief, 1936),I 为单元矩阵。

二是投入侧的会计等式(input-side accounting identity),即总投入(Y')可以表示为中间投入(Z)与初始投入(V)之和[2]:

$$Y' = V + Z = V + VB + VB^2 + VB^3 + \cdots = V(1 + B + B^2 + B^3 + \cdots)$$
$$= V(I - B)^{-1} = VG \tag{4-2}$$

其中,B 为产出系数矩阵(output coefficient matrix),G 为全球 Ghosh 逆矩阵(Ghosh, 1958)。

由此可以推导出 A 与 B、L 与 G 之间的关系:因为 $A = Z\hat{Y}^{-1}$、$B = \hat{Y}^{-1}Z$,以及 $Z = (\hat{Y})B$,所以,$A = \hat{Y}B\hat{Y}^{-1}$。同理可得:$B = \hat{Y}^{-1}A\hat{Y}$。因为 $(I - A) = I - \hat{Y}B\hat{Y}^{-1} = \hat{Y}(I - B)\hat{Y}^{-1}$,以及 $\hat{Y}I\hat{Y}^{-1} = I$,同时由矩阵乘积的逆可知:$(I - A)^{-1} = [\hat{Y}(I - B)\hat{Y}^{-1}]^{-1} = \hat{Y}(I - B)^{-1}\hat{Y}^{-1}$。所以,$L = \hat{Y}G\hat{Y}^{-1}$、$G = \hat{Y}^{-1}L\hat{Y}$。

---

[1] 与第三章的处理方式类似,即对所有总产出为0的取值0.0000001(美元)(在本项研究使用的数据样本中,有1.29%的观测值呈现的总产出等于0)。这产生的影响微乎其微,因为这一很小的数值相当于我们样本的平均产出的1.89157E-13%。

[2] 在投入-产出表中,Y' 为 Y 的转置矩阵。

表4-1 跨国投入-产出表的基本结构

投入 \ 产出		经济体	中间使用Z				最终使用F				总产出 Y
			1	2	⋯	C	1	2	⋯	C	
	经济体	行业/部门	$1,\ldots,N$	$1,\ldots,N$	$1,\ldots,N$	$1,\ldots,N$	1	1	1	1	1
中间投入	1	$1 \vdots N$	z^{11}	z^{12}	⋯	z^{1C}	f^{11}	f^{12}	⋯	f^{1C}	y^1
	2	$1 \vdots N$	z^{21}	z^{22}	⋯	z^{2C}	f^{21}	f^{22}	⋯	f^{2C}	y^2
	⋮	$1 \vdots N$	⋮	⋮	⋮	⋮	⋮	⋮	⋮	⋮	⋮
	C	$1 \vdots N$	z^{C1}	z^{C2}	⋯	z^{CC}	f^{C1}	f^{C2}	⋯	f^{CC}	y^C
初始投入	增加值VA (Value added)		v^1	v^2	⋯	v^C					
总投入TI(=总产出TO)			y^1	y^2	⋯	y^C					TI=GO

资料来源:笔者整理制作。

二、关键指标

基于投入-产出表与投入-产出方法,我们引入几个用来分析生产性服务业的关键指标。

(一)服务投入率

投入-产出表的中间投入(intermediate inputs,记为II)是指各部门在生产过程中需要消耗的其他部门产出的价值,包括物质投入(如原材料、燃料、电力等)(physical inputs,记为PI)与服务投入(service inputs,记为SI)。服务投入就是本书研究的生产性服务,是指由服务部门提供的服务投入。我们把服务投入占总投入的比重称为服务投入率(service input ratio,记为SIR),反映国民经济服务化程度;把物质性投入占总投入的比重称为物质投入率(physical input ratio,记为PIR)。服务投入率与物质投入率相加等于100%($SIR+PIR=100\%$)。两种比率的计算公式分别如下:

$$SIR = \frac{服务投入}{总的中间投入} = \frac{SI}{II} \qquad (4\text{-}3a)$$

$$PIR = \frac{物质性投入}{总的中间投入} = \frac{PI}{II} \qquad (4\text{-}3b)$$

(二) 生产性服务比率

一个特定服务部门的产出(记为STO)使用可以分为两部分[1]:(1)最终使用(final use,记为SFU),即被最终使用者(家庭、政府等)消耗的产出部分;(2)中间使用(intermediate use,记为SIU),即被行业/企业用作中间投入的产出部分。我们把前者在服务总产出的比重称为消费性服务比率(consumer service ratio,记为CSR),把后者在总产出中的比重称为生产性服务比率(producer service ratio,记为PSR)。通过生产性服务比率的大小,可以识别一个特定服务部门或行业在多大程度上是生产性服务业。消费性服务比率与生产性服务比率之和等于100%(CSR+PSR=100%)。两种比率的计算公式分别如下:

$$CSR = \frac{作为最终使用的服务产出}{总的服务产出} = \frac{SFU}{STO} \qquad (4\text{-}4a)$$

$$PSR = \frac{作为中间使用的服务产出}{总的服务产出} = \frac{SIU}{STO} \qquad (4\text{-}4b)$$

(三) 国民经济增加值率与国民经济中间投入率

从投入-产出表的列向看,总投入(total inputs,记为TI)等于中间投入(II)加上初始投入(增加值,value added,记为VA),而中间投入又分为物质投入(PI)与服务投入(SI)。又因为总投入等于总产出(TO),所以可得到国民经济增加值率(VAR)与国民经济中间投入率(IIR)(进一步分解为服务投入与物质投入两部分)的计算公式分别如下:

$$VAR = \frac{初始投入或增加值}{总产出或总投入} = \frac{VA}{TO} = \frac{VA}{TI} \qquad (4\text{-}5a)$$

---

[1] 实际上,投入-产出表中(位于行向上)的任何一个部门或行业(不只限于服务部门或行业)的产出均可分为最终使用和中间使用两个部分。

$$IIR = \frac{中间投入}{总产出或总投入} = \frac{II}{TO} = \frac{II}{TI} = \frac{SI}{TI} + \frac{PI}{TI} \quad (4-5b)$$

国民经济增加值率(VAR)与国民经济中间投入率(IIR)之和等于100%。

(四) 产业关联系数

根据 Miller and Blair(2009),一个行业或部门(包括服务业)的产出增加会通过以下两种方式影响整个经济体系:(1)增加了对其他行业或部门(上游,upstream)产品或服务投入的需求或购买,这称为后向关联(backward linkage,记为 BL);(2)增加了对其他行业或部门(下游,downstream)的供给或销售,这称为前向关联(forward linkage,记为 FL)。

对后向关联的测算(基于 Leontief 模型)有两组指标:

(1) 直接后向关联(direct backward linkage),表示行业 j 的生产中需要其他行业的直接投入,即求直接投入系数矩阵(direct input coefficient)A 的第 j 列的总和:

$$BL_{direct\_j} = \sum_{i=1}^{n} a_{ij} \quad (4-6a)$$

可以对上式进行标准化,即求行业 j 的直接后向关联与所有直接后向关联的简单平均值之比[1]:

$$\overline{BL}_{direct\_j} = \frac{\sum_{i=1}^{n} a_{ij}}{\left(\frac{1}{n}\right) \sum_{i=1}^{n} a_{ij} \sum_{j=1}^{n} a_{ij}} \quad (4-6b)$$

(2) 总后向关联(total backward linkage),表示行业 j 的生产中需要其他行业的总投入(直接投入加上间接投入)(直接后向关联加上间接后向关联),即求 Leontief 逆矩阵或总需求矩阵(total requirements matrix)L 的第 j 列的总和:

$$BL_{total\_j} = \sum_{i=1}^{n} l_{ij} \quad (4-6c)$$

可以对上式进行标准化,即求行业 j 的总后向关联与所有总后向关联的

---

[1] 标准化之后的平均值为1。下同。

简单平均值之比：

$$\overline{BL}_{total\_j} = \frac{\sum_{i=1}^{n} l_{ij}}{\left(\frac{1}{n}\right) \sum_{i=1}^{n} l_{ij} \sum_{j=1}^{n} l_{ij}} \quad (4-6d)$$

对前向关联的测算（基于 Ghosh 模型）也有两组指标：

（1）直接前向关联（direct forward linkage），表示行业 i 的产品对其他行业的直接销售，即求产出系数矩阵（output coefficient matrix）**B** 的第 i 行的总和：

$$FL_{direct\_i} = \sum_{j=1}^{n} b_{ij} \quad (4-7a)$$

可以对上式进行标准化，即求行业 i 的直接前向关联与所有直接前向关联的简单平均值之比：

$$\overline{FL}_{direct\_i} = \frac{\sum_{j=1}^{n} b_{ij}}{\left(\frac{1}{n}\right) \sum_{i=1}^{n} b_{ij} \sum_{j=1}^{n} b_{ij}} \quad (4-7b)$$

（2）总前向关联（total forward linkage），表示行业 i 的产品对其他行业的总销售（直接销售加上间接销售）（直接前向关联加上间接前向关联），即求 Ghosh 逆矩阵 **G** 的第 i 行的总和：

$$FL_{total\_i} = \sum_{j=1}^{n} g_{ij} \quad (4-7c)$$

可以对上式进行标准化，即求行业 i 的总前向关联与所有总前向关联的简单平均值之比：

$$\overline{FL}_{total\_i} = \frac{\sum_{j=1}^{n} g_{ij}}{\left(\frac{1}{n}\right) \sum_{i=1}^{n} g_{ij} \sum_{j=1}^{n} g_{ij}} \quad (4-7d)$$

总结起来，以上几组指标如表4-2所示。需要指出的是，经济体/行业的关联指数常常以1为界：如果小于1，则意味着经济体/行业的（前向、后向，或总的、直接的）产业关联较弱，经济体/行业的发展较为独立；如果大于1，则意味着经济体/行业的（前向、后向，或总的、直接的）产业关联较强，经济体/行业的发展与其他行业的关系较为紧密。

表 4-2 产业关联：后向关联与前向关联

	后向关联（基于 Leontief 模型）		前向关联（基于 Ghosh 模型）	
	未标准化	标准化	未标准化	标准化
直接关联	$BL_{direct\_j} = \sum_{i=1}^{n} a_{ij}$	$\overline{BL}_{direct\_j} = \dfrac{\sum_{i=1}^{n} a_{ij}}{\left(\dfrac{1}{n}\right)\sum_{i=1}^{n}\sum_{j=1}^{n} a_{ij}}$	$FL_{direct\_i} = \sum_{j=1}^{n} b_{ij}$	$\overline{FL}_{direct\_i} = \dfrac{\sum_{j=1}^{n} b_{ij}}{\left(\dfrac{1}{n}\right)\sum_{i=1}^{n}\sum_{j=1}^{n} b_{ij}}$
总关联	$BL_{total\_j} = \sum_{i=1}^{n} l_{ij}$	$\overline{BL}_{total\_j} = \dfrac{\sum_{i=1}^{n} l_{ij}}{\left(\dfrac{1}{n}\right)\sum_{i=1}^{n}\sum_{j=1}^{n} l_{ij}}$	$FL_{total\_i} = \sum_{j=1}^{n} g_{ij}$	$\overline{FL}_{total\_i} = \dfrac{\sum_{j=1}^{n} g_{ij}}{\left(\dfrac{1}{n}\right)\sum_{i=1}^{n}\sum_{j=1}^{n} g_{ij}}$

资料来源：笔者整理而得。

第二节 数 据

我们主要采用 WIOD 跨国投入-产出数据（Dietzenbacher et al., 2013）。该数据的时间期限为 2000—2014 年。样本经济体 43 个，包括 42 个单独经济体与 1 个作为整体的"世界其余地区"（ROW）。样本经济体和行业及其代码如表 4-3 所示。

这些样本经济体既有高收入的发达国家（如美国），也有与中国处于相似阶段的发展中国家或转型国家（如印度、巴西和俄罗斯等）。选择这些经济体进行对照分析，可以更客观地展示中国生产性服务业的发展状况。

该数据涵盖的样本行业 56 个，其中，编号 1—26 的行业为货物生产行业（包括农林牧渔业、采掘业、制造业以及公用事业）、编号 27—56 的行业为服务行业（共计 30 个）。此外，在一些分析中，我们把 56 个行业归并为 5 大行业：农林牧渔业（编号 1—3 的行业）、采掘业（编号 4 的行业）、制造业（编号 5—23 的行业）、公用事业（编号 24—26 的行业）、服务业（编号 27—56 的行业）[1]。

---

[1] WIOD 数据处于不断更新中。WIOD 数据还有一个版本是 1995—2011 年版本，所含行业数为 35 个，比这里采用的 WIOD 数据版本涵盖的行业数少。

表 4-3　2000—2014 年 WIOD 数据的经济体与行业样本

	代码	经济体（44）	行业类别	行业英文简码	行业及数字代码（56）
欧盟28个经济体	AUT	奥地利	农林牧渔业(3)	Crop Animal	1. 种植、饲养、狩猎及相关活动
	BEL	比利时		Forestry	2. 林业
	BGR	保加利亚		Fishing	3. 渔业
	CYP	塞浦路斯	采掘业(1)	Mining	4. 采掘业
	HRV	克罗地亚		Food	5. 食品、饮料和烟草
	CZE	捷克		Textiles	6. 纺织、服装和皮革
	DNK	丹麦		Wood	7. 除家具外的木制品以及草、绳产品
	EST	爱沙尼亚		Paper	8. 造纸
	FIN	芬兰		Printing	9. 印刷
	FRA	法国		Petroleum	10. 焦炭及炼油
	DEU	德国		Chemicals	11. 化工及化学制品
	GRC	希腊		Pharmaceutical	12. 制药
	HUN	匈牙利	制造业(19)	Rubber	13. 橡胶及塑料产品
	IRL	爱尔兰		Other Non-Met	14. 其他非金属矿物产品
	ITA	意大利		Basic Metals	15. 基本金属
	LVA	拉脱维亚		Fabricated Metal	16. 除机器设备外的金属制品
	LTU	立陶宛		Computer	17. 计算机、电子及光学产品
	LUX	卢森堡		Electrical	18. 电气设备制造业
	MLT	马耳他		Mach Eq (nec)	19. 别处未提及的机器设备
	NLD	荷兰		Motor Vehicles	20. 机动车等制造业
	POL	波兰		Other Transport Eq	21. 其他运输设备
	PRT	葡萄牙		Furniture	22. 家具制造及其他制造业
	ROU	罗马尼亚		Repair Mach Eq	23. 机器和设备的维修安装
	SVK	斯洛伐克		Elec Gas	24. 电力、燃气及空调
	SVN	斯洛文尼亚	公用事业(3)	Water	25. 供水及水收集和处理
	ESP	西班牙		Sewerage	26. 污水处理、材料回收及其他废物处理
	SWE	瑞典		Construction	27. 建筑业
	GBR	英国		Sale Repair Motor	28. 机动车批发、零售及维修
其他欧洲国家2个	NOR	挪威		Wholesale	29. 批发（不含机动车）
	CHE	瑞士		Retail	30. 零售（不含机动车）
美洲4个经济体	CAN	加拿大		Inland Transp	31. 陆或及管道运输
	USA	美国		Water Transp	32. 水运
	BRA	巴西		Air Transp	33. 空运
	MEX	墨西哥		Warehousing	34. 仓储及运输支持活动
				Postal	35. 邮政及快递
	CHN	中国		Accommodation	36. 旅馆及餐饮服务
	IND	印度		Publishing	37. 出版活动
	JPN	日本		Motion Video	38. 动画、视频、电视、广播等活动
亚太8个经济体	KOR	韩国		Telecom	39. 电信
	AUS	澳大利亚		Computer Program	40. 计算机编程及相关活动、信息服务
	TUR	土耳其		Financial	41. 金融服务（不含保险、养老金）
	IDN	印度尼西亚	服务业(30)	Insurance	42. 保险、再保险及养老金(不含强制性社会保障)
	RUS	俄罗斯			
其他1个	ROW	世界其余地区		Auxil Finan Insur	43. 金融服务及保险的支持性服务
				Real Estate	44. 房地产
				Legal Account	45. 法律、会计、总部服务、管理咨询
				Engineering	46. 建筑和工程活动、技术测试和分析
				RD	47. 科学研究与开发
				Advertising	48. 广告及市场调研
				Other Professional	49. 其他专业性科技服务
				Administrative	50. 行政管理及支持服务
				Public Adm	51. 公共管理和国防、强制性社会保障
				Education	52. 教育
				Health Social Work	53. 健康及社会工作
				Other Services	54. 其他服务活动
				Private Households	55. 家庭自我雇佣活动、服务
				Extraterritorial	56. 涉外机构与组织活动

注：中国有8个服务行业，机动车批发、零售及维修，出版活动，动画、视频、电视、广播等活动，金融服务及保险的支持性服务，建筑和工程活动、技术测试和分析，广告及市场调研，家庭自我雇佣活动、服务，涉外机构与组织活动的数据缺失（或未加以析出）。其他经济体的个别行业也存在数据缺失（或未加以析出）的情况。

资料来源：基于 WIOD 数据整理而得。

第三节 生产性服务业的发展水平与结构差异

基于第一节介绍的方法与指标,我们分析中国生产性服务业的总体水平与结构特征。

一、生产性服务业的总体水平比较

考虑到生产性服务是中间投入品这一特征,我们首先基于公式(4-5a)计算中国国民经济的增加值率(VAR)[1]。图 4-1 的等高图显示,2000—2014年,世界平均增加值率在 45% 以上(中位数约为 48%)。中国的增加值率则

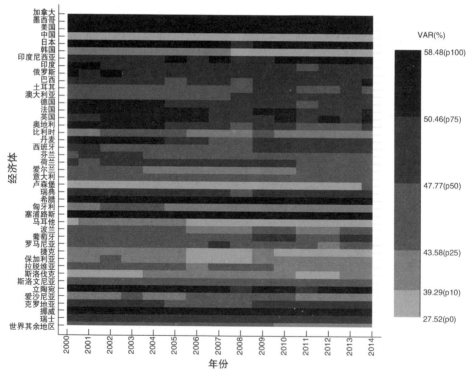

图 4-1 全部样本经济体的国民经济增加值率(VAR)(%)

资料来源:根据计算而得。

---

[1] 在投入-产出表中,中间投入与增加值(初始投入)共同构成了总投入。

位于第十百分位以下,即增加值基本上都低于39%。中国属于少数几个增加值率很低的经济体,甚至比印度、墨西哥还低(见图4-2)[1]。

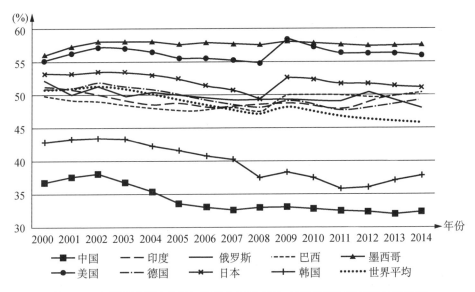

图4-2 中国国民经济的增加值率(VAR)(%):与其他代表性经济体的比较
资料来源:根据计算而得。

从趋势上看,中国的增加值率在样本时期里呈下降态势,即从2000年的36.8%降至2014年的32.4%。

从全球比较来看,收入水平越高的经济体,其增加值率就越高(见图4-3)。也就是说,相对于较低收入的发展中经济体,发达经济体在整个国民经济方面表现出较高的增加值特征。

由于国民经济增加值率与国民经济中间投入率是互补关系,因此,中国较低的增加值率意味着较高的中间投入率。在中间投入当中,服务投入的情况如何呢?基于公式(4-3a),我们可以得到中国国民经济的服务投入率。图4-4显示,中国的服务投入率(服务投入在总投入中的比重)在样本时期里基本保持在30%左右,在中国加入WTO之后略有下降。在此期间,世界平均的服务投入率为50%左右,但呈下降趋势,到2014年接近45%。图4-5的

---

[1] 如果以人均GDP来衡量,中国与发达经济体相比无疑处于相对较低的经济发展阶段,处于类似中国发展阶段的国家的情况是否也像中国一样呢?为此,我们选择比中国略微落后的印度以及与中国同样处于经济转型期的俄罗斯、巴西、墨西哥来进行对照。

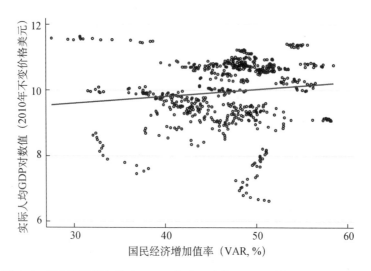

图 4-3　国民经济增加值率(VAR)与实际人均 GDP(对数值,纵轴)的关系

注:基于 2000—2014 年的 42 个经济体,不包括作为一个整体的"世界其余地区"(ROW)。
资料来源:根据计算而得。

跨国比较表明,在样本经济体中,中国的服务投入率处于第十百分位以下,是少数几个服务投入率较低的经济体之一,低于世界平均水平,也低于印度、墨西哥的水平(见图 4-4)。

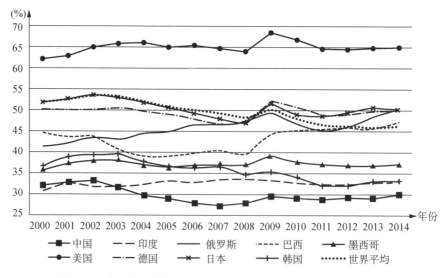

图 4-4　中国的服务投入率(SIR,%):与其他代表性经济体的比较

资料来源:根据计算而得。

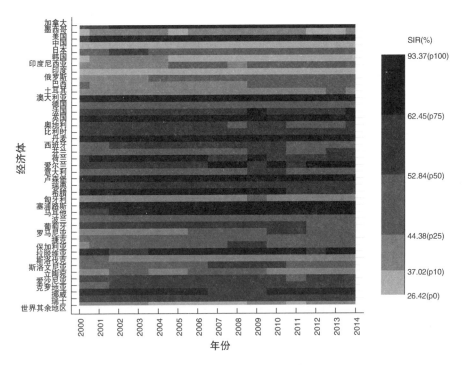

图 4-5　全部样本经济体的服务投入率（SIR,%）

资料来源：根据计算而得。

图 4-6 显示，服务投入率与实际人均 GDP 之间存在显著的正相关关系，即收入水平越高的经济体，其服务投入率就越高。也就是说，相对于较低人均收入水平的发展中经济体，发达经济体在整个国民经济方面表现出较高的服务投入特征。由于服务投入率与物质投入率是互补关系，所以，人均收入水平越低（高）的经济体，其物质性投入比重就越高（低）。

接下来，基于公式（4-4b）分析中国的服务业总产出中有多少是被作为中间使用的，即用作生产性服务。在分析之前，我们先比较中国与其他经济体的服务业产出水平。图 4-7 和图 4-8 显示，在样本时期里，中国的服务产出占总产出的比重（STOT）始终保持在 35% 左右，从未超过 40%，低于全球平均比重（60% 左右），也低于印度和墨西哥的水平。实际上，中国是样本经济中唯一一个在整个样本时期里始终位于第十百分位以下的经济体。图 4-9 表明，服务产出占总产出的比重与实际人均 GDP 水平显著正相关，即人均收入水平越高，服务业产出比重就越高。

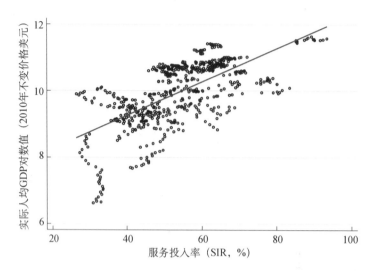

图 4-6　服务投入率(SIR)与实际人均 GDP(对数值,纵轴)的相关关系

注:基于 2000—2014 年的 42 个经济体,不包括作为一个整体的"世界其余地区"(ROW)。
资料来源:根据计算而得。

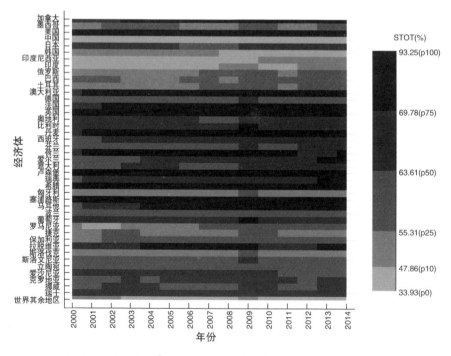

图 4-7　全部样本经济体的服务产出占总产出的比重(STOT,%)

资料来源:根据计算而得。

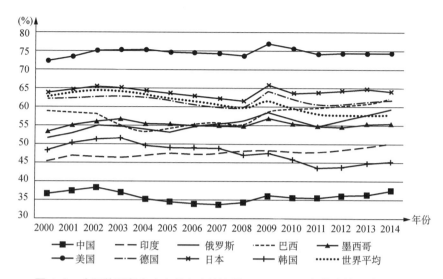

图 4-8 中国的服务产出占总产出的比重(STOT,%):与代表性经济体比较

资料来源:根据计算而得。

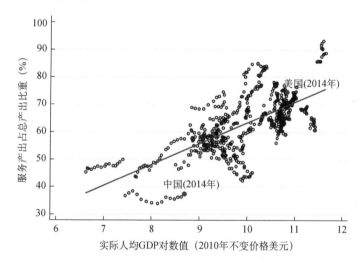

图 4-9 服务产出占总产出比重(STOT,%)与实际人均 GDP
（对数值,横轴)的相关关系

注:基于 2000—2014 年的 42 个经济体,不包括作为一个整体的"世界其余地区"(ROW)。
资料来源:根据计算而得。

服务业总产出中有多少是被用作生产性服务（中间使用）的呢？基于公式(4-4b),我们计算出了生产性服务比率(PSR)(作为中间使用的服务产出占服务总产出的比重)。图 4-10 表明,中国的服务总产出中有大约 43% 是用作生产性服务的,比全球平均水平(39% 左右)高约 5 个百分点,比美国

(36%)高约 7 个百分点。德国的生产性服务比率比中国高。结合图 4-11 可知,中国的生产性服务比率在全球范围内基本上处于中等水平(在中位数

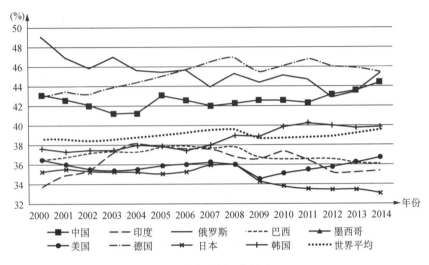

图 4-10　中国的生产性服务比率(PSR,%)

资料来源:根据计算而得。

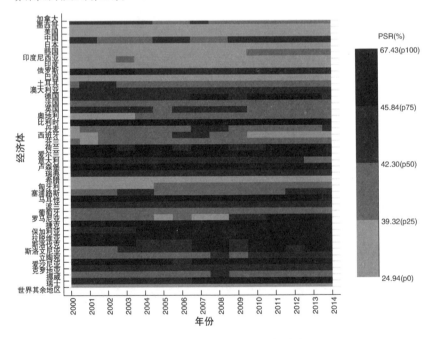

图 4-11　全部样本经济体的生产性服务比率(PSR,%)

资料来源:根据计算而得。

42.3%上下)。

图 4-12 显示,生产性服务比率(生产性服务占服务业总产出比重)与实际人均 GDP(对数值)呈现显著的正相关关系[1]。

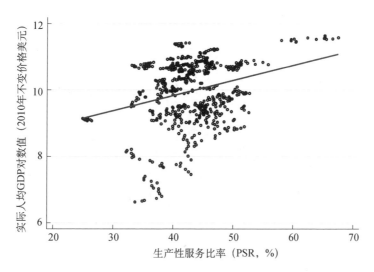

图 4-12　生产性服务比率(PSR,%)与实际人均 GDP(对数值,纵轴)的相关关系
注:基于 2000—2014 年的 42 个经济体,不包括作为一个整体的"世界其余地区"(ROW)。
资料来源:根据计算而得。

总之,相对于其他样本经济体,中国经济呈现出来的特点是:总体增加值占总投入(总产出)的比重较低;服务投入占总投入的比重较低;服务产出占总产出的比重较低,但用作中间投入的生产性服务占服务产出的比重在全球范围内基本上处于中等水平。

二、生产性服务的部门构成

这需要考察生产性服务到底是由哪些部门提供的。图 4-13 显示,43 个样本经济体生产性服务的部门构成具有惊人的相似性,占生产性服务提供比重较高的行业主要为:批发(不含机动车);零售(不含机动车);陆运及管道运输;仓储及运输支持活动;电信;金融服务(不含保险、养老金);法律、会计、总部服务、管理咨询,行政管理及支持服务;其他服务活动等。

---

[1]　根据公式(4-4a)和(4-4b),消费性服务占比与生产性服务占比之和等于 100%。

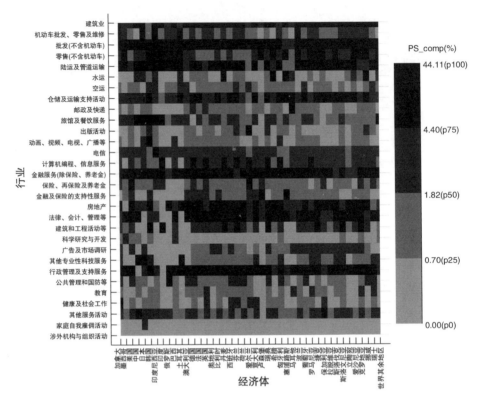

图 4-13 2014年样本经济体的生产性服务构成（PS_comp,%）

注：某一经济体（横轴）对应的各服务行业（纵轴）相加等于100%。
资料来源：根据计算而得。

就中国而言，表 4-4 表明：批发（不含机动车）、金融服务（不含保险、养老金），法律、会计、总部服务、管理咨询三个服务部门（分别均超过 10%）合计占生产性服务提供的 43.76%。对美国来说，位于前三位的服务部门（均超过 10%）依次为行政管理及支持服务，法律、会计、总部服务、管理咨询，房地产；三者合计生产性服务提供的 32.53%。对于印度而言，占生产性服务提供超过 10% 的服务部门有 5 个，依次为：零售（不含机动车），陆运及管道运输，建筑业，批发（不含机动车），金融服务（不含保险、养老金）；合计占生产性服务提供的 72.82%。

在生产性服务的部门构成方面，中国与美国的相关性为 0.509，中国与印度的相关性为 0.574，美国与印度的相关性为 0.131。

表 4-4　2014 年中国生产性服务的部门构成：与美国、印度的比较（%）

	中国	美国	印度
建筑业	4.900	2.793	12.504
机动车批发、零售及维修	—	0.881	1.546
批发（不含机动车）	19.564	9.374	12.019
零售（不含机动车）	4.051	1.799	19.635
陆运及管道运输	9.247	3.848	17.920
水运	2.187	0.460	0.355
空运	1.381	1.124	0.309
仓储及运输支持活动	3.035	2.192	1.269
邮政及快递	0.528	1.195	—
旅馆及餐饮服务	5.676	2.409	5.092
出版活动	—	1.759	
动画、视频、电视、广播等活动	—	1.798	
电信	4.192	3.656	2.315
计算机编程及相关活动、信息服务	0.757	3.650	4.847
金融服务（不含保险、养老金）	13.083	5.120	10.740
保险、再保险及养老金（不含强制性社会保障）	1.372	6.220	2.485
金融服务及保险的支持性服务	—	3.705	—
房地产	4.271	10.046	0.401
法律、会计、总部服务、管理咨询	11.115	10.965	0.659
建筑和工程活动、技术测试和分析	—	3.466	4.876
科学研究与开发	1.337	1.778	0.000
广告及市场调研	—	1.924	0.000
其他专业性科技服务	4.479	0.615	0.000
行政管理及支持服务	0.603	11.518	0.136
公共管理和国防、强制性社会保障	0.895	3.876	0.000
教育	1.340	0.583	0.311
健康及社会工作	0.509	0.743	0.203
其他服务活动	5.477	2.436	2.378
家庭自我雇佣活动、服务	—	0.068	—
涉外机构与组织活动			
合计	100	100	100
中国与美国的相关性	0.509		
中国与印度的相关性			0.574
美国与印度的相关性		0.131	

注："—"表示数据缺失。中国有 8 个服务行业，即机动车批发、零售及维修，出版活动，动画、视频、电视、广播等活动，金融服务及保险的支持性服务，建筑和工程活动、技术测试和分析，广告及市场调研，家庭自我雇佣活动、服务，涉外机构与组织活动的数据缺失（或未加以析出），下同。

资料来源：根据计算而得。

三、生产性服务的投入去向

由于我们采用的是跨国投入-产出表数据,因此,不仅可以识别生产性服务具体都投入哪些部门或行业,而且可以识别生产性服务是被国内使用还是被国外使用。就所有样本经济体及行业的平均情况而言,被国内使用的生产性服务占全部生产性服务使用的70%以上。为此,我们区分为国内使用和全球使用两个部分,结果如表4-5、图4-14所示。

表4-5 2014年各样本经济体的生产性服务投入去向(%)

	国内使用(各列相加等于100%)					全球使用(各列相加等于100%)				
	农林牧渔业	采掘业	制造业	公用事业	服务业	农林牧渔业	采掘业	制造业	公用事业	服务业
澳大利亚	1.87	4.89	7.13	2.07	84.04	1.88	4.85	9.01	2.24	82.01
奥地利	0.62	0.35	18.12	2.25	78.65	0.76	0.69	20.53	2.45	75.58
比利时	0.89	0.08	15.77	2.28	80.99	1.09	0.58	18.85	2.30	77.18
保加利亚	3.96	1.03	19.42	3.45	72.15	3.68	1.32	21.05	3.45	70.51
巴西	1.91	2.61	28.18	1.73	65.56	1.90	2.63	27.97	1.76	65.75
加拿大	2.13	3.45	13.21	1.20	80.02	2.15	3.46	14.37	1.33	78.68
瑞士	0.51	0.17	14.67	2.02	82.63	0.92	0.74	16.97	2.22	79.15
中国	**1.70**	**3.05**	**36.30**	**2.36**	**56.59**	**1.76**	**3.13**	**36.00**	**2.39**	**56.73**
塞浦路斯	1.06	0.31	6.21	0.86	91.55	1.23	1.41	9.77	1.58	86.01
捷克	1.68	0.76	20.42	2.93	74.21	1.62	0.86	20.80	3.03	73.69
德国	1.08	0.17	23.57	3.34	71.84	1.12	0.44	24.01	3.27	71.15
丹麦	2.21	0.31	12.89	2.29	82.30	2.19	1.81	17.63	2.57	75.80
西班牙	1.23	0.33	18.96	3.48	76.01	1.26	0.58	19.56	3.44	75.17
爱沙尼亚	2.80	0.80	16.51	2.82	77.07	2.57	1.28	18.00	2.73	75.42
芬兰	1.24	0.49	20.62	2.02	75.64	1.24	0.77	20.90	2.09	75.00
法国	1.11	0.14	14.58	1.98	82.19	1.20	0.45	16.55	2.10	79.71
英国	0.56	0.75	8.98	1.67	88.04	0.68	1.05	10.70	1.84	85.73
希腊	2.24	0.63	24.47	2.33	70.33	2.44	1.90	25.56	2.57	67.54
克罗地亚	5.64	1.46	22.89	3.08	66.93	4.97	1.84	22.99	3.15	67.05

(续表)

	国内使用（各列相加等于100%）					全球使用（各列相加等于100%）				
	农林牧渔业	采掘业	制造业	公用事业	服务业	农林牧渔业	采掘业	制造业	公用事业	服务业
匈牙利	2.34	0.28	22.04	3.75	71.60	2.19	0.66	24.32	3.52	69.31
印度尼西亚	3.35	4.17	25.90	0.79	65.79	3.28	4.16	25.66	0.82	66.08
印度	**4.91**	**0.77**	**44.30**	**2.04**	**47.99**	**4.66**	**1.04**	**42.64**	**2.17**	**49.49**
爱尔兰	2.44	0.39	12.59	0.87	83.71	1.79	1.54	15.74	1.97	78.97
意大利	0.69	0.24	22.61	3.88	72.58	0.73	0.34	22.81	3.79	72.33
日本	0.82	0.26	22.11	2.91	73.90	0.93	0.51	22.62	2.92	73.02
韩国	0.71	0.17	32.61	2.76	63.74	0.81	0.58	32.56	2.73	63.32
立陶宛	4.58	0.24	22.61	1.75	70.82	3.95	1.43	24.39	2.13	68.10
卢森堡	0.05	0.01	1.52	0.36	98.06	1.35	1.97	12.48	2.56	81.63
拉脱维亚	2.31	0.46	9.71	3.12	84.40	2.24	0.98	12.55	3.19	81.03
墨西哥	1.44	3.41	33.54	1.63	59.99	1.50	3.38	34.31	1.62	59.19
马耳他	0.57	0.20	6.76	2.63	89.84	0.95	1.27	11.39	2.83	83.56
荷兰	0.95	0.52	13.77	2.10	82.66	1.01	1.20	24.33	4.30	69.16
挪威	1.38	5.98	12.79	1.74	78.11	1.44	6.06	14.26	1.98	76.26
波兰	1.77	0.88	25.92	4.02	67.42	1.75	0.95	27.93	3.76	65.60
葡萄牙	1.42	0.28	18.34	2.73	77.22	1.58	0.85	19.79	2.77	75.02
罗马尼亚	3.98	1.27	23.08	4.05	67.63	3.58	1.45	24.07	3.91	66.99
世界其余地区	2.66	5.74	23.52	3.65	64.43	2.40	5.22	23.54	3.58	65.25
俄罗斯	2.43	5.30	22.67	6.13	63.47	2.47	5.26	26.75	6.59	58.93
斯洛伐克	1.29	0.17	16.72	2.86	78.96	1.32	0.44	17.82	2.81	77.60
斯洛文尼亚	1.13	0.37	19.60	3.87	75.03	1.29	0.76	21.09	3.79	73.07
瑞典	0.79	0.49	18.02	2.22	78.47	0.91	0.94	19.37	2.25	76.54
土耳其	2.41	1.16	28.95	1.03	66.45	2.40	1.31	29.38	1.16	65.75
美国	0.94	1.13	13.65	1.07	83.20	1.00	1.23	14.28	1.17	82.32
全球平均	**1.84**	**1.27**	**19.65**	**2.43**	**74.81**	**1.86**	**1.69**	**21.51**	**2.64**	**72.29**

注：行业对照参见表4-3。特定经济体的生产性服务投入去向包括国内（各行业）及全球（各行业）。
资料来源：根据计算而得。

首先,我们按照表4-3把56个行业归并为5大行业,观察这5大行业各自使用的生产性服务所占比重。从全球简单平均的结果来看,70%以上的生产性服务都投到了服务业,大约20%的生产性服务投到了制造业,余下的部分投到了其他三大行业。对中国而言,近57%的生产性服务投到了服务业,在所有样本经济体中仅高于印度(不到50%),列倒数第二位;大约36%的生产性服务投到了制造业,在所有样本经济体中仅低于印度(40%多),列第二位;余下的部分投到了其他三大行业。

其次,如果按照56个细分行业,观察各自使用的生产性服务所占比重,结果如图4-14所示。尽管各样本经济体有所差异,但各主要服务行业是生产性服务的主要使用者,其次的使用者主要是制造行业。

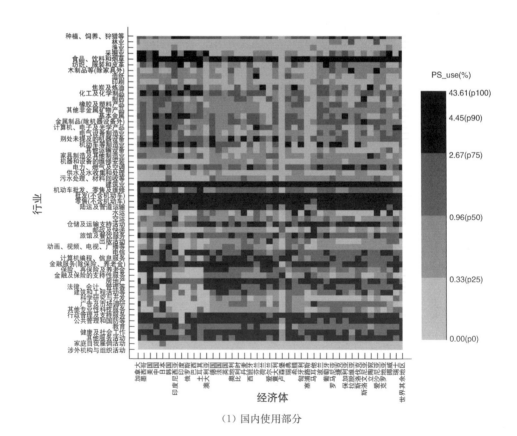

(1) 国内使用部分

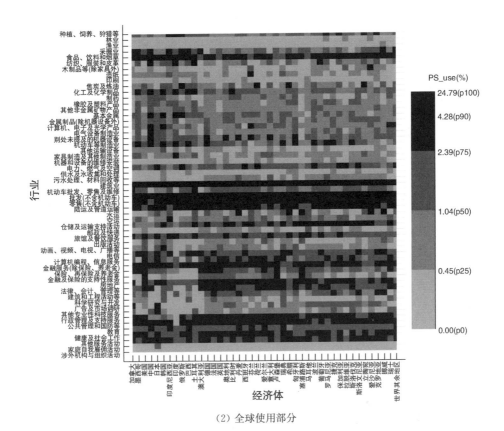

(2) 全球使用部分

图 4-14 2014 年各样本经济体的生产性服务投入去向（PS_use,%）

注：特定经济体的生产性服务投入去向包括国内（各行业）及全球（各行业）。某一经济体（生产性服务提供者）（横轴）对应的各行业（纵轴）相加等于 100%。

资料来源：根据计算而得。

四、以生产性服务比率衡量服务部门的生产性服务特性

基于公式（4-4b）的生产性服务比率（PSR），可以识别一个特定服务部门或行业在多大程度上属于生产性服务业。生产性服务比率越高，则该服务部门就越具有生产性服务的性质；相反，则越具有消费性服务的性质。

以 2014 年为例（见表 4-6），中国的生产性服务比率超过 50% 的服务部门有 15 个，依次为：法律、会计、总部服务、管理咨询（96.46%），仓储及运输支持活动（94.22%），邮政及快递（89.52%），金融服务（不含保险、养老金）（88.90%），空运（85.92%），科学研究与开发（82.72%），陆运及管道运输

(82.23%),水运(80.59%),其他专业性科技服务(78.86%),零售(不含机动车)(74.61%),批发(不含机动车)(74.54%),电信(66.76%),旅馆及餐饮服务(56.21%),保险、再保险及养老金(不含强制性社会保障)(56.05%),其他服务活动(55.51%)。其他 7 个服务部门的生产性服务比率低于 50%。

表4-6 2014年中国各服务部门的生产性服务比率(PSR,%):与美国、印度比较

	中国	美国	印度
建筑业	8.514	19.654	22.406
机动车批发、零售及维修	—	19.894	55.210
批发(不含机动车)	74.538	50.377	55.256
零售(不含机动车)	74.615	11.741	55.283
陆运及管道运输	82.233	63.791	46.558
水运	80.594	61.845	63.792
空运	85.918	50.464	43.402
仓储及运输支持活动	94.217	94.828	60.570
邮政及快递	89.524	91.834	—
旅馆及餐饮服务	56.209	22.871	40.947
出版活动	—	45.103	—
动画、视频、电视、广播等活动	—	47.148	—
电信	66.759	47.700	58.799
计算机编程及相关活动、信息服务	24.604	55.135	37.228
金融服务(不含保险、养老金)	88.903	61.561	68.930
保险、再保险及养老金(不含强制性社会保障)	56.050	52.814	63.845
金融服务及保险的支持性服务	—	65.529	—
房地产	32.165	30.644	2.010
法律、会计、总部服务、管理咨询	96.455	81.770	54.000
建筑和工程活动、技术测试和分析	—	65.829	85.132
科学研究与开发	82.718	62.688	—
广告及市场调研	—	67.373	—
其他专业性科技服务	78.856	65.936	—
行政管理及支持服务	33.294	89.810	43.026
公共管理和国防、强制性社会保障	6.178	9.553	0.000
教育	11.653	15.449	2.365
健康及社会工作	4.913	3.015	2.988
其他服务活动	55.513	27.365	26.853

(续表)

	中国	美国	印度
家庭自我雇佣活动、服务	—	27.684	—
涉外机构与组织活动	—	—	—
中国与美国的相关性	0.668		
中国与印度的相关性			0.835
美国与印度的相关性		0.630	

注：行业对照参见表4-3。"—"表示数据缺失。
资料来源：根据计算而得。

在服务部门的生产性服务特性方面，中国与美国的相关性为0.668，中国与印度的相关性为0.835，美国与印度的相关性为0.630。

与美国等其他经济体不同的是（见图4-15），中国的行政管理及支持服务、计算机编程及相关活动和信息服务具有消费性服务的特征，而旅馆及餐

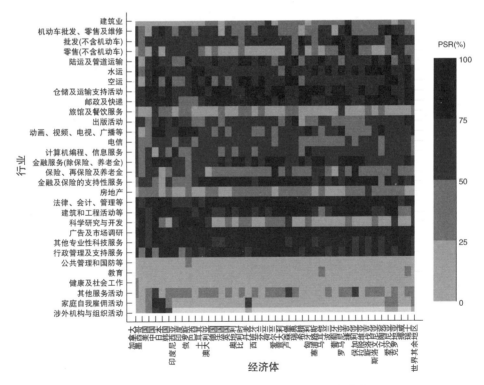

图4-15 2014年样本经济体各服务部门的生产性服务比率（PSR,%）
资料来源：根据计算而得。

饮服务则具有生产性服务的特征[1]。

第四节 生产性服务业的产业关联

服务业通过生产性服务的中间投入而对整体经济及相关产业产生作用，通过分析服务投入率，可以看出各产业对生产性服务投入的依赖程度以及不同生产性服务对相应产业的重要性；分析服务业的产业关联效应有助于厘清生产性服务在国民经济中的影响。

一、基于服务投入率的分析

前面已经表明，中国国民经济的总体生产性服务投入率（服务投入在总投入中的比重）在样本时期里基本保持在30%左右，比世界平均水平低20个百分点，也低于印度、墨西哥的水平。

分五大产业来看（见表4-7），中国与其他绝大多数经济体的共性是，服务业的生产性服务投入率最高，其次是采掘业（在有些经济体如爱尔兰、卢森堡，制造业排第二位；在有些经济体如加拿大、日本、美国，公用事业排第二位）。所不同的是：中国五大产业的生产性服务投入率均比其他经济体的平均水平（甚至绝大多数经济体）要低。这表明其他大多数经济体的服务经济发展水平高于中国，而中国目前仍处于工业化发展阶段，尚未进入服务经济时代或后工业化社会[2]。

表4-7 2014年各样本经济体五大行业的服务投入率（SIR,%）

	服务投入来自国内					服务投入来自全球				
	农林牧渔业	采掘业	制造业	公用事业	服务业	农林牧渔业	采掘业	制造业	公用事业	服务业
澳大利亚	44.11	70.31	36.58	44.50	83.83	40.92	61.90	30.71	42.84	78.81
奥地利	21.37	70.05	42.29	21.60	82.17	18.97	54.93	28.51	21.18	76.15

---

[1] 一个可能的解释是：在中国做生意需要关系，很多交易是在饭桌上吃饭时达成的。相应的支出也就被当作企业的商务投入成本。但为什么计算机编程及相关活动和信息服务在中国显示出消费性服务的特征，尚需进一步研究。

[2] 贝尔(1984,中译本)描述了后工业化社会的基本特征，认为服务业的高度发展是其重要特征之一。

(续表)

	服务投入来自国内					服务投入来自全球				
	农林牧渔业	采掘业	制造业	公用事业	服务业	农林牧渔业	采掘业	制造业	公用事业	服务业
比利时	46.95	79.85	54.20	61.94	88.66	37.87	63.89	32.16	44.88	81.58
保加利亚	46.18	55.07	44.71	61.97	77.88	37.66	48.03	27.67	36.00	67.73
巴西	30.74	65.74	37.07	31.03	73.51	26.48	61.89	32.96	30.57	71.46
加拿大	46.06	65.36	41.86	74.56	81.33	39.26	52.79	28.63	64.82	72.27
瑞士	31.53	69.71	34.18	21.64	83.54	28.72	61.37	27.92	21.60	79.49
中国	**12.85**	**25.30**	**15.42**	**14.84**	**46.09**	**12.54**	**24.28**	**14.86**	**14.52**	**45.68**
塞浦路斯	27.65	61.98	41.99	24.04	83.18	23.72	53.36	30.66	16.25	76.54
捷克	37.74	67.05	36.85	37.34	83.01	31.97	50.01	23.47	30.57	75.62
德国	55.74	56.61	43.36	55.88	85.16	47.73	50.46	34.28	51.52	80.88
丹麦	45.21	56.25	44.36	44.37	86.87	36.37	49.81	31.76	40.05	79.70
西班牙	27.49	50.80	30.03	22.43	76.43	25.85	45.57	23.80	20.58	73.18
爱沙尼亚	47.55	63.80	47.37	38.81	84.65	36.61	44.54	26.44	32.47	71.87
芬兰	31.35	54.85	37.48	46.41	76.00	30.53	45.18	31.20	38.76	70.88
法国	26.22	64.01	43.67	26.89	85.29	23.75	52.08	33.63	25.76	79.46
英国	35.91	55.03	36.44	20.26	84.94	31.63	46.81	28.90	20.19	80.31
希腊	32.60	85.80	62.28	45.45	81.42	27.62	81.89	44.89	39.72	75.27
克罗地亚	78.32	32.29	64.79	38.14	78.67	65.03	24.53	45.78	28.35	69.95
匈牙利	20.37	71.99	37.74	62.13	77.52	19.03	58.09	20.32	44.22	67.38
印度尼西亚	43.77	45.79	27.87	7.84	54.44	38.86	40.12	23.09	7.47	47.29
印度	**32.11**	**49.55**	**33.19**	**37.34**	**54.68**	**30.91**	**45.65**	**27.55**	**31.05**	**51.84**
爱尔兰	62.66	60.18	63.20	25.86	87.92	61.41	56.68	65.87	33.79	86.91
意大利	26.73	62.07	37.65	38.61	79.29	24.38	54.67	31.82	37.30	75.40
日本	28.35	48.85	26.23	60.30	67.07	26.31	24.36	22.77	38.18	64.09
韩国	17.84	58.82	19.52	24.40	58.44	16.40	54.91	16.23	19.05	55.29
立陶宛	50.08	60.38	49.58	24.80	79.40	33.24	35.36	28.64	20.87	68.39
卢森堡	19.16	36.36	51.33	31.38	96.93	22.46	43.87	28.07	35.97	95.80

(续表)

	服务投入来自国内					服务投入来自全球				
	农林牧渔业	采掘业	制造业	公用事业	服务业	农林牧渔业	采掘业	制造业	公用事业	服务业
拉脱维亚	32.51	74.55	42.69	27.08	87.57	24.10	51.45	29.73	26.63	77.37
墨西哥	21.79	55.20	29.79	39.64	65.65	18.67	45.84	21.41	30.51	57.14
马耳他	23.00	66.88	49.91	30.55	84.17	27.13	62.56	33.50	32.61	85.54
荷兰	24.56	51.55	44.80	57.84	86.28	21.33	57.40	28.83	50.58	78.06
挪威	39.37	64.51	36.13	64.80	81.67	36.91	55.56	31.37	60.89	75.19
波兰	25.15	42.66	36.73	57.54	69.08	22.71	35.97	28.57	48.70	63.26
葡萄牙	30.33	57.14	37.42	17.42	79.47	26.01	38.75	25.20	16.51	73.70
罗马尼亚	40.80	58.02	44.10	43.90	70.49	36.50	50.71	33.89	32.22	61.70
世界其余地区	21.20	20.92	19.61	9.34	55.45	24.96	23.84	22.17	11.54	57.68
俄罗斯	37.41	51.68	35.37	43.89	62.99	33.12	48.74	32.05	42.29	59.17
斯洛伐克	27.74	56.47	27.66	18.80	83.80	21.86	37.78	15.81	17.79	74.79
斯洛文尼亚	38.09	64.64	43.31	58.59	81.63	27.97	48.06	26.80	42.61	72.46
瑞典	38.48	57.36	46.22	59.78	82.09	34.48	49.14	37.26	53.35	77.45
土耳其	34.76	65.45	38.15	12.38	77.05	27.69	51.38	28.64	12.08	67.20
美国	30.66	52.24	32.72	54.59	80.25	28.70	45.19	28.18	48.10	77.43
平均	**34.35**	**57.22**	**39.08**	**37.65**	**76.96**	**30.11**	**48.13**	**29.01**	**32.40**	**71.24**

注：行业对照参见表4-3。
资料来源：根据计算而得。

基于56个行业划分的服务投入率情况如图4-16所示。可以看到，尽管存在跨国差异，但很多服务行业的服务投入率基本都在75%以上。

接下来分析五大类产业的分类服务投入率[1]。我们把不同的服务投入来源分为国内与全球两部分。结果如表4-8所示。

---

[1] 关于56个细分行业的分类服务(30个)投入率的分析，参见本章附录图A4-1。

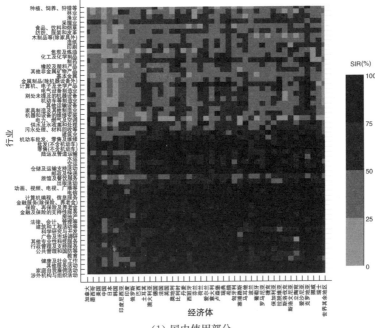

(1) 国内使用部分

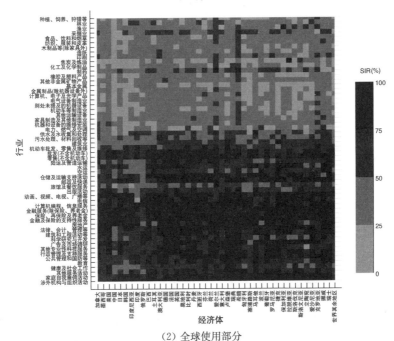

(2) 全球使用部分

图 4-16 2014年各样本经济体、各行业的服务投入率(SIR,%)

资料来源:根据计算而得。

表 4-8　2014年中国五大类产业的分类服务投入率（SIR,%）

	服务投入来自国内					服务投入来自全球				
	农林牧渔业	采掘业	制造业	公用事业	服务业	农林牧渔业	采掘业	制造业	公用事业	服务业
建筑业	0.04	0.72	0.26	0.95	3.29	0.04	0.70	0.25	0.92	3.20
机动车批发、零售及维修	—	—	—	—	—	—	—	—	—	—
批发（不含机动车）	**3.94**	**3.35**	**4.64**	**1.93**	**5.27**	**3.82**	**3.31**	**4.45**	**2.01**	**5.12**
零售（不含机动车）	0.81	0.69	0.96	0.40	1.09	0.79	0.66	0.92	0.39	1.07
陆运及管道运输	**1.58**	**3.14**	**2.03**	**1.35**	**3.08**	**1.56**	**3.11**	**1.98**	**1.45**	**3.01**
水运	0.38	0.93	0.42	0.40	0.62	0.38	0.89	0.41	0.39	0.62
空运	0.04	0.08	0.11	0.07	0.70	0.06	0.12	0.17	0.10	1.08
仓储及运输支持活动	0.64	0.55	0.53	0.15	1.40	0.62	0.51	0.49	0.14	1.35
邮政及快递	0.12	0.10	0.03	0.02	0.36	0.12	0.09	0.03	0.02	0.35
旅馆及餐饮服务	0.35	1.13	0.64	0.55	3.33	0.37	1.10	0.62	0.54	3.36
出版活动	—	—	—	—	—	—	—	—	—	—
动画、视频、电视、广播等活动	—	—	—	—	—	—	—	—	—	—
电信	0.33	0.33	0.18	0.37	3.12	0.32	0.31	0.17	0.34	3.03
计算机编程及相关活动、信息服务	0.00	0.11	0.09	0.22	0.30	0.00	0.11	0.09	0.22	0.31
金融服务（不含保险、养老金）	**2.29**	**5.67**	**1.99**	**5.67**	**5.85**	**2.20**	**5.22**	**1.85**	**5.27**	**5.64**
保险、再保险及养老金（不含强制性社会保障）	0.18	0.54	0.10	0.24	0.83	0.18	0.52	0.10	0.24	0.83

(续表)

	服务投入来自国内					服务投入来自全球				
	农林牧渔业	采掘业	制造业	公用事业	服务业	农林牧渔业	采掘业	制造业	公用事业	服务业
金融服务及保险的支持性服务	—	—	—	—	—	—	—	—	—	—
房地产	0.00	0.05	0.06	0.06	3.53	0.00	0.04	0.06	0.05	3.39
法律、会计、总部服务、管理咨询	**0.08**	**3.50**	**1.43**	**0.51**	**5.51**	**0.08**	**3.44**	**1.42**	**0.55**	**5.59**
建筑和工程活动、技术测试和分析	—	—	—	—	—	—	—	—	—	—
科学研究与开发	0.08	0.66	0.40	0.12	0.29	0.08	0.62	0.38	0.11	0.29
广告及市场调研	—	—	—	—	—	—	—	—	—	—
其他专业性科技服务	1.32	1.50	0.59	0.44	2.37	1.26	1.38	0.55	0.41	2.27
行政管理及支持服务	0.01	0.13	0.04	0.05	0.39	0.02	0.15	0.04	0.05	0.44
公共管理和国防、强制性社会保障	0.15	0.13	0.12	0.06	0.50	0.15	0.14	0.12	0.07	0.49
教育	0.07	0.23	0.06	0.10	0.99	0.07	0.22	0.06	0.10	0.97
健康及社会工作	0.10	0.17	0.07	0.10	0.26	0.10	0.16	0.07	0.09	0.26
其他服务活动	0.34	1.58	0.68	1.09	3.00	0.33	1.48	0.65	1.03	2.99
家庭自我雇佣活动、服务	—	—	—	—	—	—	—	—	—	—
涉外机构与组织活动	—	—	—	—	—	—	—	—	—	—
合计	12.85	25.30	15.42	14.84	46.09	12.54	24.28	14.86	14.52	45.68

注:"—"表示数据缺失。行业对照参见表4-3。表中最后一行的合计值等于表4-7中国对应的数值。
资料来源:根据计算而得。

可以看出，农林牧渔业的分类服务投入率由高到低位于前三位的依次为：批发（不含机动车）、金融服务（不含保险、养老金）、陆运及管道运输。

采掘业的分类服务投入率由高到低位于前三位的依次为：金融服务（不含保险、养老金），法律、会计、总部服务、管理咨询，批发（不含机动车）。

制造业的分类服务投入率由高到低位于前三位的依次为：批发（不含机动车）、陆运及管道运输、金融服务（不含保险、养老金）。

公用事业的分类服务投入率由高到低位于前三位的依次为：金融服务（不含保险、养老金）、批发（不含机动车）、陆运及管道运输。

服务业的分类服务投入率由高到低位于前三位的依次为：金融服务（不含保险、养老金），法律、会计、总部服务、管理咨询，批发（不含机动车）。

由此可见，对这五大类产业而言，金融服务（不含保险、养老金），法律、会计、总部服务、管理咨询，批发（不含机动车），陆运及管道运输等四类分项服务投入都是最为重要的。

此外，不同分项服务投入对不同行业的重要性也不尽相同，比如金融服务（不含保险、养老金）对五大类产业的投入比重由高到低依次为服务业、采掘业、公用事业、农林牧渔业、制造业。这意味着，各类服务部门的发展经由生产性服务投入而对相关产业的影响不同；服务业内部结构的调整无疑将对各类产业产生不同程度的影响。

中国的分项服务投入结构与全球平均情况基本类似，差异在于水平的不同，因为前面的分析已经表明，中国的服务投入率相对较低。表4-9的全球平均情况表明[1]，建筑业、批发（不含机动车）、零售（不含机动车）、陆运及管道运输、金融服务（不含保险、养老金）等5个分项服务对五大类产业的服务投入比重较高。不同分项服务投入对不同行业的重要性也不尽相同，比如，对大多数经济体来说，批发（不含机动车）对五大类产业的投入比重由高到低依次为制造业、农林牧渔业、采掘业、服务业和公用事业。

二、基于产业关联的分析

我们按照表4-2的产业关联界定与分类，同时考虑到产业关联的空间特

---

[1] 各样本经济体的数据分析见本章附录图 A4-2。

表4-9 2014年样本经济体五大类产业的分类服务投入率平均值（%）

	服务投入来自国内					服务投入来自全球				
	农林牧渔业	采掘业	制造业	公用事业	服务业	农林牧渔业	采掘业	制造业	公用事业	服务业
建筑业	2.37	4.22	1.56	5.19	8.07	1.87	3.20	0.95	3.86	6.71
机动车批发、零售及维修	1.59	1.52	1.16	1.06	1.66	1.32	1.08	0.88	0.78	1.40
批发（不含机动车）	7.59	5.49	10.80	4.55	5.07	7.09	5.28	8.28	4.62	4.84
零售（不含机动车）	5.68	3.25	3.71	1.70	2.81	4.65	2.26	2.59	1.33	2.44
陆运及管道运输	2.31	10.37	3.91	3.18	4.26	2.02	8.30	2.91	3.01	3.84
水运	0.25	1.06	0.25	0.21	0.53	0.27	1.21	0.29	0.24	0.75
空运	0.11	0.42	0.21	0.16	0.59	0.16	0.58	0.25	0.22	0.86
仓储及运输支持活动	1.06	3.96	1.71	1.14	4.14	0.92	3.14	1.20	0.90	4.14
邮政及快递	0.13	0.33	0.26	0.47	0.99	0.11	0.19	0.15	0.33	0.79
旅馆及餐饮服务	0.41	0.91	0.53	0.55	1.88	0.37	0.73	0.40	0.45	1.88
出版活动	0.80	0.21	0.54	0.24	0.81	0.40	0.18	0.28	0.21	0.82
动画、视频、电视、广播等活动	0.05	0.16	0.16	0.15	1.00	0.05	0.14	0.11	0.11	0.90
电信	0.34	0.73	0.52	0.81	2.83	0.30	0.59	0.39	0.69	2.55
计算机编程及相关活动、信息服务	0.25	0.98	0.91	1.15	2.39	0.26	0.82	0.60	1.04	2.42
金融服务（不含保险、养老金）	3.36	4.58	2.33	3.60	7.10	2.96	3.62	1.64	2.94	6.65
保险、再保险及养老金（不含强制性社会保障）	0.80	0.89	0.42	0.63	1.69	0.76	0.73	0.29	0.55	1.54

（续表）

	服务投入来自国内					服务投入来自全球				
	农林牧渔业	采掘业	制造业	公用事业	服务业	农林牧渔业	采掘业	制造业	公用事业	服务业
金融服务及保险的支持性服务	0.60	0.28	0.21	0.33	2.67	0.47	0.22	0.14	0.28	2.24
房地产	0.67	1.51	1.29	1.43	6.41	0.49	0.96	0.72	0.95	5.14
法律、会计、总部服务、管理咨询	0.93	3.92	2.33	2.54	5.02	0.85	3.57	1.78	2.44	4.82
建筑和工程活动、技术测试和分析	0.32	2.73	0.78	1.42	1.93	0.29	2.17	0.53	1.18	1.85
科学研究与开发	0.09	0.23	0.22	0.22	0.33	0.20	0.20	0.26	0.19	0.33
广告及市场调研	0.10	0.38	0.71	0.38	1.39	0.11	0.36	0.60	0.36	1.39
其他专业性科技服务	1.36	0.85	0.45	0.63	1.34	1.26	0.94	0.38	0.65	1.53
行政管理及支持服务	1.72	5.43	2.58	3.44	6.47	1.72	5.28	2.28	2.88	6.57
公共管理和国防、强制性社会保障	0.48	0.99	0.51	1.27	1.26	0.44	0.89	0.44	1.25	1.14
教育	0.14	0.53	0.24	0.30	0.97	0.13	0.42	0.16	0.24	0.79
健康及社会工作	0.24	0.16	0.16	0.12	1.07	0.21	0.13	0.11	0.09	0.91
其他服务活动	0.58	1.10	0.60	0.75	2.22	0.42	0.94	0.40	0.59	1.96
家庭自我雇佣活动、服务	0.02	0.03	0.02	0.02	0.05	0.02	0.01	0.02	0.01	0.05
涉外机构与组织活动	0.00	0.00	0.00	0.00	0.00	0.00	0.00	0.00	0.00	0.00
合计	34.35	57.22	39.08	37.65	76.96	30.11	48.13	29.01	32.40	71.24

注：行业对照参见表4-3。
资料来源：根据计算而得。

征,把本国国内关联与全球范围关联区别开来,并以2014年为例,观察中国各服务行业的产业关联状况[1]。

从表4-10可以看出,中国各服务行业的未标准化直接后向关联系数都小于1(对国内关联与全球关联皆如此);系数最大的行业是建筑业,但也仅为0.74(对国内关联)、0.77(对全球关联);各服务行业的国内关联程度占全球关联程度的比重均超过90%。

如果以标准化的直接后向关联衡量,则系数大于1的行业有13个:建筑业,水运,空运,仓储及运输支持活动,旅馆及餐饮服务,计算机编程及相关活动、信息服务,保险、再保险及养老金(不含强制性社会保障),法律、会计、总部服务、管理咨询,科学研究与开发,其他专业性科技服务,行政管理及支持服务,健康及社会工作,其他服务活动。其他行业的系数均小于1。

从总体后向关联看,中国各服务行业的未标准化总后向关联系数都大于(或等于)1(对国内关联与全球关联皆如此);系数最大的行业是建筑业,为3.11(对国内关联)、3.45(对全球关联);大多数服务行业的国内关联程度占全球关联的比重均超过90%。

如果以标准化的总后向关联衡量,则系数大于1的行业有15个:建筑业,陆运及管道运输,水运,空运,仓储及运输支持活动,邮政及快递,旅馆及餐饮服务,计算机编程及相关活动、信息服务,保险、再保险及养老金(不含强制性社会保障),法律、会计、总部服务、管理咨询,科学研究与开发,其他专业性科技服务,行政管理及支持服务,公共管理和国防、强制性社会保障,健康及社会工作,其他服务活动。其他行业的系数均小于1。

表4-11表明,中国各服务行业的未标准化直接前向关联系数也都小于1(对国内关联与全球关联皆如此);系数最大的行业是仓储及运输支持活动,为0.93(对国内关联)、0.94(对全球关联);大多数服务行业的国内关联程度占全球关联的比重均超过90%。

如果以标准化的直接前向关联衡量,则系数大于1的行业有12个:批发(不含机动车),零售(不含机动车),陆运及管道运输,水运,空运,仓储及运输支持活动,邮政及快递,电信,金融服务(不含保险、养老金),法律、会计、总部

---

[1] 同时,基于图4-18,我们还可以大致观察中国产业关联程度的演进。

表4-10 中国服务行业的后向关联

	直接关联(BL_d)				总关联(BL_t)			
	未标准化			标准化	未标准化			标准化
	本国(1)	全球(2)	(1)/(2)	BL_d	本国(1)	全球(2)	(1)/(2)	BL_t
建筑业	0.74	0.77	96.3	1.55	3.11	3.45	90.3	1.61
机动车批发、零售及维修	—	—	—	—	—	—	—	—
批发(不含机动车)	0.38	0.40	96.6	0.80	1.88	1.99	94.4	0.93
零售(不含机动车)	0.38	0.40	96.6	0.80	1.88	1.99	94.4	0.93
陆运及管道运输	0.47	0.48	97.5	0.97	2.24	2.41	92.7	1.13
水运	0.57	0.58	97.1	1.18	2.44	2.66	91.7	1.25
空运	0.66	0.72	91.2	1.46	2.79	3.19	87.5	1.49
仓储及运输支持活动	0.59	0.62	95.6	1.25	2.48	2.71	91.4	1.27
邮政及快递	0.43	0.45	94.9	0.91	2.11	2.29	92.3	1.07
旅馆及餐饮服务	0.61	0.62	98.1	1.26	2.50	2.63	95.1	1.23
出版活动	—	—	—	—	—	—	—	—
动画、视频、电视、广播等活动	—	—	—	—	—	—	—	—
电信	0.35	0.37	94.7	0.74	1.86	2.01	92.5	0.94
计算机编程及相关活动、信息服务	0.56	0.61	91.7	1.24	2.39	2.71	88.4	1.26
金融服务(不含保险、养老金)	0.24	0.26	95.2	0.52	1.55	1.62	95.4	0.76
保险、再保险及养老金(不含强制性社会保障)	0.61	0.63	96.0	1.28	2.28	2.42	94.2	1.13
金融服务及保险的支持性服务	—	—	—	—	—	—	—	—

(续表)

	直接关联(BL_d)				总关联(BL_t)			
	未标准化			标准化	未标准化			标准化
	本国(1)	全球(2)	(1)/(2)	BL_d	本国(1)	全球(2)	(1)/(2)	BL_t
房地产	0.16	0.17	97.3	0.34	1.35	1.39	97.2	0.65
法律、会计、总部服务、管理咨询	0.62	0.66	94.1	1.33	2.66	2.95	90.3	1.38
建筑和工程活动、技术测试和分析	—	—	—	—	—	—	—	—
科学研究与开发	0.53	0.56	93.7	1.14	2.45	2.71	90.3	1.27
广告及市场调研	—	—	—	—	—	—	—	—
其他专业性科技服务	0.51	0.55	92.8	1.11	2.35	2.64	89.2	1.23
行政管理及支持服务	0.52	0.54	95.4	1.09	2.30	2.50	92.0	1.17
公共管理和国防、强制性社会保障	0.43	0.45	95.0	0.91	2.07	2.22	93.1	1.04
教育	0.41	0.44	94.3	0.89	1.99	2.14	92.7	1.00
健康及社会工作	0.64	0.66	98.0	1.32	2.69	2.87	93.8	1.34
其他服务活动	0.51	0.54	94.4	1.09	2.33	2.55	91.4	1.19
家庭自我雇佣活动、服务	—	—	—	—	—	—	—	—
涉外机构与组织活动	—	—	—	—	—	—	—	—

注:"—"表示数据缺失。
资料来源:根据计算而得。

表4-11 中国服务行业的前向关联

	直接关联(FL_d)				总关联(FL_t)			
	未标准化			标准化	未标准化			标准化
	本国(1)	全球(2)	(1)/(2)	FL_d	本国(1)	全球(2)	(1)/(2)	FL_t
建筑业	0.08	0.09	94.5	0.14	1.15	1.17	98.6	0.48
机动车批发、零售及维修	—	—	—	—	—	—	—	—
批发(不含机动车)	0.67	0.75	90.3	1.23	2.77	3.10	89.5	1.29
零售(不含机动车)	0.67	0.75	90.2	1.23	2.77	3.10	89.5	1.28
陆运及管道运输	0.79	0.82	96.0	1.35	3.14	3.40	92.3	1.41
水运	0.69	0.81	86.0	1.33	3.08	3.59	85.9	1.49
空运	0.68	0.86	78.8	1.42	2.55	3.08	82.8	1.28
仓储及运输支持活动	0.93	0.94	98.2	1.55	3.69	3.99	92.4	1.65
邮政及快递	0.88	0.90	98.6	1.47	2.96	3.11	95.1	1.29
旅馆及餐饮服务	0.55	0.56	98.0	0.93	2.36	2.49	94.5	1.03
出版活动	—	—	—	—	—	—	—	—
动画、视频、电视、广播等活动	—	—	—	—	—	—	—	—
电信	0.66	0.67	99.5	1.10	2.30	2.39	96.2	0.99
计算机编程及相关活动、信息服务	0.19	0.25	77.6	0.41	1.50	1.67	89.6	0.69
金融服务(不含保险、养老金)	0.89	0.89	99.8	1.46	3.43	3.66	93.9	1.52
保险、再保险及养老金(不含强制性社会保障)	0.54	0.56	95.9	0.92	2.52	2.71	93.1	1.12
金融服务及保险的支持性服务	—	—	—	—	—	—	—	—

(续表)

	直接关联(FL_d)				总关联(FL_t)			
	未标准化			标准化	未标准化			标准化
	本国(1)	全球(2)	(1)/(2)	FL_d	本国(1)	全球(2)	(1)/(2)	FL_t
房地产	0.32	0.32	100.0	0.53	1.84	1.91	96.1	0.79
法律、会计、总部服务、管理咨询	0.88	0.96	91.0	1.59	3.48	3.93	88.5	1.63
建筑和工程活动、技术测试和分析	—	—	—	—	—	—	—	—
科学研究与开发	0.83	0.83	99.9	1.36	3.21	3.48	92.3	1.44
广告及市场调研	—	—	—	—	—	—	—	—
其他专业性科技服务	0.79	0.79	100.0	1.30	2.73	2.85	95.6	1.18
行政管理及支持服务	0.31	0.33	92.4	0.55	1.73	1.85	93.7	0.76
公共管理和国防、强制性社会保障	0.06	0.06	98.5	0.10	1.15	1.16	98.6	0.48
教育	0.12	0.12	99.3	0.19	1.21	1.22	99.0	0.51
健康及社会工作	0.05	0.05	98.2	0.08	1.10	1.11	99.2	0.46
其他服务活动	0.55	0.56	98.7	0.91	2.34	2.46	94.9	1.02
家庭自我雇佣活动、服务	—	—	—	—	—	—	—	—
涉外机构与组织活动	—	—	—	—	—	—	—	—

注:"—"表示数据缺失。
资料来源:根据计算所得。

服务、管理咨询,科学研究与开发,其他专业性科技服务。其他行业的系数均小于1。

从总体前向关联看,中国各服务行业的未标准化总前向关联系数都大于(或等于)1(对国内关联与全球关联皆如此);系数最大的行业是仓储及运输支持活动,为3.69(对国内关联)、3.99(对全球关联);大多数服务行业的国内关联程度占全球关联的比重均超过90%。

如果以标准化的总前向关联衡量,则系数大于1的行业有14个:批发(不含机动车),零售(不含机动车),陆运及管道运输,水运,空运,仓储及运输支持活动,邮政及快递,旅馆及餐饮服务,金融服务(不含保险、养老金),保险、再保险及养老金(不含强制性社会保障),法律、会计、总部服务、管理咨询,科学研究与开发,其他专业性科技服务,其他服务活动。其他行业的系数均小于1。

结合表4-10、表4-11的标准化关联系数,我们可以将中国的服务行业分位四类,如表4-12所示。前向关联系数越大,则意味着该行业(作为上游行业)对其他行业(作为下游行业)的影响力就越大,这些服务行业更有可能作为其他行业的服务性投入(生产性服务)。后向关联系数越大,则意味着该行业(作为下游行业)受到其他行业(作为上游行业)的影响就越大,这些服务行业更有可能使用其他行业的投入(包括生产性服务投入)。

表4-12 基于标准化关联系数的中国服务业分类

		标准化后向关联(BL)	
		直接关联(BL_d)>1; 总关联(BL_t)>1	直接关联(BL_d)<1; 总关联(BL_t)<1
标准化前向关联(FL)	直接关联(FL_d)>1; 总关联(FL_t)>1	11个:陆运及管道运输,水运,空运,仓储及运输支持活动,邮政及快递,旅馆及餐饮服务,保险、再保险及养老金(不含强制性社会保障),法律、会计、总部服务、管理咨询,科学研究与开发,其他专业性科技服务,其他服务活动	4个:批发(不含机动车),零售(不含机动车),电信,金融服务(不含保险、养老金)
	直接关联(BL_d)<1; 总关联(BL_t)<1	6个:建筑业,计算机编程及相关活动、信息服务,行政管理及支持服务,公共管理和国防、强制性社会保障,教育,健康及社会工作	1个:房地产

注:直接关联与总关联的组合中只需要一个条件满足即可。
资料来源:笔者整理而得。

表4-12显示,前向关联系数大于1的、具有显著的生产性服务功能的行业有15个。但是,这些年来中国社会各界一直普遍关注的房地产行业的前向关联与后向关联系数都很低;即使与其他样本经济体相比(见图4-17),中国房地产行业的前后向关联系数也都是很低的。这意味着中国房地产行业已经严重脱离整个国民经济的发展。

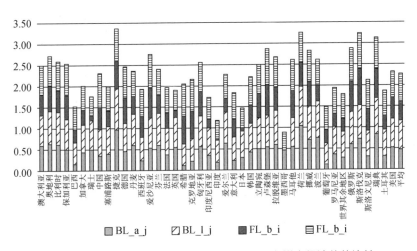

图4-17 2014年房地产行业的产业关联:所有样本经济体的比较

注:BL_a_j、BL_l_j、FL_b_i、FL_g_i分别表示标准化之后的直接后向关联、总后向关联、直接前向关联、总前向关联。

最后,如果比较中国的服务行业与非服务行业,我们则可以发现制造业的前后关联系数都要比服务业大(以标准化之后的指标衡量)(见图4-18)。相当一部分制造行业(如焦炭及炼油,化工及化学制品,橡胶及塑料产品,基本金属等)的关联系数都在1.5以上,具有较强的产业关联性。但这一特点并非中国所独有,其他经济体也有类似情况(见本章附录图A4-3)。

第五节 本章主要结论

本章基于投入-产出法和跨国投入-产出数据,并采用相应的分析指标(包括增加值率、服务投入率、生产性服务比率、产业关联系数等),在生产性服务的本来意义上,而不是从具体的带有生产性服务特性的服务部门出发,对中国和其他各个经济体的生产性服务业发展水平、部门结构及产业关联

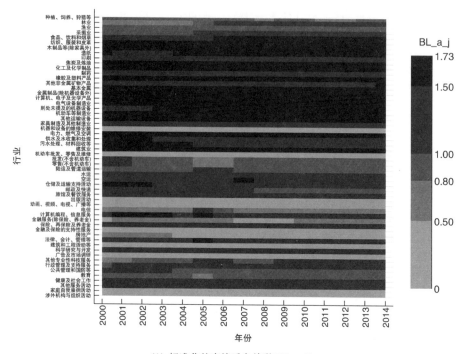

(1) 标准化的直接后向关联(BL_a_j)

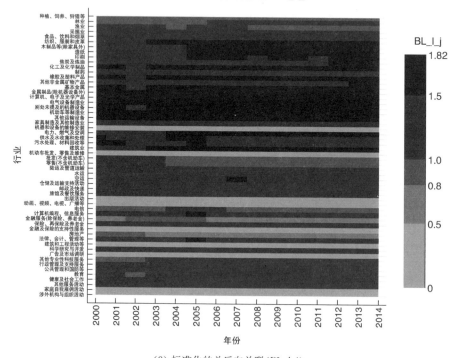

(2) 标准化的总后向关联(BL_l_j)

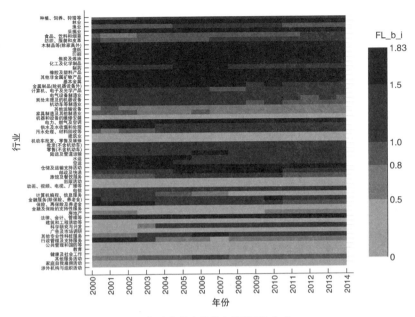

(3) 标准化的直接前向关联 (FL_b_i)

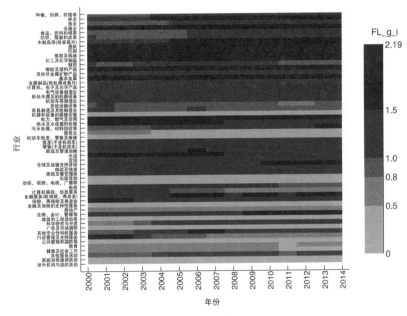

(4) 标准化的总前向关联 (FL_g_i)

图 4-18　2000—2014 年中国的产业关联：基于所有行业的比较

注：行业对照参见表 4-3。BL_a_j、BL_l_j、FL_b_i、FL_g_i 分别表示标准化之后的直接后向关联、总后向关联、直接前向关联、总前向关联。

资料来源：基于计算而得。

进行了比较研究。

我们发现,与其他样本经济体相比,中国生产性服务业的发展水平相对较低;国民经济中的物质性投入消耗相对较大,而服务性投入(生产性服务)消耗相对较小;国民经济的增加值比率也相对较低。这一状况在即使考虑到发展阶段的影响因素之后仍然如此。

在生产性服务的部门构成方面,批发(不含机动车)、金融服务(不含保险、养老金)、法律、会计、总部服务、管理咨询等三个服务部门(均超过10%)合计占中国生产性服务提供的43.76%。中国的生产性服务部门结构与美国的相关性为0.509,与印度的相关性为0.574。

所有样本经济体与所有行业平均而言,被国内使用的生产性服务占全部生产性服务使用的70%多。对中国而言,近57%的生产性服务投到了服务业,在所有样本经济体中仅高于印度,列倒数第二位;大约36%的生产性服务投到了制造业,在所有样本经济体中仅低于印度,列第二位。也就是说,中国与其他经济体的共性是,服务业的生产性服务投入率较高,但不同的是,中国大多数产业的生产性服务投入率均比其他经济体的平均水平(甚至大部分经济体)要低,表明后者的服务经济发展水平高于中国,而中国目前仍处于工业化发展阶段,尚未进入服务经济时代或后工业化社会。

在服务部门的生产性服务特性方面,中国与美国的相关性为0.668,与印度的相关性为0.835。但与美国等其他经济体不同的是,中国的行政管理及支持服务、计算机编程及相关活动和信息服务具有消费性服务的特征,旅馆及餐饮服务则具有生产性服务的特征。

前向关联系数大于1的、具有显著生产性服务功能的行业有15个(包括运输服务、批发零售、金融、专业服务以及技术服务等)。但房地产行业的前向关联与后向关联系数都很低(即使与其他样本经济体相比,也是如此)。这意味着中国房地产行业已经严重脱离整个国民经济的发展。与其他经济体类似,中国制造业的前后关联系数要比服务业大(以标准化之后的指标衡量)。相当一部分制造行业(如焦炭及炼油,化工及化学制品,橡胶及塑料产品,基本金属等)的关联系数都在1.5以上,具有较强的产业关联性。

附录：

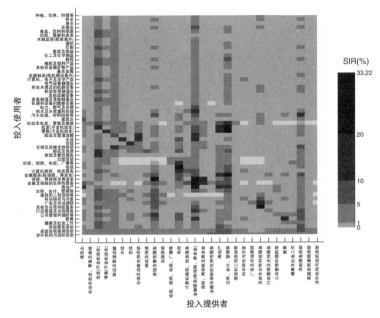

(1) 来自中国国内的服务投入

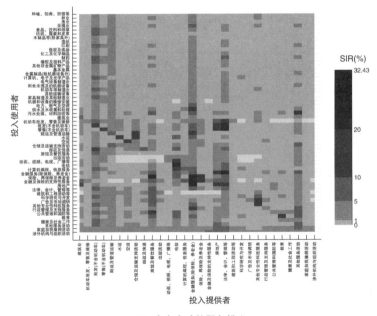

(2) 来自全球的服务投入

图 A4-1　2014 年中国各细分行业（56 个）的分类服务投入率（SIR,%）

注：行业对照参见表 4-3。纵轴 Input user 是指作为服务投入使用者的中国各行业（56 个），横轴 Input provider 是指作为服务投入提供者的服务行业（30 个，来自中国国内、全球）。

资料来源：根据计算而得。

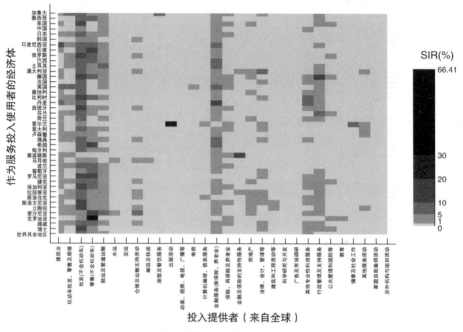

(1) 各经济体的服务使用者为农林牧渔业

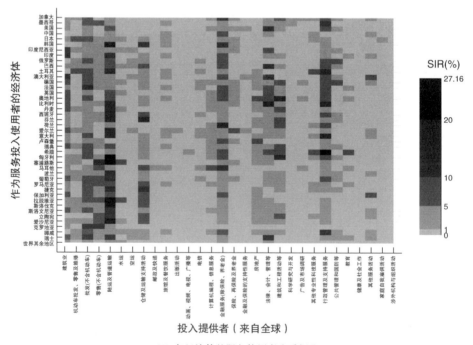

(2) 各经济体的服务使用者为采掘业

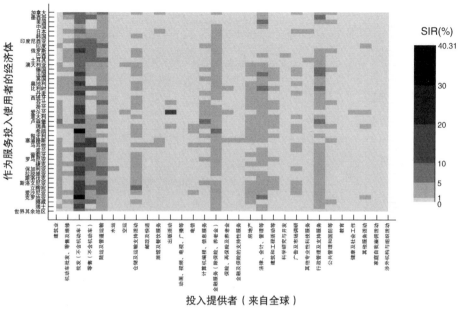

(3) 各经济体的服务使用者为制造业

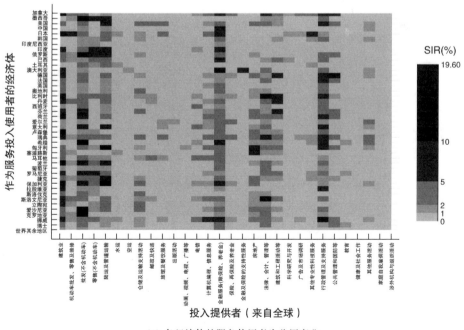

(4) 各经济体的服务使用者为公用事业

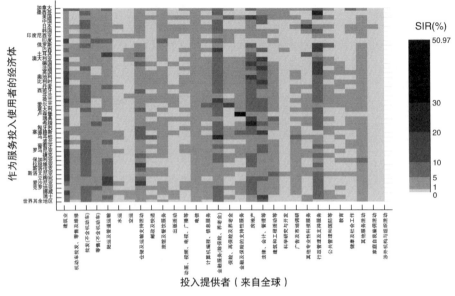

(5) 各经济体的服务使用者为服务业

图 A4-2　2014 年样本经济体五大类产业的分类服务投入率（SIR,%）

注：五大类产业的对应细分行业参见表 4-3。
资料来源：根据计算而得。

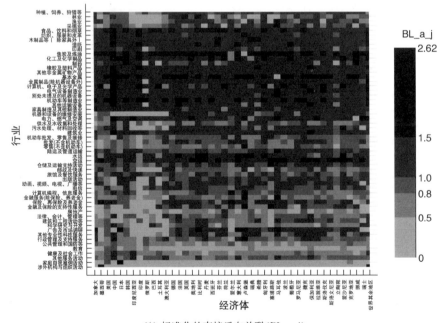

(1) 标准化的直接后向关联（BL_a_j）

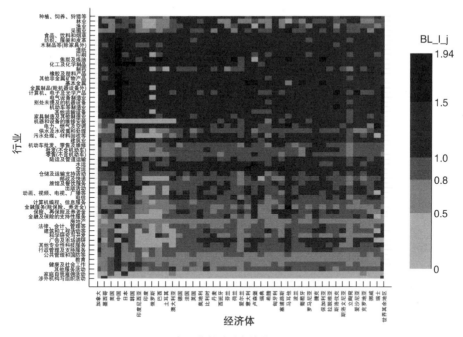

(2) 标准化的总后向关联（BL_l_j）

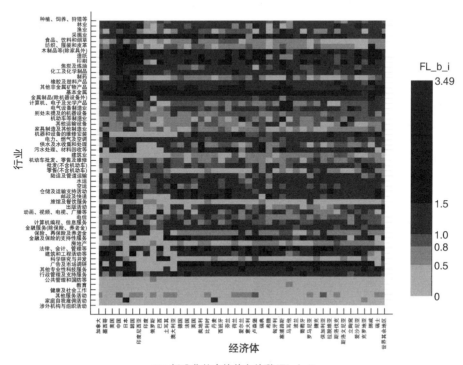

(3) 标准化的直接前向关联（FL_b_i）

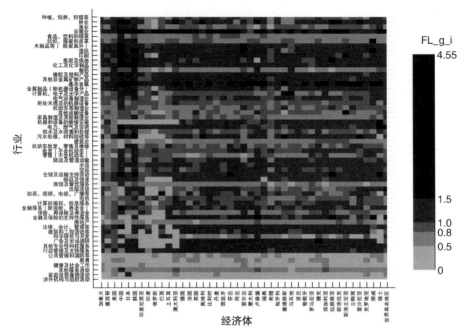

(4) 标准化的总前向关联(FL_g_i)

图 A4-3　2014年样本经济体的产业关联:基于所有行业的比较

注:行业及经济体对照参见表4-3。BL_a_j、BL_l_j、FL_b_i、FL_g_i 分别表示标准化之后的直接后向关联、总后向关联、直接前向关联、总前向关联。

资料来源:基于计算而得。

第 五 章

中国生产性服务业的国际竞争力

前面第四章主要从国内产业基础的角度,比较分析了中国生产性服务业的发展水平。产业是源,贸易是流。本章则从国际贸易的视角,评估中国生产性服务业的国际竞争力。我们主要采用学界常用的显性比较优势(revealed comparative advantage)指数(RCA 指数),并从总值贸易与增加值贸易两个维度进行比较分析。在此基础上,我们进一步检验服务的国际竞争力对服务贸易差额的影响,从非价格因素的角度解释"服务贸易差额悖论"产生的原因。

第一节 基本背景与问题的提出

从全球来看,基于国际收支平衡表(balance of payment,BOP)统计的服务贸易规模逐渐扩大,在国际贸易中的比重稳步上升(见图 5-1)。1980 年,世界服务贸易进口和出口额分别为 4 955 亿美元和 4 137 亿美元,分别占当年贸易总额(服务贸易加上货物贸易)的 21% 和 18%。进入 20 世纪 90 年代后,这两个比重分别保持在 20% 以上。2007—2008 年前后,这两个比重波动很大[1]。2017 年,世界服务贸易进口和出口双双超过 5 万亿美元,占当年贸易总额的比重达到历史上的最高点,分别为 23% 和 24%[2]。

---

[1] 可能受到全球金融危机的影响,2009 年服务贸易绝对规模在下降,但相对比重却在上升,这主要是因为货物贸易萎缩幅度更大。而 2010—2013 年的情况正好相反。
[2] 完整的国际服务贸易统计应包括两个方面:一是基于国际收支平衡表(BOP)统计;二是基于"外国附属机构服务贸易"(foreign affiliates trade in services,FATS)统计。后者的统计工作在很多经济体才刚刚开始,目前数据较为缺乏。

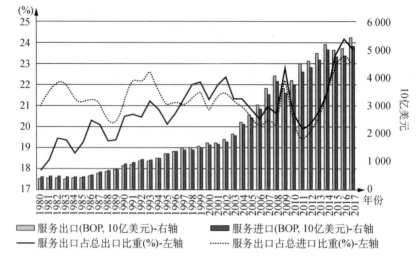

图 5-1 世界服务贸易进出口及其占总体贸易比重:基于 BOP 统计

注:理论上,无论基于双边还是基于多边的角度,进口与出口在数值上应该是相等的,但实际上两者往往并不相等,即出现所谓的"非对称性"(asymmetry)。导致这一情况的原因很多,包括错配(misallocation)、统计时间差异、记录交易的临界点(recording threshold)差异、对贸易伙伴的地理识别不同(对双边贸易来说)等。参见:World Trade Organization, 2010, *Measuring Trade in Services: A Training Module*, November. Ferrantino, Michael J. and Zhi Wang, 2008, "Accounting for Discrepancies in Bilateral Trade: The Case of China, Hong Kong, and the United States," *China Economic Review*, 19, pp.502-520.

资料来源:基于世界银行数据计算而得。

国际服务贸易的扩张在很大程度上归因于各经济体服务业的扩张、信息技术的发展(因而增强了服务的可贸易性)以及贸易和投资自由化等方面的制度变革(Francois and Hoekman,2010)。图 5-2 的线性拟合结果显示,服务进出口比重与收入水平也是呈正相关的,即经济体的实际人均 GDP 越高,其服务进出口所占比重也就越高[1]。

在经济服务化与经济全球化的大背景下,中国 BOP 统计的服务贸易的表现有些不同。在加入 WTO 之前,中国服务贸易进出口规模较小,进出口相对比重波动较大。在加入 WTO 之后,中国的服务贸易规模逐年扩大,与此同时,服务逆差也在逐年扩大;服务贸易进口比重(15%左右)超过服务贸易出口比重(10%左右)。

---

[1] 本章附录图 A5-1 展示了 2017 年全球各经济体的服务业占 GDP 比重以及服务进出口占总贸易比重的分布。

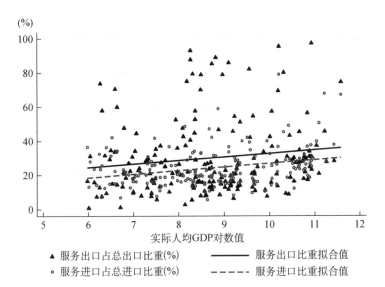

图 5-2 服务贸易比重与人均收入水平的关系:基于 2017 年全球各经济体

注:实际人均 GDP 按 2010 年定值美元计值。服务贸易进出口为 BOP 统计口径。
资料来源:基于世界银行数据计算而得。

比较图 5-3 与图 5-1 可以看出,中国的服务出口比重和进口比重均低于世界平均水平。那么,在数量意义上的中国服务出口比重偏低以及逆差规模较大的背后,质量意义上的中国服务包括生产性服务的国际竞争力究竟如何呢?本章将探讨这一问题。

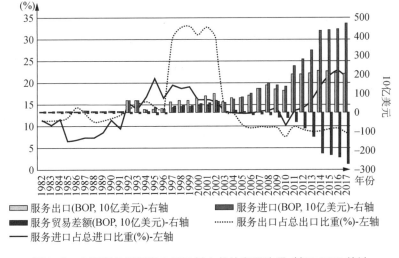

图 5-3 中国服务贸易进出口及其占总体贸易比重:基于 BOP 统计

资料来源:基于世界银行数据计算而得。

我们从图 5-4(1)可以发现:如果经济体的人均收入水平越高,则其服务贸易顺差的可能性就越大;如果经济体的人均收入水平越低,则其服务贸易逆差的可能性就越大。但根据 Helpman(1984)基于 HOV 模型"双边"贸易关系(bilateral trade patterns)的分析,贸易中隐含的要素将从要素价格低的

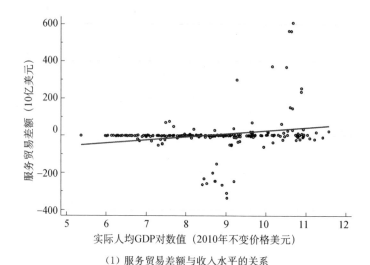

(1) 服务贸易差额与收入水平的关系

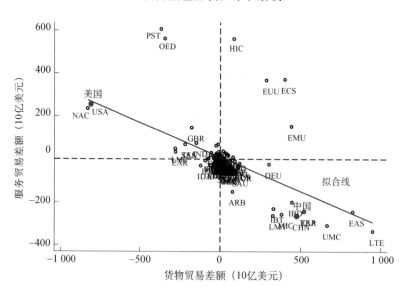

(2) 服务贸易差额与货物贸易差额的关系

图 5-4 人均收入水平与贸易差额的关系:2017 年

资料来源:基于世界银行数据计算而得。

国家流向要素价格高的国家[1]。这也意味着产品从价格低的国家流向价格高的国家。但现实经济生活以及很多研究(如 Balassa,1964;Samuelson,1964;Kravis et al.,1982,1983;Bhagwati,1984;Falvey and Gemmell,1991,1996)都显示:在人均收入较高的国家,服务价格也相对较高。理论上,同类服务应该从价格较低的低收入国家流向价格较高的高收入国家,但实际情况往往相反。比如,就中国而言,不仅中国的总体服务贸易是逆差的,而且中国对美国等主要发达经济体的双边服务贸易也是逆差的(比如,中国对美国的教育服务贸易就存在大幅逆差)。我们把这一现象称为"服务贸易差额悖论"。为什么会出现这一现象?本章将从服务竞争力的角度来揭示这一"悖论"背后非价格因素的作用机制。

另外,从图 5-4(2)还可以发现,服务贸易差额与货物贸易差额之间存在着负相关关系,即如果一个经济体的货物贸易存在顺差,它的服务贸易就越可能存在逆差;或者说,如果一个经济体的货物贸易存在逆差,它的服务贸易就越可能存在顺差[2]。中国与美国分别是代表货物贸易顺差-服务贸易逆差组合、货物贸易逆差-服务贸易顺差组合的两个典型经济体,两国如同"玩跷跷板"。

如果说国民经济以及国际贸易中服务比重的高低是一种"数量"的反映,本章要研究的服务竞争力则涉及服务质量问题。虽然本章关注的这一现象涉及行业或产品层面,但从企业微观角度看,Melitz(2003)异质性企业贸易模型(heterogeneous firms trade model,简称 HFT 模型)认为,企业生产产品的竞争力取决于价格,最便宜的产品是最有竞争力的。因而该模型又被称为 HFT 模型的"价格竞争"(price competition)或"效率筛选"(efficiency sorting)形式。该模型预测,最低价格的产品将售往最远的市场。Baldwin and Harrigan(2011)、Kugler and Verhoogen(2012)、Crozet et al.(2012)在 Melitz(2003)分析框架下引入企业之间的质量差异性。这类模型称为

---

[1] 其基本公式为:$(w^j - w^i)(F^{ij} - F^{ji}) \geq 0$。其中,$w$ 表示要素价格,F 表示贸易中所含的要素量,上标 i,j 表示国家,F^{ij} 表示从国家 i 到国家 j 的出口,F^{ji} 表示从国家 j 到国家 i 的出口。该公式表明,贸易中所含的要素将从要素价格低的国家流向要素价格高的国家。

[2] 为了更清晰地显示图 5-4 中靠近两个"0"轴的样本情况,本章附录图 A5-2 专门显示贸易差额在 $-2\,000$ 亿至 $2\,000$ 亿美元之间的经济体。可以看出,服务贸易差额与货物贸易差额之间的负相关关系仍旧存在。

QHFT 模型(quality heterogeneous firms trade model),也被称为 HFT 模型的"质量竞争"(quality competition)或"质量筛选"(quality sorting)形式。在 QHFT 模型中,竞争力取决于经过质量调整了的价格。如果消费者很在乎产品质量,定价最高的产品将是最具竞争力的,于是,可观察到的价格与竞争力之间的关系就颠倒过来,即那些可观察到的价格最低的企业则是竞争力最低的(Baldwin and Harrigan,2011)。企业只出口最昂贵的产品到距离最远的市场,这正好与 Alchian-Allen 假说(Alchian and Allen,1964)相一致[1],但与"价格竞争"或"效率筛选"形式的 HFT 模型的预测相反。

据此,我们认为从事服务业和服务贸易的企业可能更多地是属于 QHFT 模型所描述的情形。也就是说,服务贸易出口可能在更大程度上取决于服务本身的质量优势而非其价格优势,因此,如何提高服务质量与服务竞争力将成为中国发展服务业和服务贸易的战略性问题。

第二节 分析方法与数据

我们主要采用显性比较优势指数(RCA 指数)来衡量中国生产性服务业的国际竞争力,并基于总值贸易与增加值贸易两个统计口径进行比较分析。当然,也有研究使用出口复杂度(sophistication)来进行测算,但出口复杂度指数有其不足之处[2]。因此,我们决定采用 RCA 指数进行分析。

一、显性比较优势指数

显性比较优势指数是巴拉萨(Balassa,1965)首创的国际竞争力测度工具,又称相对出口绩效指数(index of relative export performance, REP)。该指数可以定义为,一个经济体某种商品或服务的出口占世界该种商品或服务

---

[1] Alchian and Allen 举了一个例子,美国西海岸的华盛顿州盛产很多种苹果,但质量最好的苹果销往最远的美国东海岸市场。这又被称为"华盛顿苹果"效应(Washington apples effect)。Hummels and Skiba(2004)发现这一效应在国际贸易中也是存在的。

[2] Kumakura(2007)通过模拟计算显示,一国的出口复杂度指数对该国的规模以及该国出口产品覆盖面来说是很敏感的。尤其是,对中国、印度这样的人均收入水平较低的大国而言,其出口产品覆盖面则较广(因为在其他条件给定时,大国生产和出口的产品范围往往大于小国),由此计算的出口复杂度指数则可能被放大。

出口的比率对该经济体总出口占世界总出口的比率之比。在 $n(j=1, 2, \cdots, n)$ 个经济体，$m(i=1, 2, \cdots, m)$ 种出口商品或服务中，一个经济体的显性比较优势指数为：

$$RCA_{ij} = \frac{X_{ij}}{\sum_{j=1}^{n} X_{ij}} \div \frac{\sum_{i=1}^{m} X_{ij}}{\sum_{j=1}^{n}\sum_{i=1}^{m} X_{ij}} \tag{5-1}$$

式(5-1)中，RCA_{ij} 表示经济体 j 在商品或服务 i 上的显性比较优势指数；X_{ij} 表示经济体 j 的商品或服务 i 的出口；$\sum_{j=1}^{n} X_{ij}$ 表示 n 个经济体在商品或服务 i 上的总出口；$\sum_{i=1}^{m} X_{ij}$ 表示经济体 j 的 m 种商品或服务的总出口；$\sum_{j=1}^{n}\sum_{i=1}^{m} X_{ij}$ 表示 n 个经济体 m 种商品或服务的总出口。

RCA 指数公式是以"非中性程度"(degree of non-neutrality)反映一个经济体的出口结构的。非中性的出口结构表示 RCA 指数大于 1 或小于 1，也即一个经济体在商品或服务 i 上的出口份额有别于在所有 m 种商品或服务上的出口份额。m 种商品或服务是一个非确定的总体概念，既可以代表一个商品或服务组（如服务总出口），也可以定义为所有商品与服务的总出口。后面在分析生产性服务的总体或分行业显性比较优势时，m 指的是所有商品与服务的总出口。

当一个经济体的 RCA 指数大于 1 时，则其在该商品或服务上就拥有"显性"比较优势；相反，当一个经济体的 RCA 指数小于 1 时，则其处于非比较优势地位。更细的分析则认为，若 RCA 指数大于 2.5，表明该经济体的该商品或服务具有极强的国际竞争力；若 RCA 指数小于 2.5 而大于 1.25，表明该经济体的该商品或服务具有较强的国际竞争力；若 RCA 指数小于 0.8，表明该经济体的该商品或服务的国际竞争力较弱。

显性比较优势指数是一种衡量跨国竞争力结构的事后指标。上述有关指标都是以贸易数据为评估基础，以下列假设为前提条件的：特定商品或服务（或相对同质的一组商品或服务）的国际贸易格局能够反映一个经济体在该商品或服务、商品或服务组上的比较优势。这一假设可以进一步理解为：当生产的机会成本在经济体之间存在差异时，国际贸易就发生了。如果每一个经济体的出口结构由比较优势相对较强的商品或服务所主导，就存在这样一种趋势，即生产日益专业化以及贸易格局日益反映生产的专业化。

不过，Deardorff(1984)对贸易格局"规律性"地由经济体比较优势所决定的观点持保留态度。特别是 Bowden(1983)认为，非中性的出口结构可能是由于经济体在消费格局上的差别，而不是生产条件上的差别（当然，非中性还可以同时反映生产与消费两方面的差别）。在标准的 H-O 比较优势理论那里，贸易国之间的消费者偏好被假定是一致的。但是，20 世纪中叶之后，制成品贸易（产业内贸易）的飞速发展，使国际经济学家们开始将对国际分工类型和国际贸易流向的关注焦点由供给方面转移到需求方面（Linder，1961）。如果说 Bowden 的评价是有价值，他至少指出了在检验比较优势理论方面所存在的困难，而不在于他指出了 RCA 指数的缺陷。实际上，Bowden 认为，他提出的难题可以通过使用该指数的变换形式（基于生产与消费的数据）来加以克服，从而找出引起非中性程度的因素[1]。然而，对服务贸易的研究，这一解决方案可能是有局限性的，因为经济体之间服务统计数据存在很大差异。但使用贸易统计数据可能是衡量服务国际竞争力的唯一可行的方式。

二、数据

由于要从总值贸易与增加值贸易两个角度比较分析中国生产性服务的国际竞争力，因此，我们就不直接采用 BOP 统计数据，而使用 WIOD 跨国投入-产出数据[2]。

本部分采用的数据与第四章的数据相同，即 2000—2014 年的 WIOD 跨国投入-产出数据。该数据涵盖包括中国在内的 43 个经济体（1 个是"世

---

[1] 比如，我们可以将基于出口的 RCA 指数改成基于生产的 RCA 指数、基于消费的 RCA 指数。
[2] BOP 统计的服务贸易是基于样本经济体按国际货币基金组织（IMF）《国际收支手册》（Balance of Payments Manual, BPM）（现已到第 6 版）的统计口径和项目分类编制的国际收支平衡表，即被定义为居民与非居民之间的服务交易。尽管 WIOD 跨国投入-产出数据也是基于贸易数据等相关数据构建的，但它还含有用于测算增加值贸易的数据信息。

界其余地区");样本行业56个,其中有30个服务行业。详细数据描述见表4-3。

各服务行业的总值贸易可以直接基于WIOD跨国投入-产出表计算而得。总值贸易出口包括两部分:中间使用(intermediate use)与最终使用(final use)[1]。图5-5显示,2014年43个样本经济体的总体服务出口占总出口的比重分布与本章附录图A5-1类似,即以总值贸易衡量,大多数经济体的服务出口占比在27%左右。

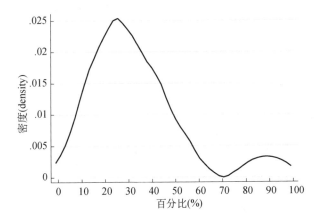

图5-5 2014年43个样本经济体的总体服务出口占总出口的比重(%)分布:基于总值贸易的测算

资料来源:基于WIOD跨国投入-产出表数据计算而得。

2014年,世界平均的服务出口占总出口的比重为32.78%,中国服务出口占总出口的比重低于世界平均水平,仅为16.46%,排名倒数第7位,仅列在巴西、韩国、捷克、土耳其、印度尼西亚、墨西哥之前。美国的比重为39.37%(见图5-6)。

对于增加值贸易的测算,我们基于里昂惕夫(Leontief,1936)方法,用V表示增加值份额(=增加值/总产出),则一国1单位产出所含的直接和间接增加值总和为:$V+VA+VAA+\cdots=V(I-A)^{-1}=VL$(其中,$L$为Leontief逆矩阵)。$VL$又被称为总增加值乘子(multiplier)矩阵。令$\hat{V}$为由各国各行

---

[1] 需要指出的是,也可以从后向关联的视角(总投入的角度)去测算各国各行业的中间投入来自国外的所占比重,从而计算出服务出口。但本部分重点从前向关联的视角加以探讨。在后面的章节中,我们还会把这两个视角结合起来进行分析。

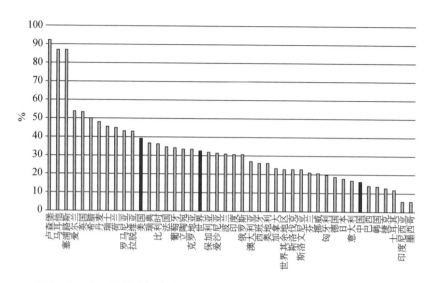

图 5-6　2014 年样本经济体的总体服务出口占总出口的比重(%)比较：基于总值贸易的测算

资料来源：基于 WIOD 跨国投入-产出表数据计算而得。

业的直接增加值系数对角矩阵沿着对角线分布而构成的矩阵（也是对角矩阵）、$\hat{Y}$ 为由各经济体各行业的最终需求子矩阵沿着对角线分布而形成的矩阵（但并非对角矩阵）。在"C 经济体-N 行业"的情形下，经济体-行业水平上的增加值和最终品生产可分解为：

$$\hat{V}L\hat{Y} = \begin{bmatrix} V^1 & 0 & 0 & 0 \\ 0 & V^2 & 0 & 0 \\ 0 & 0 & \ddots & 0 \\ 0 & 0 & 0 & V^C \end{bmatrix} \begin{bmatrix} L^{11} & L^{12} & \cdots & L^{1C} \\ L^{21} & L^{22} & \cdots & L^{2C} \\ \vdots & \vdots & \ddots & \vdots \\ L^{C1} & L^{C2} & \cdots & L^{CC} \end{bmatrix} \begin{bmatrix} Y^1 & 0 & 0 & 0 \\ 0 & Y^2 & 0 & 0 \\ 0 & 0 & \ddots & 0 \\ 0 & 0 & 0 & Y^C \end{bmatrix}$$

$$= \begin{bmatrix} V^1 L^{11} Y^1 & V^1 L^{12} Y^2 & \cdots & V^1 L^{1C} Y^C \\ V^2 L^{21} Y^1 & V^2 L^{22} Y^2 & \cdots & V^2 L^{2C} Y^C \\ \vdots & \vdots & \ddots & \vdots \\ V^C L^{C1} Y^1 & V^C L^{C2} Y^2 & \cdots & V^C L^{CC} Y^C \end{bmatrix} \quad (5\text{-}2)$$

公式(5-2)最后一个等式的矩阵详细描述了每个经济体的最终品生产所含的增加值来源。根据 Miller and Blair(2009)、Wang et al.(2013)的界定，该矩阵沿着行上的元素(之和)表示由某个"经济体-行业"产生的增加值被其自身以及所有下游"经济体-行业"所使用(隐含在其自身以及所有下游"经济体-行业"的最终品生产中)。这是基于前向关联(forward linkage)或供给视角的分解,表现为对其自身/行业以及其他经济体/行业的销售;对其他经济体/行业的销售即为增加值出口。基于前向关联的增加值出口与贸易的要素含量(factor content of trade)含义一致[1]。

基于增加值出口测算方法得到的结果如图5-7所示,2014年以增加值贸易衡量,大多数样本经济体的服务出口占比在55%左右,大约是用总值贸易衡量的服务出口占比的2倍。

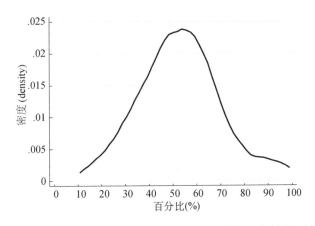

图5-7 2014年43个样本经济体的总体服务出口占总出口的比重(%)分布:基于增加值贸易的测算

资料来源:基于WIOD跨国投入-产出表数据计算而得。

2014年以增加值贸易衡量,世界平均的服务出口占总出口的比重为53%,中国服务出口占总出口的比重低于世界平均水平,为40.83%,排名倒数第10位,仅列在捷克、韩国、巴西、加拿大、世界其余地区、墨西哥、挪威、印度尼西亚等之前。美国的比重为56.39%(见图5-8)。

---

[1] 该矩阵沿着列上的元素(之和)表示某个"经济体-行业"最终品产出中所隐含的来自其自身以及所有上游"经济体-行业"的增加值。这是基于后向关联(backward linkage)或使用者视角的分解,表现为需要其自身/行业以及其他经济体/行业的投入(购买)。基于后向关联的增加值测算则与特定行业和产品的供应链和价值链案例研究相仿。

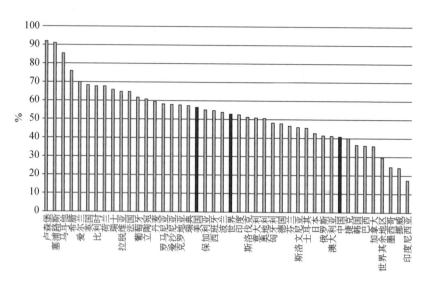

图5-8 2014年样本经济体的总体服务出口占总出口的
比重(%)比较:基于增加值贸易的测算

资料来源:基于WIOD跨国投入-产出表数据计算而得。

第三节 总体服务的国际竞争力比较

我们从纵向与横向比较两个方面来观察中国总体服务的国际竞争力。

一、动态变化

在2000—2014年整个样本时期里,中国的总体货物出口RCA指数均大于1,但始终小于1.2(见图5-9)。在2008年及之前,以总值衡量的货物出口RCA指数低于以增加值贸易的货物出口RCA指数;但在2008年之后,情况正好相反。这意味着,以增加值衡量,中国货物生产行业(包括制造业)的国际竞争力没有想象的那样强,图5-9显示出这一竞争力正处于下降态势。

图5-9还显示,中国的总体服务出口RCA指数均小于1,但基于两种统计口径测算出来的RCA指数并不相同。如果以总值衡量,中国的服务出口RCA指数在样本时期里处于下降趋势,从2000年的大约0.8降至2014年的0.6。如果以增加值衡量,中国的服务出口RCA指数在样本时期里则处于上

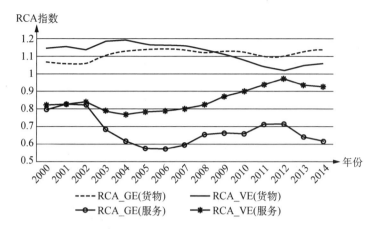

图 5-9 中国服务与货物出口的国际竞争力:基于总值 RCA 指数(RCA_GE)与增加值 RCA 指数(RCA_VE)的比较

资料来源:基于 WIOD 跨国投入-产出表数据计算而得。

升趋势,从 2000 年的大约 0.82 升至 2014 年的 0.9。2002 年之后,以总值衡量的中国服务出口 RCA 指数始终低于以增加值衡量的中国服务出口 RCA 指数。也就是说,以增加值来衡量的话,中国服务的国际竞争力没有想象的那样弱,但始终低于 1。

值得注意的是,在中国加入 WTO 之后(中国于 2001 年 12 月 11 日正式加入 WTO)的最初几年里,货物出口与服务出口的 RCA 指数出现了不同的变化趋势,前者趋于上升,后者则趋于下降。这其中的原因有两点:一是加入 WTO 使得中国的货物生产行业(尤其是劳动密集型制造业)的比较优势得以释放,出口呈现暴增;二是服务行业的开放进度相对滞后,开放程度相对较低,因而抑制了出口(特别是总值出口)。

二、跨国比较

从图 5-10(1)的等高图可以看出,以总值衡量,中国是整个样本时期里服务 RCA 指数最低的少数几个经济体之一,指数低于 1.0,甚至低于 0.8,表现出较低的国际竞争力。图 5-10(2)的等高图显示,以增加值衡量,中国仍然是整个样本时期里服务 RCA 指数最低的少数几个经济体之一,指数低于 1.0,甚至低于 0.8,表现出较低的国际竞争力。

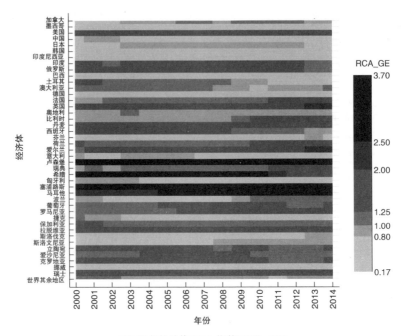

(1) 服务的总值RCA指数（RCA_GE）

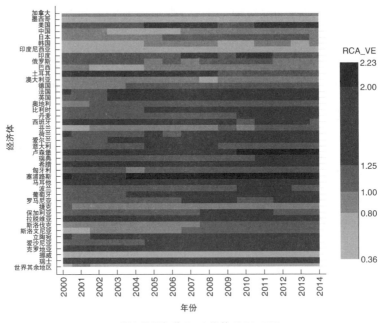

(2) 服务的增加值RCA指数（RCA_VE）

图5-10 服务出口国际竞争力的国际比较及动态变化

资料来源：基于WIOD跨国投入-产出表数据计算而得。

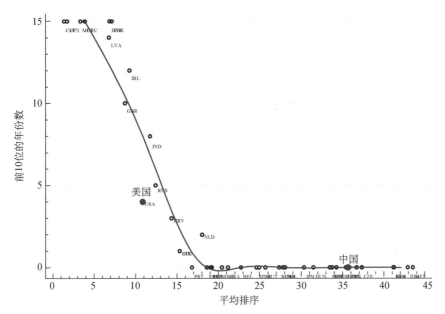

(1) 服务的总值 RCA 指数(RCA_GE)排序

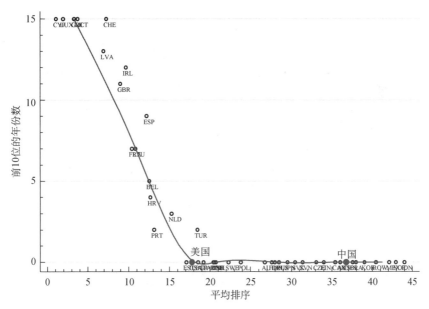

(2) 服务的增加值 RCA 指数(RCA_VE)排序

图 5-11　2000—2014 年各经济体服务的国际竞争力排序与比较

注：经济体对照参见第四章表 4-3。纵轴表示一国 RCA 指数(两种统计口径)最高的(国际竞争力最强的)前 10 位的年份数,横轴表示一国平均排序(按 RCA 指数从大到小排序)。负相关的趋势线意味着,一国表现的国际竞争力最高的前 10 位年份数越少,其平均排序位置就越低(国际竞争力就越弱)。

资料来源：基于 WIOD 跨国投入-产出表数据计算而得。

我们进一步按照2000—2014年各年(共计15年)中的服务RCA指数对样本经济体进行排序(见图5-11)。图5-11(1)是基于总值的服务RCA指数的分析,我们可以发现:中国RCA指数最高的(国际竞争力最高)前10位的年份数为0,平均排序(服务国际竞争力从高到低排序)在第35—36位。

图5-11(2)是关于增加值的服务RCA指数,我们可以看出:中国RCA指数最高的(国际竞争力最高)前10位的年份数仍然为0,平均排序(服务国际竞争力从高到低排序)在第36—37位。

因此,无论以哪种指标衡量,中国均属于世界上服务业国际竞争力最低的少数几个经济体之一。同时,我们还可以看到,美国服务业的国际竞争力平均排序(国际竞争力从高到低排序)在11—17位,显然高于中国的水平。

最后,我们想通过散点图观察服务RCA指数与实际人均收入水平的关系,结果如图5-12所示。可以看出,服务RCA指数与实际人均收入水平存在一定的正相关关系,尤其表现在以总值测算的服务RCA指数上。这意味着,实际人均收入水平越高的经济体,其服务的国际竞争力就越强。这其中的逻辑是,经济体的实际人均收入水平越高,服务业占比就越高(如前所述),因而服务业就越具有出口优势。

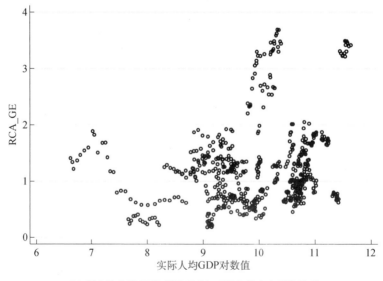

(1) 服务的总值RCA指数(RCA_GE)与收入水平的关系

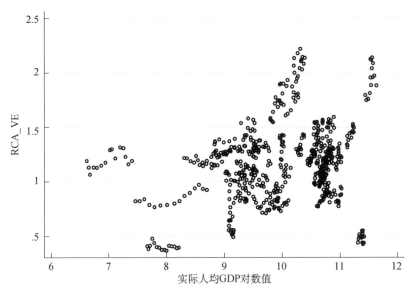

(2) 服务的增加值 RCA 指数(RCA_VE)与收入水平的关系

图 5-12　服务国际竞争力与收入水平的关系

注：实际人均 GDP 按 2010 年定值美元计值。
资料来源：基于 WIOD 跨国投入-产出表数据计算而得。

第四节　分项服务的国际竞争力比较

按照前面提及的方法，我们从总值与增加值两个角度进行测算[1]。首先，从总值的角度看[见图 5-13(1)]，2014 年，对于全球平均而言，RCA 指数最高的三个行业为金融服务(不含保险、养老金)(2.18)、仓储及运输支持活动(2.10)、房地产(2.03)；RCA 指数最低的三个行业为：动画、视频、电视、广播等活动(0.75)、旅馆及餐饮服务(0.62)、家庭自我雇佣活动、服务(0.25)[2]。

从增加值的角度看[见图 5-13(2)]，全球平均 RCA 指数最高的三个行业为：仓储及运输支持活动(1.86)、水运(1.83)、健康及社会工作(1.52)；RCA

---

[1] 前面已经提及，在 WIOD 数据中，中国有 8 个服务行业：机动车批发、零售及维修，出版活动，动画、视频、电视、广播等活动，金融服务及保险的支持性服务，建筑和工程活动，技术测试和分析，广告及市场调研，家庭自我雇佣活动、服务，涉外机构与组织活动的数据缺失或未加以析出。

[2] 有较多经济体的"家庭自我雇佣活动、服务"以及"涉外机构与组织活动"的数据缺失或未加以析出。

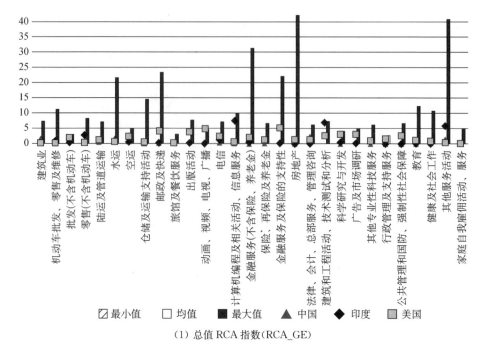

(1) 总值RCA指数(RCA_GE)

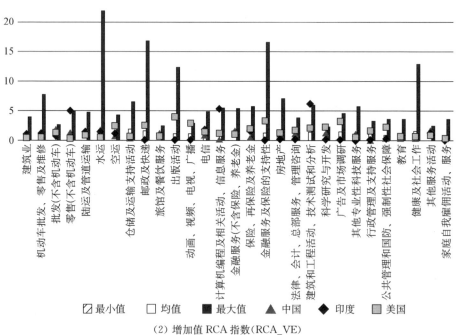

(2) 增加值RCA指数(RCA_VE)

图 5-13　2014 年中国服务行业的 RCA 指数:与其他经济体比较

注:图中的最小值、均值与最大值为全部 43 个样本经济体的统计结果。
资料来源:基于计算而得。

指数最低的三个行业为旅馆及餐饮服务(0.84),科学研究与开发(0.78),家庭自我雇佣活动、服务(0.24)[1]。

以总值衡量,2014年,中国只有批发(不含机动车)以及法律、会计、总部服务、管理咨询这2个服务行业的RCA指数高于全球平均水平。中国有建筑,零售(不含机动车),水运,旅馆及餐饮服务,法律、会计、总部服务、管理咨询,其他服务活动等6个服务行业的RCA指数比美国高;中国有建筑业等14个服务行业的RCA指数比印度高。

以增加值衡量,2014年,中国有6个服务行业的RCA指数高于全球平均水平:批发(不含机动车),旅馆及餐饮服务,金融服务(不含保险、养老金),法律、会计、总部服务、管理咨询,科学研究与开发,家庭自我雇佣活动、服务。中国有建筑等8个服务行业的RCA指数比美国高,但电信,计算机编程及相关活动、信息服务,保险、再保险及养老金(不含强制性社会保障),房地产,法律、会计、总部服务、管理咨询,科学研究与开发,其他专业性科技服务,教育,健康及社会工作等服务行业的RCA指数低于美国。中国有批发(不含机动车)等13个服务行业的RCA指数比印度高。

在总值RCA指数方面,中国与世界平均水平的相关性为0.06,与美国的相关性为-0.33,与印度的相关性为0.18。在增加值RCA指数方面,中国与世界平均水平的相关性为-0.14,与美国的相关性为-0.26,与印度的相关性为0.04。这意味着,中国各服务行业的RCA指数与世界及其他经济体并不存在较强的相关性。

此外,图5-14的等高图还清晰地展示了2014年各样本经济体的服务行业RCA指数,可以看出中国在大多数服务行业上的RCA指数均小于1,而类似的经济体并不多(只有印度尼西亚、俄罗斯等)。

接下来,按照服务行业的两种RCA指数对样本经济体进行排序(见图5-15)。图5-15(1)、(2)是基于总值RCA指数的分析,我们可以发现:中国RCA指数最高的前10位的行业数为2个(2000年)、1个(2014年),平均排序(按RCA指数从高到低排序)在第30—32位(2000—2014年基本没有

---

[1] 有较多经济体的"家庭自我雇佣活动、服务"以及"涉外机构与组织活动"的数据缺失或未加以析出。

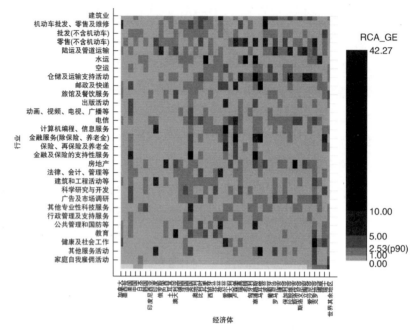

(1) 总值RCA指数(RCA_GE)

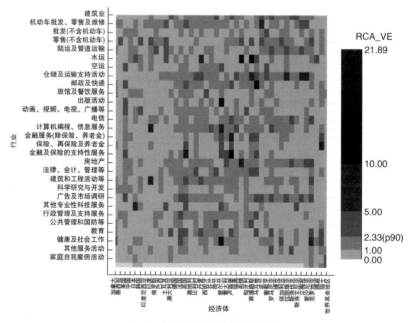

(2) 增加值RCA指数(RCA_VE)

图5-14 2014年服务行业的RCA指数:中国与其他经济体的比较

资料来源:基于计算而得。

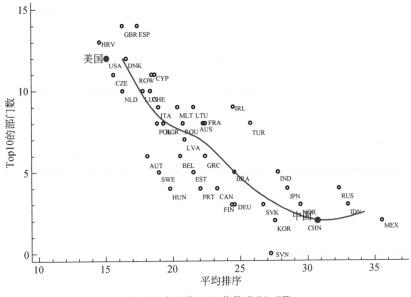

(1) 2000年总值RCA指数(RCA_GE)

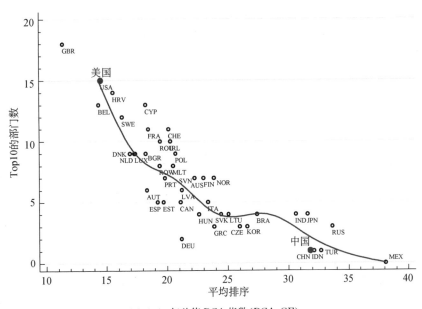

(2) 2014年总值RCA指数(RCA_GE)

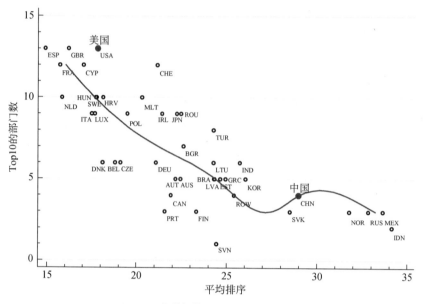

(3) 2000年增加值RCA指数(RCA_VE)

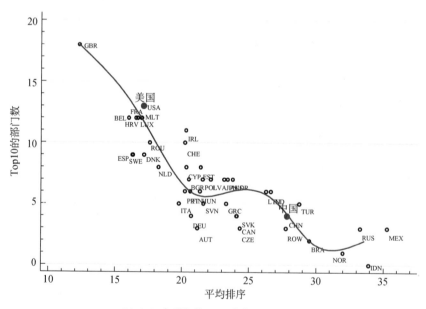

(4) 2014年增加值RCA指数(RCA_VE)

图5-15 2000—2014年各经济体服务行业的国际竞争力排序与比较

注:经济体对照参见第四章表4-3。纵轴表示一国RCA指数(两种统计口径)最高的(国际竞争力最强的)前10位的行业数,横轴表示一国平均排序(按RCA指数从大到小排序)。负相关的趋势线意味着,一国表现的国际竞争力最高的前10位行业数越少,其平均排序位置就越低(国际竞争力就越弱)。

资料来源:基于计算而得。

变化)。中国属于世界上服务行业总值RCA指数最低的少数几个经济体之一(其他有墨西哥、印度尼西亚、俄罗斯等)。

图5-15(3)、(4)基于增加值RCA指数的分析表明:中国RCA指数最高的前10位的行业数为4个(2000年)、4个(2014年),平均排序(按RCA指数从高到低排序)在第27—29位(2000—2014年基本没有变化)。中国仍然属于世界上服务行业增加值RCA指数最低的少数几个经济体之一(其他有墨西哥、印度尼西亚、俄罗斯等)。

从图5-15还可以看出,美国(USA)、英国(GBR)属于世界上服务行业国际竞争力最强的经济体。这与它们国内服务业的良好发展基础息息相关。

动态地看(见表5-1、图5-16),2000—2014年,22个服务行业中有8个行业的总值RCA指数趋于上升:建筑业,仓储及运输支持活动,计算机编程及相关活动、信息服务,金融服务(不含保险、养老金),保险、再保险及养老金(不含强制性社会保障),科学研究与开发,行政管理及支持服务,健康及社会工作。其他14个行业的总值RCA指数要么趋于下降,要么保持不变。此外,2000年,总值RCA指数大于1的服务行业有6个:批发(不含机动车),零售(不含机动车),水运,空运,法律、会计、总部服务、管理咨询,其他服务活动。到2014年,总值RCA指数大于1的服务行业只有4个:建筑业,批发(不含机动车),零售(不含机动车),法律、会计、总部服务、管理咨询。

表5-1 2000—2014年中国22个服务行业的RCA指数及其变化

	RCA_GE				RCA_VE			
	2000	2008	2014	变化(%)	2000	2008	2014	变化(%)
建筑业	0.91	1.29	1.16	0.25	0.48	0.33	0.52	0.04
批发(不含机动车)	1.21	0.92	1.13	−0.08	1.27	1.21	1.56	0.30
零售(不含机动车)	1.58	1.19	1.38	−0.20	0.82	0.82	1.21	0.39
陆运及管道运输	0.67	0.46	0.62	−0.05	1.49	1.02	1.10	−0.39
水运	1.10	1.13	0.94	−0.16	2.30	2.12	1.56	−0.74

(续表)

	RCA_GE				RCA_VE			
	2000	2008	2014	变化(%)	2000	2008	2014	变化(%)
空运	1.11	1.24	0.83	−0.28	1.67	1.28	0.86	−0.81
仓储及运输支持活动	0.00	0.17	0.18	0.18	0.04	0.38	0.49	0.44
邮政及快递	0.68	0.33	0.17	−0.51	0.35	0.34	0.36	0.01
旅馆及餐饮服务	0.95	0.77	0.35	−0.60	1.48	1.63	1.18	−0.30
电信	0.57	0.24	0.16	−0.41	1.11	1.08	0.90	−0.21
计算机编程及相关活动、信息服务	0.24	0.34	0.32	0.08	0.21	0.25	0.28	0.07
金融服务(不含保险、养老金)	0.01	0.02	0.06	0.05	0.94	1.18	1.46	0.52
保险、再保险及养老金(不含强制性社会保障)	0.04	0.13	0.22	0.18	0.70	0.45	0.51	−0.19
房地产	0.00	0.00	0.00	0.00	0.58	0.77	1.12	0.54
法律、会计、总部服务、管理咨询	3.62	3.13	1.74	−1.88	1.27	1.32	1.16	−0.10
科学研究与开发	0.00	0.07	0.06	0.06	0.06	0.54	1.29	1.24
其他专业性科技服务	0.00	0.00	0.00	0.00	0.25	0.83	0.87	0.62
行政管理及支持服务	0.00	0.00	0.05	0.05	0.01	0.03	0.06	0.05
公共管理和国防、强制性社会保障	0.15	0.14	0.12	−0.03	0.06	0.22	0.32	0.25
教育	0.17	0.16	0.14	−0.03	0.52	0.56	0.51	−0.01
健康及社会工作	0.00	0.35	0.18	0.18	0.63	1.02	0.44	−0.20
其他服务活动	5.57	1.55	0.86	−4.71	2.81	1.97	1.63	−1.18

注:"变化(%)"表示2014年相对于2000年的变化(即2014年数值减去2000年数值)。
资料来源:基于计算而得。

同期,以增加值衡量,则22个服务行业中有12个行业的RCA指数趋于上升:建筑业,批发(不含机动车),零售(不含机动车),仓储及运输支持活动,邮政及快递,计算机编程及相关活动、信息服务,金融服务(不含保险、养老金),房地产,科学研究与开发,其他专业性科技服务,行政管理及支持服务,公共管理和国防、强制性社会保障。其他10个行业的增加值RCA指数则趋于下降。2000年,增加值RCA指数大于1的服务行业有8个:批发(不含机动

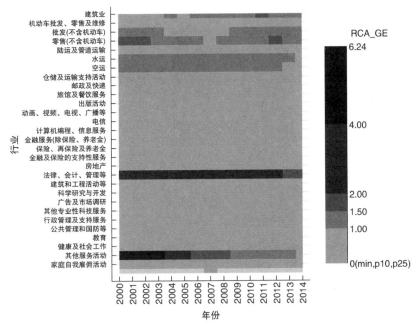

(1) 总值RCA指数（RCA_GE）变化

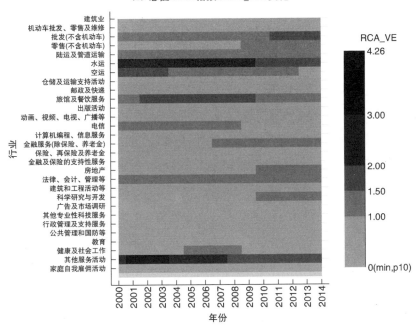

(2) 增加值RCA指数（RCA_VE）变化

图5-16　2000—2014年中国服务行业的增加值分解及其变化

资料来源：基于计算而得。

车)、陆运及管道运输、水运、空运、旅馆及餐饮服务、电信、法律、会计、总部服务、管理咨询、其他服务活动。到 2014 年,增加值 RCA 指数大于 1 的服务行业增加到 10 个:批发(不含机动车)、零售(不含机动车)、陆运及管道运输、水运、旅馆及餐饮服务、金融服务(不含保险、养老金)、房地产、法律、会计、总部服务、管理咨询、科学研究与开发、其他服务活动。

从图 5-16 还可以看出,2008 年的全球金融危机似乎是一些服务行业的 RCA 指数变化趋势的转折点:有的趋于下降(如其他服务活动)、有的则趋于上升(如科学研究与开发)[1]。

综上所述,无论以总值贸易还是以增加值贸易衡量,中国服务行业的 RCA 指数都很低。这表明中国服务行业的国际竞争力较弱,而作为服务业重要组成部分的生产性服务业的国际竞争力也必然如此。

第五节　服务的国际竞争力如何影响服务贸易差额

如前所述,国际经济学文献(如 Kravis et al., 1982；Bhagwati, 1984；Inklaar and Timmer, 2014)告诉我们:在人均收入较高的国家,可贸易性低的服务相对于可贸易性高的货物的价格也相对较高。这是因为服务生产中要素生产率的国际差异比货物生产中要素生产率的国际差异要小。随着国际贸易使货物价格在国际范围内均等化,那些总体上具有相对较低要素生产率(因而较低实际人均收入)的国家,在服务生产方面将具有相对较高的生产率,其服务价格也因此相对较低。按照这一逻辑,中国的实际人均收入较低,因而服务价格也较低,应该会使中国的服务出口更具有价格优势,贸易顺差的可能性应该较大。

但事实情况如何呢?从以上分析可知,尽管中国服务的 RCA 指数存在部门差异,但与其他经济体相比基本上都很低,与此同时,中国总体服务贸易以及很多细分部门都处于逆差状态(如图 5-4 所示)。我们把这种现象称为"服务贸易差额悖论"。为了解释这一"悖论",我们考虑非价格因素的作用,即观察服务的国际竞争力(用 RCA 指数衡量)高低是如何影响服务贸易差额的。

---

[1] 为什么会出现这些变化,则需要进一步研究。

一、回归方程构建

为了检验服务的国际竞争力对服务贸易差额的影响,我们从多边和双边两个维度构建回归方程。

首先,构建多边回归方程,用来观察一个经济体的总体及分行业服务贸易差额是如何受到其总体及分行业国际竞争力影响的。

$$Balance_{ijt}^{m} = \alpha_1 RCA_{ijt}^{m} + \mu_i^{m} + \eta_j^{m} + \lambda_t^{m} + \varepsilon_{ijt}^{m} \quad (5-3)$$

其中,上标 m 表示多边情形。i、j、t 分别表示经济体、服务行业、年份。$Balance$ 表示一国的总体或分行业服务贸易差额(正数表示顺差,负数表示逆差)。RCA 表示一国的总体或分行业服务的显性比较优势(基于总值统计)[1],在回归时将数值加上1并取对数。μ_i^{m}、η_j^{m}、λ_t^{m} 分别表示国家、行业与年份三个维度的固定效应[2]。ε_{ijt}^{m} 表示随机误差项。

其次,构建双边回归方程,用来观察一个经济体对其伙伴经济体的双边(总体及分行业)服务贸易差额是如何受到该经济体与伙伴经济体的(总体及分行业)服务国际竞争力差异影响的。

$$Balance_{hfjt}^{b} = \beta_1 RCA_{hfjt}^{b} + \mu_h^{m} + \eta_f^{b} + \gamma_j^{b} + \lambda_t^{b} + \varepsilon_{hfjt}^{b} \quad (5-4)$$

其中,上标 b 表示双边情形。h、f、j、t 分别表示本国、外国、服务行业、年份。$Balance_{hfjt}^{b}$ 表示本国对外国的双边(总体或分行业)服务贸易差额(正数表示顺差,负数表示逆差)。RCA_{hfjt}^{b} 表示本国的 RCA 指数相对于外国的比值,在回归时将数值加上1并取对数。μ_h^{b}、η_f^{b}、λ_j^{b}、λ_t^{b} 分别表示本国、外国、行业与年份四个维度的固定效应[3]。ε_{hfjt}^{b} 表示随机误差项。

二、回归结果

(一)多边情形

多边情形是指一个经济体与世界其余地区发生的总体或分行业服务贸

---

[1] 基于增加值 RCA 指数的分析结果类似,不再列出。
[2] 总体服务分析时,不含行业固定效应。
[3] 总体服务分析时,不含行业固定效应。

易。我们分两种模型进行估计:一种模型是以实际发生的服务贸易差额作为因变量;另一种模型是概率单位模型(Probit),即因变量为二值变量:若服务贸易为顺差,则取值1;否则,取值0。在两种模型中,服务RCA指数(对数值)均为核心自变量,同时考虑年份、行业和国别三个方面的固定效应。

我们依次基于总体服务贸易与分行业服务贸易、全部样本和分主要经济体(包括中国)进行分析。表5-2的全样本计量结果显示,无论是基于何种模型以及是否考虑行业固定效应、国别固定效应和年份固定效应,(总体或分行业)服务RCA指数都与(总体或分行业)服务贸易顺差额以及服务贸易是否顺差正相关。也就是说,(总体或分行业)服务的RCA指数越高,(总体或分行业)服务贸易顺差的可能性就越大。

表5-2 基于多边回归方程(5-3)的计量分析

	总体服务贸易				分行业服务贸易			
	Pooled OLS (1)	FE Model (2)	Probit Model (3)	Probit Model (4)	Pooled OLS (1)	FE Model (2)	Probit Model (3)	Probit Model (4)
RCA指数(对数值)	54.780***	129.929***	3.161***	10.594***	4.017***	5.151***	2.054***	2.262***
	(10.321)	(31.781)	(0.361)	(2.379)	(0.168)	(0.248)	(0.034)	(0.044)
R^2	0.011	0.843			0.020	0.119		
Pseudo R^2			0.225	0.441			0.294	0.374
Prob.	0.000	0.000	0.000	0.000	0.000	0.000	0.000	0.000
观测值	660	660	660	210	19 184	19 184	19 184	19 184
国家固定效应	No	Yes	No	Yes	No	Yes	No	Yes
年份固定效应	No	Yes	No	Yes	No	Yes	No	Yes
行业固定效应	—	—	—	—	No	Yes	No	Yes

注:括号内为稳健标准差;*、**、*** 分别表示在10%、5%和1%水平上显著。混合OLS模型(1)和固定效应模型(2)的因变量为实际发生的服务贸易差额值(百万美元);概率单位模型(3)和(4)的因变量为虚拟变量(若为顺差,则等于1;否则,为0)。

表5-3的分经济体计量结果显示,所有16个贸易大国的分行业服务

RCA 指数要么与实际发生的分行业服务贸易顺差额正相关,要么与分行业服务贸易是否顺差正相关。对中国而言,特定服务行业的 RCA 指数越低(高),该服务部门就越有可能出现逆差(顺差)。

表 5-3　分经济体多边计量分析:基于 16 个贸易大国

国别	FE Model (1)	观测值	Probit Model (2)	观测值
中国	17.183***	436	4.672***	436
美国	6.000	436	11.713*	60
英国	12.549***	436	2.585***	436
加拿大	1.833 3***	436	2.630***	436
法国	10.32***	436	7.302***	165
德国	10.496***	436	3.035***	436
印度	1.161***	436	5.718***	135
意大利	3.124***	436	12.369***	135
日本	12.367***	436	4.889	105
韩国	2.858***	436	19.807***	105
荷兰	12.729***	436	7.714***	165
俄罗斯	−25.28**	436	4.087***	436
澳大利亚	0.080	436	16.593***	150
西班牙	2.85***	436	21.443***	210
比利时	2.368***	436	6.037***	195
印度尼西亚	−0.139	436	2.389***	210

注:固定效应模型(1)的因变量为实际发生的服务贸易差额值(百万美元);概率单位模型(2)的因变量为虚拟变量(若为顺差,则等于1;否则,为0)。表中多边服务贸易模型的系数为服务 RCA 指数的系数。*、**、*** 分别表示在 10%、5% 和 1% 水平上显著。各经济体回归均考虑了年份固定效应与服务部门固定效应。限于篇幅,表中未列出稳健型标准差等相关信息。

(二) 双边情形

双边情形是指一个经济体与其特定贸易伙伴发生的(总体或分行业)服务贸易。与多边分析类似,我们也采用两种模型进行估计。不同的是,我们把发生服务贸易的两个经济体的 RCA 指数之比作为核心自变量。表 5-4 显示,在考虑四种固定效应(服务部门、经济体、年份及贸易伙伴固定效应)之后,特定经济体相对于其贸易伙伴的服务 RCA 指数与该经济体的双边服贸易顺差额以及双边服务贸易是否顺差正相关。

表 5-4 基于双边回归方程(5-4)的计量分析

	总体服务贸易				分行业服务贸易			
	Pooled OLS (1)	FE Model (2)	Probit Model (3)	Probit Model (4)	Pooled OLS (1)	FE Model (2)	Probit Model (3)	Probit Model (4)
RCA 指数比值	1.110***	1.563***	0.318***	0.625***	0.021 1***	0.028 3***	0.000 2	0.000 3*
	(0.076)	(0.221)	(0.018)	(0.065)	(0.000 5)	(0.000 8)	(0.000 1)	(0.000 1)
R^2	0.003	0.255			0.001	0.017		
Pseudo R^2			0.008	0.165			0.000	0.069
Prob.	0.000	0.000	0.000	0.000	0.000	0.000	0.000	0.000
观测值	28 380	28 380	28 380	28 380	753 496	753 496	758 692	758 649
本国固定效应	No	Yes	No	Yes	No	Yes	No	Yes
外国固定效应	No	Yes	No	Yes	No	Yes	No	Yes
年份固定效应	No	Yes	No	Yes	No	Yes	No	Yes
行业固定效应	—	—	—	—	No	Yes	No	Yes

注:括号内为稳健标准差;*、**、*** 分别表示在10%、5%和1%水平上显著。混合 OLS 模型(1)和固定效应模型(2)的因变量为实际发生的服务贸易差额值(百万美元);概率单位模型(3)和(4)的因变量为虚拟变量(若为顺差,则等于1;否则,为0)。除了"分行业服务贸易"回归模型(3)和(4)的 RCA 指数为原比值(除以 1 000 000)外(如果使用对数值,则迭代将无限执行下去而无解),其他回归模型的自变量均为两国 RCA 指数比值加 1 再取对数[$\log(RCA_h/RCA_f+1)$]。

这一结论进一步为表 5-5 的分经济体的双边计量结果所证实(个别经济体的特定模型的系数不显著或为负数)。就中国而言,无论是基于何种模型,中国相对于贸易伙伴的服务 RCA 指数都与中国的双边服务贸易顺差额以及双边服务贸易是否顺差显著正相关。这表明,中国相对于贸易伙伴的服务 RCA 指数越高(低),中国对后者的服务贸易顺差的规模或可能性就越大(小)。对美国和英国这两个世界服务贸易强国来说,计量结果与中国类似。

表5-5 分经济体双边计量分析:基于16个贸易大国

国别	总体双边服务贸易				分行业双边服务贸易			
	FE Model (1)	观测值	Probit Model (2)	观测值	FE Model (1)	观测值	Probit Model (2)	观测值
中国	10.413***	645	2.215*	420	0.069***	17 256	0.081***	13 003
美国	3.329	645	2.706*	210	0.073***	17 039	0.362***	17 068
英国	3.213**	645	2.034***	540	0.022***	17 069	0.471***	17 068
加拿大	1.726***	645	5.915***	495	0.017***	17 132	0.825***	16 377
法国	3.94***	645	5.813***	375	0.019***	17 150	0.125***	15 199
德国	8.193***	645	3.643**	345	0.022***	17 096	−0.004	16 993
印度	4.107**	645	−2.223***	375	−0.004	17 315	0.024*	8 709
意大利	1.649***	645	0.003	360	0.013***	17 078	0.695***	17 077
日本	3.253***	645	4.258***	435	0.068***	17 148	0.291***	15 461
韩国	1.016***	645	4.570***	345	0.003***	17 096	0.452***	16 865
荷兰	0.083	645	2.312***	540	0.020***	17 096	0.741***	16 865
俄罗斯	2.492**	645	−0.438	360	0.017***	17 325	−0.019	10 668
澳大利亚	0.599**	645	7.976***	450	0.003***	17 144	0.004	15 013
西班牙	0.840**	645	3.146***	525	0.011***	17 096	0.001	16 993
比利时	1.996***	645	2.362***	510	0.008***	17 088	−0.000 1	17 217
印度尼西亚	0.192	645	3.811***	435	0.002***	17 247	−0.006	13 592

注:固定效应模型(1)的因变量为实际发生的服务贸易差额值(百万美元);概率单位模型(2)的因变量为虚拟变量(若为顺差,则等于1;否则,为0)。双边服务贸易模型的系数为特定经济体相对于其贸易伙伴的服务RCA指数之比加1的对数值[$\log(RCA_h/RCA_f+1)$]的系数。*、**、*** 分别表示在10%、5%和1%水平上显著。各经济体回归均考虑了年份固定效应、伙伴经济体固定效应与服务部门固定效应。限于篇幅,表中未列出稳健型标准差等相关信息。

(三) 内生性问题

考虑到可能存在的内生性问题,即服务贸易平衡状况反过来会影响服务贸易显性比较优势,我们在自变量中加入因变量的滞后项进行回归检验,结果如表5-6和表5-7所示。可以看出,因变量的滞后项均显著为正,即意味着上一期的服务贸易顺差状况确实直接影响着下一期的状况,这也符合直觉。但即使在加上因变量滞后项之后,我们的核心自变量RCA指数的系数

表 5-6 基于多边回归方程(5-3)的计量分析:内生性检验

	总体服务贸易				分行业服务贸易			
	Pooled OLS (1)	FE Model (2)	Probit Model (3)	Probit Model (4)	Pooled OLS (1)	FE Model (2)	Probit Model (3)	Probit Model (4)
RCA指数(对数值)	2.565**	33.191***	1.919***	13.098***	0.104	0.140*	1.019***	1.182***
	(1.130)	(8.619)	(0.474)	(3.478)	(0.066)	(0.082)	(0.044)	(0.051)
因变量滞后项	1.068***	0.957***	3.401***	2.195***	1.057***	1.054***	3.001***	2.914***
	(0.031)	(0.053)	(0.217)	(0.377)	(0.019)	(0.019)	(0.034)	(0.036)
R^2	0.987	0.989			0.984	0.984		
Pseudo R^2			0.796	0.665			0.740	0.750
Prob.	0.000	0.000	0.000	0.000	0.000	0.000	0.000	0.000
观测值	616	616	616	168	17 908	17 908	17 908	17 908
国家固定效应	No	Yes	No	Yes	No	Yes	No	Yes
年份固定效应	No	Yes	No	Yes	No	Yes	No	Yes
行业固定效应	—	—	—	—	No	Yes	No	Yes

注:括号内为稳健标准差;*、**、***分别表示在10%、5%和1%水平上显著。混合OLS模型(1)和固定效应模型(2)的因变量为实际发生的服务贸易差额值(百万美元);概率单位模型(3)和(4)的因变量为虚拟变量(若为顺差,则等于1;否则,为0)。

表 5-7 基于双边回归方程(5-4)的计量分析:内生性检验

	总体服务贸易				分行业服务贸易			
	Pooled OLS (1)	FE Model (2)	Probit Model (3)	Probit Model (4)	Pooled OLS (1)	FE Model (2)	Probit Model (3)	Probit Model (4)
RCA 指数比值	0.059***	0.255***	0.234***	0.558***	0.000 6***	0.000 8***	0.000 1	0.000 2*
	(0.017)	(0.046)	(0.024)	(0.082)	(0.000 2)	(0.000 2)	(0.000 1)	(0.000 1)
因变量滞后项	1.060***	1.050***	2.326***	2.139***	1.050 0***	1.049 4***	2.676 2***	2.610 6***
	(0.013)	(0.015)	(0.020)	(0.021)	(0.010 7)	(0.010 7)	(0.004 2)	(0.004 3)
R^2	0.972	0.973			0.974	0.974		
Pseudo R^2			0.469	0.496			0.562	0.570
Prob.	0.000	0.000	0.000	0.000	0.000	0.000	0.000	0.000
观测值	26 488	26 488	26 488	26 488	703 249	703 249	708 253	708 210
本国固定效应	No	Yes	No	Yes	No	Yes	No	Yes
外国固定效应	No	Yes	No	Yes	No	Yes	No	Yes
年份固定效应	No	Yes	No	Yes	No	Yes	No	Yes
行业固定效应	No	Yes	No	Yes	No	Yes	No	Yes

注:括号内为稳健标准差;*、**、*** 分别表示在 10%、5% 和 1% 水平上显著。混合 OLS 模型(1)和固定效应模型(2)的因变量为实际发生的服务贸易额值(百万美元);概率单位模型(3)和(4)的因变量为虚拟变量(若为顺差,则等于 1;否则,为 0)。除了"分行业服务贸易"回归模型"回归模型(3)和(4)的 RCA 指数为原比值(除以 1 000 000)外(如果使用对数值,则造化将无限执行下去而无解),其他回归模型的自变量均为两国 RCA 指数比值加 1 再取对数[$\log(RCA_h/RCA_f+1)$]。

符号仍然与前面基准回归模型(表 5-2 和表 5-4)的结果一致,不同的只是系数值发生了变化[1]。

总之,以上基于不同角度的计量结果均表明,服务 RCA 指数越高(低),服务贸易顺差的规模或可能性就越大(小)。这在一定程度上解释了"服务贸易差额悖论"产生的原因,即 Alchian-Allen 假说所强调的"质量筛选"机制在服务贸易领域可能更加重要和普遍。

第六节 本章小结

本章采用显性比较优势指数(RCA 指数)对中国服务(包括生产性服务)的国际竞争力进行了较为系统的评估和国际比较。我们发现,无论以总值贸易还是以增加值贸易衡量,中国服务行业的 RCA 指数都很低。这表明中国服务行业的国际竞争力较弱,而作为服务业重要组成部分的生产性服务业的国际竞争力也是如此。在此基础上,我们进一步检验了服务国际竞争力对服务贸易差额的影响,结果表明服务国际竞争力越高(低),服务贸易顺差的规模或可能性就越大(小),从而从非价格因素的角度解释了"服务贸易差额悖论"产生的原因。

通过本章的分析,我们可以得到两方面启示:第一,服务贸易领域的"质量竞争"可能比"价格竞争"更重要,QHFT 模型和 Alchian-Allen 假说所强调的"质量筛选"机制在服务贸易领域可能更加普遍。所以,中国发展服务贸易不能套用发展货物贸易的经验,而应该更加关注非价格(成本)因素的作用,特别是要把提高质量作为重中之重。但服务质量是多维度的,受到很多经济与非经济因素的影响。比如,高等教育服务,尤其是中国与美国之间的双边高等教育服务贸易,中国对美国存在巨额逆差。很显然,这其中的非价格因素(包括世界主导性语言、现代主流科技文明、教育教学质量、体制机制等)起着关键作用,这对其他服务领域也是很有启发性的。

第二,一国(地区)对外贸易中的服务贸易与货物贸易是一个整体,可能存在较大的互补性。大多数研究发现,中国货物贸易的国际竞争力不高,这可能与本章发现的中国服务贸易国际竞争力不高有关。中国目前禀赋结构

---

[1] 此外,我们还尝试采用差分方法、GMM 方法,结果仍然支持基准回归的基本结论。

决定的国际分工地位导致中国国内一般制造业发展迅速而服务业特别是生产性服务业相对落后,即出现所谓的"两头在外"格局,这也可能是中国服务国际竞争力不高的原因之一。另外,服务贸易领域也存在与货物贸易类似的"加工贸易"情形,即以"增加值贸易"(trade in value added)来衡量,服务和货物出口均含有国内含量(domestic content)和国外含量(foreign content);只不过,在服务出口中后者(国外服务含量)所占比重较小[1]。因此,中国要调整对外贸易结构特别是出口结构,不仅要注意服务贸易与货物贸易的差异性,而且还应关注二者的互补性[2]。

附录:

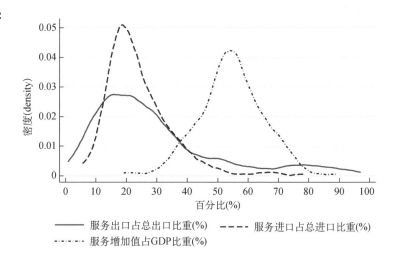

图 A5-1　2017年全球各经济体的服务业与服务贸易比重分布

资料来源:基于世界银行数据计算而得。

---

[1] 关于这一问题,另有专门的详细讨论(程大中和程卓,2015)。
[2] 本章尽管做了一些工作,但仍存在需要拓展之处,主要包括三个方面:一是在数据特别是企业水平上的服务贸易数据可获得的情况下,可以进一步分析出口服务项目的要素投入结构和成本结构,廓清成本或价格因素的作用,从而间接地为弄清服务国际竞争力的作用提供支撑。同时,我们发现,现有基于异质性企业贸易理论的经验分析都是关注货物贸易以及生产物质产品的企业(包括制造业企业),对服务贸易以及服务业企业的研究较少。二是可以从行业与企业两个层面比较分析服务国际竞争力与货物国际竞争力对贸易差额的影响机制,特别是有必要从货物贸易的角度探讨是否存在类似于服务贸易的"差额悖论"。三是从全球价值链(global value chain)和"增加值贸易"的角度,细化服务进出口中的国内服务含量与国外服务含量,分析服务贸易与货物贸易在投入-产出意义上的互补关系。总之,这些需要拓展的方面也同时意味着,各国的服务贸易统计包括BOP统计和FATS统计仍需要进行较大的改进、细化和拓展,从而为学术研究与政府决策提供较为准确、完善的数据支撑。

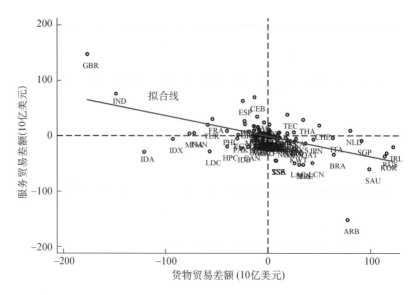

图 A5-2 人均收入水平与贸易差额的关系:2017 年子样本

注:本图是图 5-4 的子图,仅显示贸易差额在 −2 000 亿至 2 000 亿美元之间的经济体。
资料来源:基于世界银行数据计算而得。

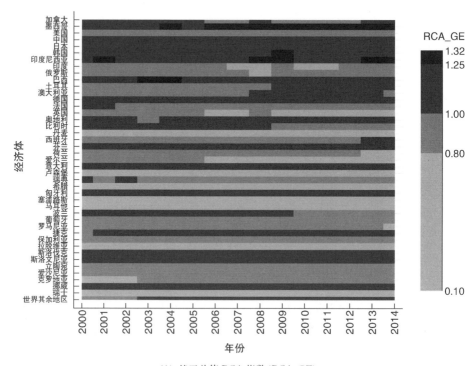

(1)基于总值 RCA 指数(RCA_GE)

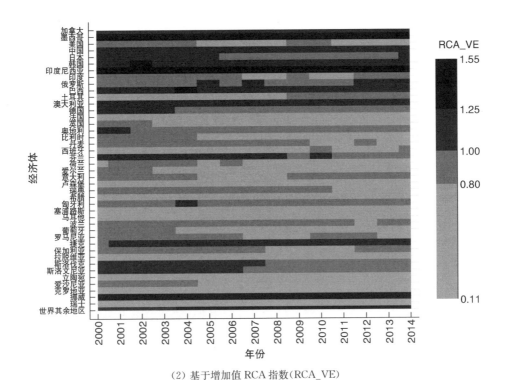

(2) 基于增加值 RCA 指数（RCA_VE）

图 A5-3　2000—2014 年各样本经济体货物出口的国际竞争力比较

资料来源：基于 WIOD 跨国投入-产出表数据计算而得。

第 六 章
中国生产性服务业参与全球价值链分工分析

前面已经述及,自 20 世纪 80 年代末开始,国际分工模式开始从传统的国际分工转变为全球价值链分工。在这一新型分工模式中,生产性服务起到前所未有的作用。本章基于跨国投入-产出数据,从全球价值链(GVC)参与程度与国内外增加值含量分解两个方面,测算中国服务业特别是生产性服务业的对外开放程度。

第一节 数据与方法

本章采用的数据与第四章的数据相同,即 2000—2014 年的 WIOD 跨国投入-产出数据。该数据涵盖包括中国在内的 43 个经济体(1 个是"世界其余地区");样本行业 56 个,其中有 30 个服务行业。详细数据描述见表 4-3。

一、GVC 分工参与程度的测算

这里采用的测算全球价值链分工参与程度的方法与第三章的方法一样。即使用 Fally(2011)、Antràs et al.(2012)、Antràs and Chor(2013)与 Miller and Temurshoev(2017)的下游度(downstreamness)与上游度(upstreamness)指数。Miller and Temurshoev(2017)将 Antràs et al.(2012)的上游度指数看作对行业的"产出上游度"(output upstreamness,OU)的度量,并提出"投入下游度"(input downstreamness,ID)指数,该指数与 Fally(2011)的定义相同。对产出上游度而言,"产出"二字之所以加上,是为了强

调与其他行业在中间使用(intermediate use)的产出供给方面的关联;对投入下游度而言,"投入"二字之所以加上,则是为了强调与其他行业在中间投入(intermediate input)的需求方面的关联。两个指数都可以用来衡量一个经济体或一个行业参与全球价值链分工的程度。

我们首先基于跨国投入-产出表确定关于总产出和总投入的基本等式。从行(产出侧)的角度看,总产出(Y)可以表示为中间使用(Z)与最终使用(F)之和[1]:

$$Y = F + Z = F + AF + A^2F + A^3F + \cdots = (1 + A + A^2 + A^3 + \cdots)F$$
$$= (I - A)^{-1}F = LF \qquad (6-1)$$

其中,A 为投入系数矩阵(input coefficient matrix),L 为全球 Leontief 逆矩阵(Leontief,1936),I 为单元矩阵。

从列(投入侧)的角度看,总投入(Y')可以表示为中间投入(Z)与初始投入(V)之和[2]:

$$Y' = V + Z = V + VB + VB^2 + VB^3 + \cdots$$
$$= V(1 + B + B^2 + B^3 + \cdots) = V(I - B)^{-1} = VG \qquad (6-2)$$

其中,B 为产出系数矩阵(output coefficient matrix),G 为全球 Ghosh 逆矩阵(Ghosh,1958)。

然后,基于产出上游度与投入下游度指数得到测算全球价值链分工参与程度的两种方法。

首先,我们使用离初始要素提供者的距离作为权重乘以上面提到的投入侧关系式第二个等号右边的每一项,并除以总投入矩阵 $\hat{Y}'$(带^表示对角矩阵),从而得到基于投入下游度的 GVC 分工参与程度指数(以下简称 ID 指数)[3]:

$$ID = V'(I + 2B + 3B^2 + \cdots)\hat{Y}'^{-1} = V'GG\hat{Y}'^{-1} = i'\hat{Y}'G\hat{Y}'^{-1} = i'L \qquad (6-3)$$

---

[1] 与第三章的处理方式类似,即对所有总产出为 0 的取值 0.000 000 1(美元)(在本项研究使用的数据样本中,有 1.29%的观测值呈现的总产出等于 0)。这产生的影响微乎其微,因为这一很小的数值相当于我们样本的平均产出的 1.891 57E-13%。
[2] 在投入-产出表中,Y' 为 Y 的转置矩阵。
[3] 为了本部分的研究方便,我们重新取新变量名。

其中，i' 为加总向量(summation vector)(1 的行向量，以便将同一列上元素加总)。该指数 ≥1。如果该指数越大，则某行业/产品的总投入中的中间投入部分(相对于初始投入或直接增加值)所占份额就越高，潜在的 GVC 分工参与程度就越高；反之，则反是。当某行业的所有投入均是初始投入而非中间投入时，该指数等于 1。

其次，我们使用离最终使用者的距离作为权重乘以上面提到的产出侧关系式第二个等号右边的每一项，并除以总产出矩阵 $\hat{Y}$，从而得到基于产出上游度的 GVC 分工参与程度指数(以下简称 OU 指数)：

$$OU = \hat{Y}^{-1}(I + 2A + 3A + \cdots)F = \hat{Y}^{-1}LLF = \hat{Y}^{-1}L\hat{Y}i = Gi \quad (6-4)$$

其中，i' 为加总向量(summation vector)(1 的列向量，以便将同一行上元素加总)。该指数 ≥1。该指数越大，则某行业的总产出中的中间使用部分(相对于最终使用)所占份额就越高，潜在的 GVC 分工参与程度就越高；反之，则反是。当某行业的所有产出均用作最终使用而非其他行业的中间使用时，该指数将等于 1。

实际上，我们还可以直接使用中间投入占总投入的比重来代替公式(6-3)(取值 0—1)，使用中间使用占总产出的比重来代替公式(6-4)(取值 0—1)。

二、国内外增加值含量的分解

与第五章的做法一样，我们基于里昂惕夫(Leontief, 1936)方法，用 V 表示增加值份额(=增加值/总产出)，则一国一单位产出所含的直接和间接增加值总和为：$V + VA + VAA + \cdots = V(I - A)^{-1} = VL$(其中，$L$ 为 Leontief 逆矩阵)(其基本计算程序如图 6-1 所示)。VL 又被称为总增加值乘子(multiplier)矩阵。在多国框架下，特定行业的所有增加值要么产生于国内，要么产生于国外，二者相加等于 100%[1]。

令 $\hat{V}$ 为由各国各行业的直接增加值系数对角矩阵沿着对角线分布而构

---

[1] 对于国家 1 的行业 j 而言，有 $v_j^1 = \frac{v\_a_j^1}{x_j^1} = 1 - \sum_i^N a_{ij}^{11} - \sum_i^N a_{ij}^{21} - \cdots - \sum_i^N a_{ij}^{C1}$ ($i, j = 1, 2, \cdots, N$；v_a 表示增加值；a 表示行业水平上的中间投入系数。定义 V^1 为国家 1 的 $1 \times N$ 维直接增加值系数向量，它等于 1 减去所有国家的中间投入份额，即 $V^1 = u[I - A^{11} - A^{21} - \cdots - A^{C1}]$，$u$ 为 $1 \times N$ 维单元向量(unity vector)。

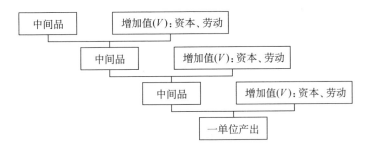

图 6-1 对一单位产出所含直接和间接增加值的追踪

资料来源:笔者整理而得。

成的矩阵(也是对角矩阵),$\hat{Y}$ 为由各经济体各行业的最终需求子矩阵沿着对角线分布而形成的矩阵(但并非对角矩阵)。那么,在"C 经济体-N 行业"的情形下,经济体-行业水平上的增加值和最终品生产可分解为:

$$\hat{V}L\hat{Y} = \begin{bmatrix} V^1 & 0 & 0 & 0 \\ 0 & V^2 & 0 & 0 \\ 0 & 0 & \ddots & 0 \\ 0 & 0 & 0 & V^C \end{bmatrix} \begin{bmatrix} L^{11} & L^{12} & \cdots & L^{1C} \\ L^{21} & L^{22} & \cdots & L^{2C} \\ \vdots & \vdots & \ddots & \vdots \\ L^{C1} & L^{C2} & \cdots & L^{CC} \end{bmatrix} \begin{bmatrix} Y^1 & 0 & 0 & 0 \\ 0 & Y^2 & 0 & 0 \\ 0 & 0 & \ddots & 0 \\ 0 & 0 & 0 & Y^C \end{bmatrix}$$

$$= \begin{bmatrix} V^1 L^{11} Y^1 & V^1 L^{12} Y^2 & \cdots & V^1 L^{1C} Y^C \\ V^2 L^{21} Y^1 & V^2 L^{22} Y^2 & \cdots & V^2 L^{2C} Y^C \\ \vdots & \vdots & \ddots & \vdots \\ V^C L^{C1} Y^1 & V^C L^{C2} Y^2 & \cdots & V^C L^{CC} Y^C \end{bmatrix} \quad (6-5)$$

公式(6-5)最后一个等式的矩阵详细描述了每个经济体的最终品生产所含的增加值来源。根据 Miller and Blair(2009)、Wang et al.(2013)的界定,该矩阵沿着行上的元素(之和)表示由某个"经济体-行业"产生的增加值被其自身以及所有下游"经济体-行业"所使用(隐含在其自身以及所有下游"经济体-行业"的最终品生产中)。这是基于前向关联(forward linkage)或供给视角的分解,表现为对其自身/行业以及其他国家/行业的销售。在后面的服务行业测算中,我们将计算总销售中的国外部分占比,记为 FV_sell。

该矩阵沿着列上的元素(之和)表示某个"经济体-行业"最终品产出中所隐含的来自其自身以及所有上游"经济体-行业"的增加值。这是基于后向关联(backward linkage)或使用者视角的分解,表现为需要其自身/行业以及其他国家/行业的投入(购买)。在后面的服务行业测算中,我们将计算总投入(购买)中的国外部分占比,记为 FV_buy。

这两个视角和两类指标的区分具有重要意义,不仅有助于全面理清全球价值链分工背景下的各个"经济体-行业"之间的相互关系,也有助于分解"经济体-行业"的国内外增加值含量及其贡献。基于前向关联的增加值出口与贸易的要素含量(factor content of trade)含义一致;基于后向关联的增加值测算则与特定行业和产品的供应链和价值链案例研究相仿(Wang et al., 2013)[1]。

第二节　生产性服务业的 GVC 参与程度测算

基于前面的 ID 指数(投入下游度指数)与 OU 指数(产出上游度指数),我们评估中国服务业参与全球价值链分工的程度,并进行比较分析。需要说明的是,在 WIOD 数据中,中国有 8 个服务行业:机动车批发、零售及维修,出版活动,动画、视频、电视、广播等活动,金融服务及保险的支持性服务,建筑和工程活动、技术测试和分析,广告及市场调研,家庭自我雇佣活动、服务,涉外机构与组织活动的数据缺失或未加以析出[2]。

一、中国与其他经济体的比较分析

2014 年,对全球平均而言,ID 指数最高的三个行业为空运(2.687)、水运(2.462)和建筑业(2.440),ID 指数最低的三个行业:房地产(1.478)、教育(1.446)和涉外机构与组织活动(1.08)或家庭自我雇佣活动、服务(1.08)[见图 6-2(1)][3]。OU 指数最高的三个行业:仓储及运输支持活动(2.999),法律、会计、总部服务、管理咨询(2.897),水运(2.817);OU 指数最低的三个

---

[1] 公式(6-5)不仅可以用来计算最终品(国内使用和出口)的增加值,还可以用来计算中间品(国内使用和出口)的增加值。
[2] 如果缺省值按照"0"值确定,最终得到的这些缺损部门的 ID 指数与 OU 指数将等于 1。但实际上,这些部门是缺失的。其他经济体也存在类似情况,只不过缺失的部门有所差异。
[3] 有较多经济体的"家庭自我雇佣活动、服务"以及"涉外机构与组织活动"的数据缺失或未加以析出。

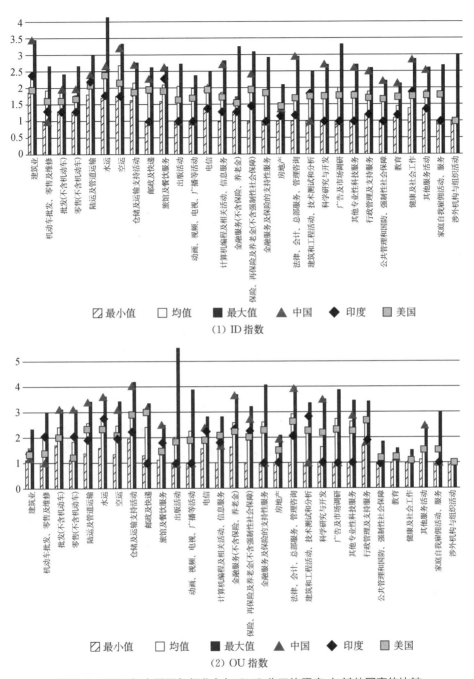

图 6-2 2014年中国服务行业参与 GVC 分工的程度：与其他国家的比较

注：行业及经济体对照参见第四章表 4-3。图(1)的最小值、均值与最大值为全部 43 个样本经济体的统计结果。

资料来源：基于计算而得。

行业:教育(1.180),家庭自我雇佣活动、服务(1.117),健康及社会工作(1.113)或涉外机构与组织活动[1]。此外,从图6-3的等高图还可以看出,在全球范围内,运输类服务、金融及专业服务既有较高的ID指数,也有较高的OU指数。

2014年,中国有两个服务行业的ID指数低于全球平均水平,它们是金融服务(不含保险、养老金)(1.624)、房地产(1.386),其他所有20个服务行业(不含8个数据缺失或未析出的行业)的ID指数都高于全球平均水平。中国所有22个服务行业的ID指数都高于印度。中国除了房地产之外的其他所有21个行业的ID指数都高于美国。在ID指数衡量的服务业参与GVC分工方面,中国与世界平均水平的相关性为0.511,与美国的相关性为0.499,与印度的相关性为0.517。

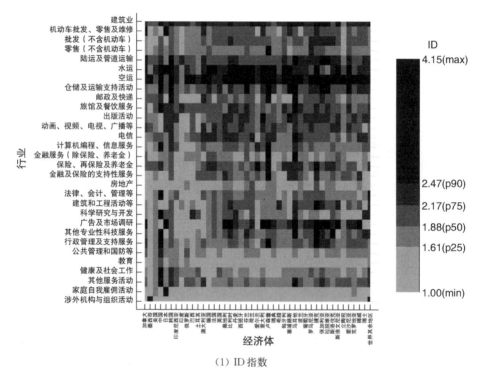

(1) ID 指数

---

[1] 有较多经济体的"家庭自我雇佣活动、服务"以及"涉外机构与组织活动"的数据缺失或未加以析出。

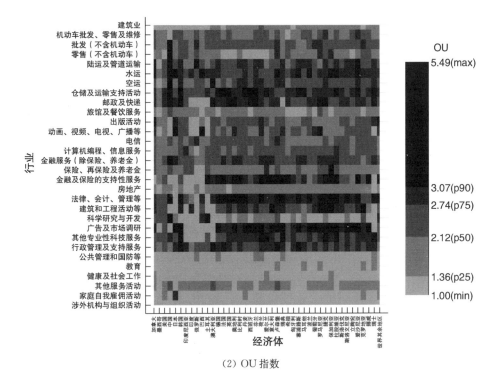

(2) OU 指数

图 6-3 2014 年服务行业参与 GVC 分工的程度：中国与其他经济体的比较

注：行业及经济体对照参见第四章表 4-3。图(1)的最小值、均值与最大值为全部 43 个样本经济体的统计结果。如果缺省值按照"0"值确定，最终得到的这些缺损部门的 ID 指数与 OU 指数将等于 1。但实际上，这些部门是缺失的。其他经济体也存在类似情况，只不过缺失的部门有所差异。

资料来源：基于计算而得。

2014 年，中国有 4 个服务行业的 OU 指数低于全球平均水平，它们是建筑业，计算机编程及相关活动、信息服务，行政管理及支持服务，公共管理和国防、强制性社会保障；其他所有 18 个服务行业（不含 8 个数据缺失或未析出的行业）的 OU 指数都高于全球平均水平。中国除计算机编程及相关活动、信息服务与行政管理及支持服务这两个行业外的其他所有 20 个服务行业的 OU 指数都高于印度。中国有 5 个服务行业的 OU 指数低于美国，即建筑业，计算机编程及相关活动、信息服务，行政管理及支持服务，公共管理和国防、强制性社会保障，教育，其他所有行业的 OU 指数则高于美国。在 OU 指数衡量的服务业参与 GVC 分工方面，中国与世界平均水平的相关性为 0.484，与美国的相关性为 0.528，与印度的相关性为 0.493。

二、中国相对于其他经济体的排序

我们按照服务行业参与 GVC 分工的程度对样本经济体进行排序(见图 6-4)。图 6-4(1)、(2)是基于 ID 指数的分析,我们可以发现:中国 ID 指数最

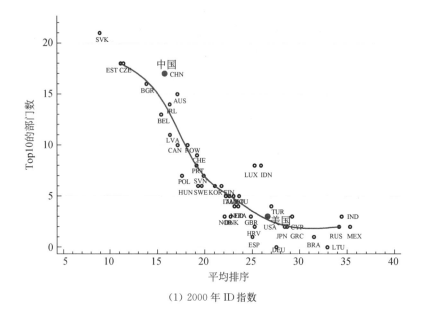

(1) 2000 年 ID 指数

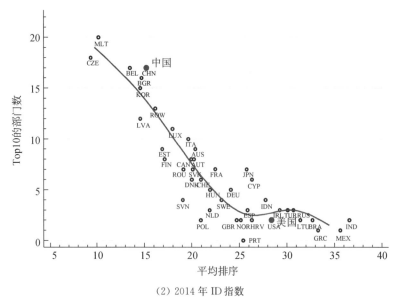

(2) 2014 年 ID 指数

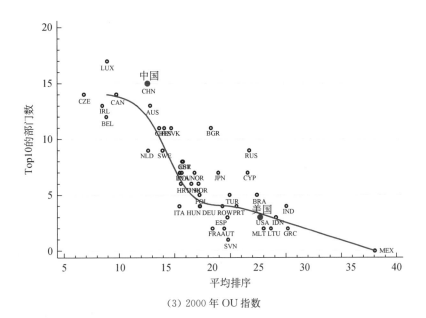

(3) 2000年OU指数

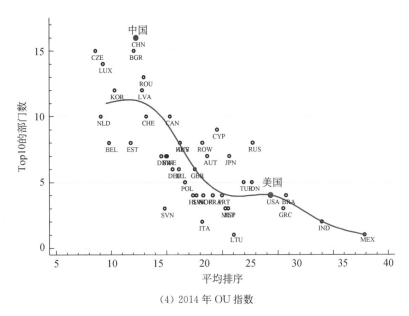

(4) 2014年OU指数

图6-4 2000—2014年各经济体服务行业参与GVC分工程度比较

注:纵轴表示一国ID指数或OU指数最高的(参与GVC分工程度最高的)前10位的行业数,横轴表示一国平均排序(按ID指数或OU指数从大到小排序)。负相关的趋势线意味着,一国拥有的参与GVC分工程度最高的前10位行业数越少,其平均排序位置就越低(参与GVC分工程度就越低)。经济体代码对照参见第四章表4-3。

资料来源:基于计算而得。

高的(GVC分工参与程度最高)前10位的行业数为17个(2000年、2014年均如此),平均排序(按GVC参与分工程度从高到低排序)在第15—16位(2000—2014年略有下降)。图6-4(3)、(4)基于OU指数的分析表明:中国OU指数最高的(GVC分工参与程度最高)前10位的行业数为15个(2000年)、16个(2014年),平均排序(按GVC参与分工程度从高到低排序)在第15—17位(2000—2014年略有上升)。

因此,无论以哪种指标衡量,中国均属于世界上服务业参与GVC分工程度最高的少数几个经济体之一(其他有捷克、比利时、卢森堡等)。同时,我们还可以看到,美国服务业参与GVC分工的程度并不高。

三、中国服务行业参与GVC分工的动态变化

动态地看(见表6-1、图6-5),2000—2014年,基于ID指数的服务业参与GVC分工程度趋于下降的服务部门有9个,即计算机编程及相关活动、信息服务,仓储及运输支持活动,邮政及快递,批发(不含机动车),零售(不含机动车),公共管理和国防、强制性社会保障,教育,房地产,其他服务活动;下降幅度最大的部门是房地产(2014年相对于2000年下降了21%)。其余的13个服务部门的ID指数趋于上升,上升幅度最大的部门是其他专业性科技服务(2014年相对于2000年上升了39%)。

表6-1 2000—2014年中国22个服务行业参与GVC分工程度的变化

	ID指数				OU指数			
	2000	2008	2014	变化(%)	2000	2008	2014	变化(%)
建筑业	3.01	3.31	3.45	14.60	1.13	1.09	1.17	2.70
批发(不含机动车)	2.38	2.01	1.99	−16.43	2.89	2.71	3.10	7.21
零售(不含机动车)	2.38	2.01	1.99	−16.43	2.89	2.70	3.10	7.20
陆运及管道运输	2.06	2.34	2.41	17.19	3.19	3.29	3.40	6.65
水运	2.44	2.57	2.66	9.00	3.42	3.41	3.59	4.70
空运	2.53	3.13	3.19	26.06	3.01	2.77	3.08	2.28
仓储及运输支持活动	2.92	2.61	2.71	−7.40	3.16	3.12	3.99	26.19
邮政及快递	2.56	2.31	2.29	−10.59	2.39	3.00	3.11	30.02

(续表)

	ID 指数				OU 指数			
	2000	2008	2014	变化(%)	2000	2008	2014	变化(%)
旅馆及餐饮服务	2.54	2.60	2.63	3.49	2.24	2.50	2.49	11.23
电信	1.87	2.00	2.01	7.25	2.72	2.49	2.39	-12.17
计算机编程及相关活动、信息服务	3.03	2.64	2.71	-10.67	2.92	1.70	1.67	-42.77
金融服务(不含保险、养老金)	1.45	1.54	1.62	11.95	3.23	3.40	3.66	13.22
保险、再保险及养老金(不含强制性社会保障)	2.36	2.67	2.42	2.73	3.65	2.90	2.71	-25.87
房地产	1.76	1.41	1.39	-21.26	1.64	1.74	1.91	16.75
法律、会计、总部服务、管理咨询	2.57	2.95	2.95	14.82	3.09	3.41	3.93	27.40
科学研究与开发	2.44	2.65	2.71	10.78	1.47	3.31	3.48	136.02
其他专业性科技服务	1.90	2.37	2.64	39.18	1.94	3.10	2.85	46.54
行政管理及支持服务	2.28	2.49	2.50	9.83	3.41	1.76	1.85	-45.87
公共管理和国防、强制性社会保障	2.37	2.21	2.22	-6.19	1.00	1.08	1.16	16.03
教育	2.24	2.18	2.14	-4.33	1.18	1.28	1.22	4.07
健康及社会工作	2.66	2.85	2.87	7.75	1.20	1.29	1.11	-7.16
其他服务活动	2.69	2.51	2.55	-5.39	2.07	2.44	2.46	19.19

注:"变化(%)"表示 2014 年相对于 2000 年的变化(2014 年数值减去 2000 年数值,再除以 2000 年数值)。如前,中国有 8 个服务行业的数据缺失或未加以析出。

资料来源:基于计算而得。

同期,基于 OU 指数的服务业参与 GVC 分工程度趋于下降的服务部门有 5 个:电信,计算机编程及相关活动、信息服务,保险、再保险及养老金(不含强制性社会保障),行政管理及支持服务,健康及社会工作;下降幅度最大的部门是行政管理及支持服务(2014 年相对于 2000 年下降了近 46%)。其余的 13 个服务部门的 OU 指数趋于上升,上升幅度最大的部门是科学研究与开发(2014 年相对于 2000 年上升了 136%)。

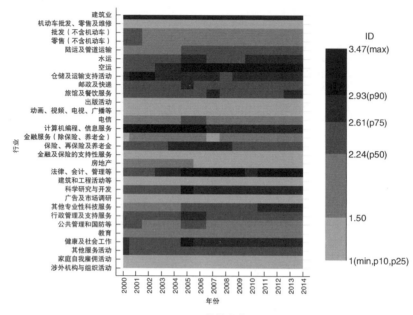

（1）ID 指数变化

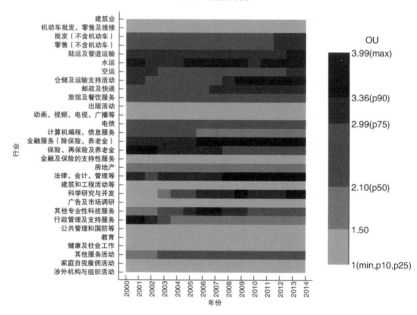

（2）OU 指数变化

图 6-5 2000—2014 年中国服务行业参与 GVC 分工程度的变化

注：行业及经济体对照参见第四章表 4-3。如果缺省值按照"0"值确定，最终得到的这些缺损部门的 ID 指数与 OU 指数将等于 1。

资料来源：基于计算而得。

综上所述,中国服务业参与全球价值链分工的程度很高,而且在2000—2014年大多数服务行业参与 GVC 分工的程度都出现了不同幅度的上升[1]。

第三节 生产性服务业的国内外增加值分解

按照前面提及的方法,我们从需求与供给两个角度进行测算。从需求或购买者的角度,我们把中国的服务行业作为购买方,计算其购买的全部增加值中的国外部分占比(FV_buy)。从供给或出售者的视角,我们把中国的服务行业作为出售方,计算其出售的全部增加值中的国外部分占比(FV_sell)[2]。

一、中国与其他经济体的比较分析

首先,从需求或使用者的角度看,2014 年,对全球平均而言,FV_buy(购买的外国增加值占比)最高的三个行业为空运(30.47%)、水运(27.63%)与建筑业(25.27%),FV_buy 最低的三个行业为房地产(10.32%)、教育(9.61%)以及涉外机构与组织活动(1.05%)或家庭自我雇佣活动、服务(0.62%)[见图 6-6(1)][3]。

从供给或出售者的角度看,FV_sell(被外国使用的增加值占比)最高的三个行业为水运(42.77%)、空运(37.54%)、仓储及运输支持活动(28.12%);FV_sell 最低的三个行业为教育(3.91%),健康及社会工作(2.25%),家庭自我雇佣活动、服务(1.78%)或涉外机构与组织活动(0)[4]。

---

[1] 如果把所有 56 个行业都考虑进去(如本章附录图 A6-1),则相对于其他经济体,中国参与全球价值链分工的程度甚至更高,因为中国的制造业比服务业更加深入地参与了 GVC 的分工。
[2] 前面已经提及,在 WIOD 数据中,中国有 8 个服务行业:机动车批发、零售及维修,出版活动,动画、视频、电视、广播等活动,金融服务及保险的支持性服务,建筑和工程活动,技术测试和分析,广告及市场调研,家庭自我雇佣活动、服务,涉外机构与组织活动的数据缺失或未加以析出。
[3] 有较多经济体的"家庭自我雇佣活动、服务"以及"涉外机构与组织活动"的数据缺失或未加以析出。
[4] 有较多经济体的"家庭自我雇佣活动、服务"以及"涉外机构与组织活动"的数据缺失或未加以析出。

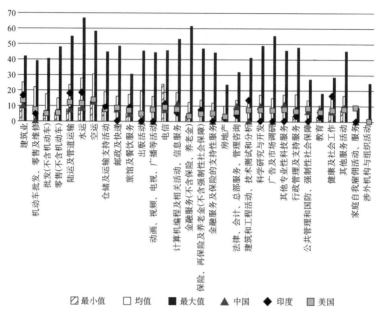

(1) 服务行业(购买方)购买的外国增加值占比(FV_buy,%)

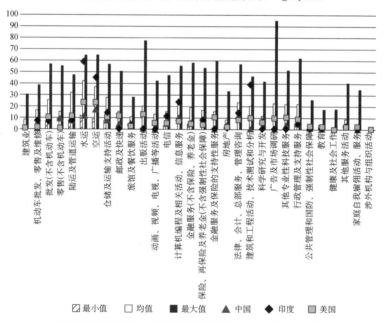

(2) 服务行业(售卖方)被外国使用的增加值占比(FV_sell,%)

图 6-6 2014 年中国服务行业的增加值分解：与其他经济体比较

注：行业及经济体对照参见第四章表 4-3。图中的最小值、均值与最大值为全部 43 个样本经济体的统计结果。

资料来源：基于计算而得。

此外,从图 6-7 的等高图还可以看出,在全球范围内,运输类服务、专业技术类服务既有较高的 FV_buy,也有较高的 FV_sell。这表明,这些服务更加深入地融入全球价值链分工,与其他经济体/行业的价值链关联程度较高。

2014 年,中国所有服务行业的 FV_buy、FV_sell 均低于全球平均水平。中国有批发(不含机动车)等 12 个服务行业的 FV_buy 比美国高,有批发(不含机动车)等 13 个行业的 FV_buy 比印度高。中国有建筑业等 9 个服务行业的 FV_sell 比美国高,有批发(不含机动车)等 12 个行业的 FV_sell 比印度高。

在 FV_buy(购买的外国增加值占比)方面,中国与世界平均水平的相关性为 0.513,与美国的相关性为 0.475,与印度的相关性为 0.358。在 FV_sell(被外国使用的增加值占比)方面,中国与世界平均水平的相关性为 0.697,与美国的相关性为 0.563,与印度的相关性为 0.623。

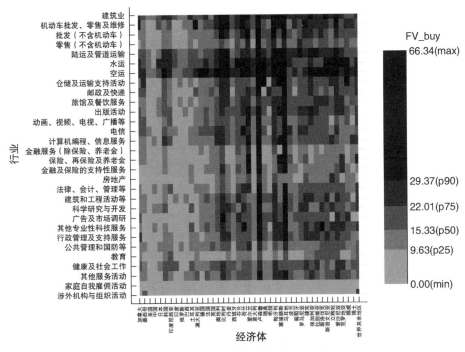

(1) FV_buy(即购买的外国增加值占比,%)

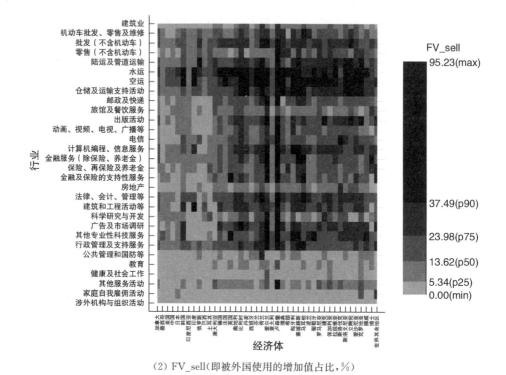

(2) FV_sell(即被外国使用的增加值占比,%)

图6-7 2014年服务行业的增加值分解:中国与其他经济体的比较

注:行业及经济体对照参见第四章表4-3。
资料来源:基于计算而得。

二、中国相对于其他经济体的排序

我们按照服务行业的 FV_buy(购买的外国增加值占比)、FV_sell(被外国使用的增加值占比)对样本经济体进行排序(见图6-8)。

图6-8(1)、(2)是基于 FV_buy(购买的外国增加值占比)的分析,我们可以发现:中国 FV_buy 最高的前10位的行业数为1个(2000年)、0个(2014年),平均排序(按购买的外国增加值占比从高到低排序)在第33—40位(从2000年到2014年略有下降)。中国属于世界上服务业外国增加值占比最低的少数几个国家之一(其他有美国、日本、印度、俄罗斯、巴西、德国、意大利等)。

图6-8(3)、(4)基于 FV_sell(被外国使用的增加值占比)的分析表明:中国 FV_sell 最高的前10位的行业数为0个(2000年)、0个(2014年),平均排序(按被外国使用的增加值占比从高到低排序)在第35—39位(2000—2014

年略有下降)。中国属于世界上服务业增加值被外国使用的部分占比最低的少数几个经济体之一(其他有美国、日本、巴西等)[1]。

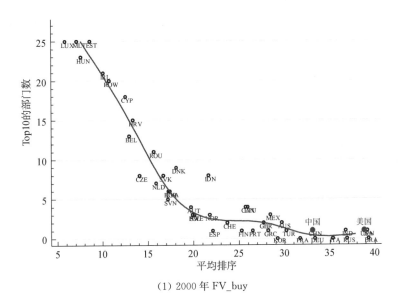

(1) 2000年 FV_buy

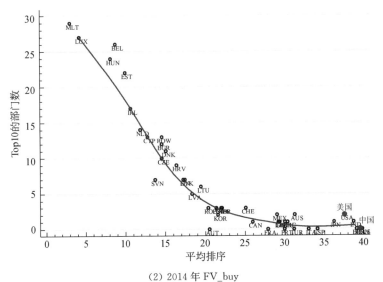

(2) 2014年 FV_buy

[1] 可以看出,经济体的经济规模越大,其服务业购买的外国增加值占比就越低,其服务业出售给外国的增加值占比也越低。这也基本符合库兹涅茨的发现,即大国的对外贸易依存度一般较低。但这里的贸易(购买与出售)则是以增加值衡量的。此外,如果把所有56个行业都考虑进去(如本章附录图 A6-2),则相对于其他经济体,中国的排序基本上没有变化。

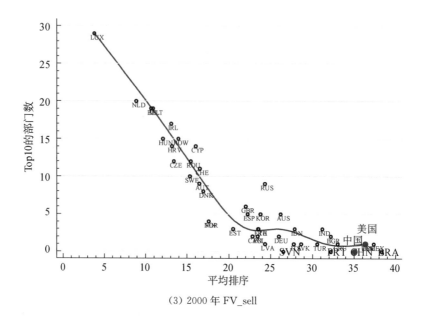

(3) 2000年 FV_sell

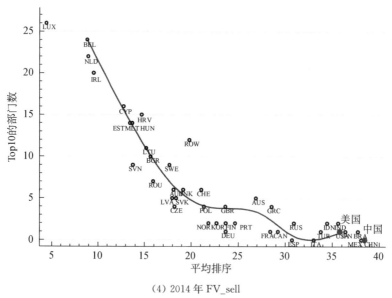

(4) 2014年 FV_sell

图 6-8　2000—2014 年各经济体服务行业的增加值分解比较

注：纵轴表示一国 FV_buy（购买的外国增加值占比）或 FV_sell（被外国使用的增加值占比）最高的前 10 位的行业数，横轴表示一国平均排序（按 FV_buy 或 FV_sell 从大到小排序）。负相关的趋势线意味着，一国拥有的 FV_buy 或 FV_sell 最高的前 10 位行业数越少，其平均排序位置就越低（FV_buy 或 FV_sell 的值就越低）。经济体代码对照参见第四章表 4-3。

资料来源：基于计算而得。

三、动态变化

动态地看(见表 6-2、图 6-9),2000—2014 年,除了空运、其他专业性科技服务之外的其他 20 个服务行业的 FV_buy 都趋于下降;下降幅度最大的

表 6-2 2000—2014 年中国 22 个服务行业的增加值分解及其变化

	FV_buy				FV_sell			
	2000	2008	2014	变化(%)	2000	2008	2014	变化(%)
建筑业	10.10	12.15	9.70	−3.98	1.13	1.14	1.44	27.87
批发(不含机动车)	9.10	8.21	5.56	−38.87	8.75	13.07	10.54	20.56
零售(不含机动车)	9.10	8.21	5.56	−38.87	8.64	12.97	10.45	21.04
陆运及管道运输	7.40	9.87	7.29	−1.36	7.24	9.51	7.73	6.73
水运	8.71	11.79	8.32	−4.52	9.97	22.58	14.09	41.43
空运	9.69	15.17	12.49	28.91	17.63	31.89	17.24	−2.23
仓储及运输支持活动	8.77	11.34	8.56	−2.45	3.89	8.31	7.60	95.27
邮政及快递	9.15	10.95	7.66	−16.27	7.04	7.88	4.85	−31.03
旅馆及餐饮服务	5.98	7.50	4.90	−18.04	6.39	8.37	5.52	−13.56
电信	11.31	11.27	7.50	−33.70	5.49	6.20	3.75	−31.65
计算机编程及相关活动、信息服务	19.07	16.49	11.58	−39.25	6.92	13.59	10.44	50.89
金融服务(不含保险、养老金)	4.97	5.62	4.56	−8.24	4.96	7.62	6.13	23.59
保险、再保险及养老金(不含强制性社会保障)	7.33	9.00	5.84	−20.38	5.97	8.02	6.93	16.02
房地产	5.63	4.75	2.82	−49.95	2.51	4.49	3.93	56.80
法律、会计、总部服务、管理咨询	14.69	13.82	9.75	−33.63	16.55	17.99	11.49	−30.53
科学研究与开发	14.80	14.56	9.65	−34.76	2.35	9.38	7.70	227.72
其他专业性科技服务	8.08	13.97	10.83	34.04	3.28	6.09	4.38	33.72

(续表)

	FV_buy				FV_sell			
	2000	2008	2014	变化(%)	2000	2008	2014	变化(%)
行政管理及支持服务	11.93	11.04	8.05	−32.52	5.88	5.14	6.31	7.31
公共管理和国防、强制性社会保障	7.74	9.16	6.88	−11.15	0.32	1.11	1.38	326.85
教育	8.34	10.35	7.29	−12.60	1.16	1.77	1.03	−11.64
健康及社会工作	7.49	9.12	6.22	−16.93	1.10	2.56	0.82	−25.40
其他服务活动	11.48	11.91	8.60	−25.11	2.07	2.44	2.46	19.19

注:"变化(%)"表示2014年相对于2000年的变化(即2014年数值减去2000年数值,再除以2000年数值)。

资料来源:基于计算而得。

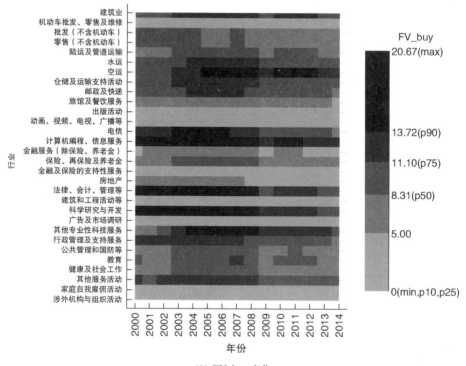

(1) FV_buy 变化

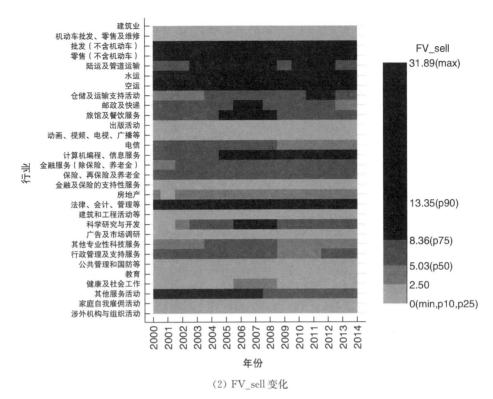

(2) FV_sell 变化

图 6-9 2000—2014 年中国服务行业的增加值分解及其变化

注：行业对照参见第四章表 4-3。

资料来源：基于计算而得。

部门是房地产（2014 年相对于 2000 年下降了 50%）。同期，FV_sell 趋于下降的服务部门有 7 个：空运，邮政及快递，旅馆及餐饮服务，电信，法律、会计、总部服务、管理咨询，教育，健康及社会工作；下降幅度最大的部门是电信（2014 年相对于 2000 年下降了近 32%）。其余的 15 个服务部门的 FV_sell 趋于上升，上升幅度最大的 2 个部门分别是公共管理和国防、强制性社会保障以及科学研究与开发（2014 年相对于 2000 年分别上升了 327%、228%）。

从表 6-2、图 6-9 还可以看出，2008 年的全球金融危机似乎是很多服务行业的 FV_buy、FV_sell 变化趋势的转折点：在此之前的时间段是趋于上升的，但之后的时间段则是趋于下降的。

综上所述，中国服务行业的 FV_buy（购买的外国增加值占比）、FV_sell（被外国使用的增加值占比）都很低；在 2000—2014 年，大多数服务行业的

FV_buy 都出现了不同程度的下降,大多数服务行业的 FV_sell 则出现了不同程度的上升。

第四节　本章主要结论与讨论

为了衡量服务业特别是生产性服务业对外开放的程度,我们既可以采用一些显性指标,如进出口相对比重;还可以使用一些隐性指标,如本章用到的 GVC 参与度、国内外增加值含量。

我们分别基于投入下游度(ID 指数)与产出上游度(OU 指数)两种指标来衡量 GVC 参与程度。ID 指数越大(小),则某行业/产品的总投入中的中间投入部分(相对于初始投入或直接增加值)所占份额就越高(低),潜在的 GVC 分工参与程度就越高(低)。OU 指数越大(小),则某行业的总产出中的中间使用部分(相对于最终使用)所占份额就越高(低),潜在的 GVC 分工参与程度就越高(低)。我们发现,以这两种指标衡量,中国服务业参与全球价值链分工的程度都很高,而且在样本时期里大多数服务行业参与 GVC 分工的水平都出现了不同程度的提升。这背后的主要机制是,越来越多的服务作为中间品(生产性服务)参与了 GVC 分工,即使这些服务是不可贸易的或可贸易性较低,或者这些服务的市场开放受到政府限制。

为了分解中国服务行业的国内外增加值含量,我们分别从需求与供给两个角度进行测算。从需求或购买者的角度,我们把中国的服务行业作为购买方,计算其购买的全部增加值中的国外部分占比(FV_buy)。从供给或出售者的视角,我们把中国的服务行业作为出售方,计算其出售的全部增加值中的国外部分占比(FV_sell)。结果表明,中国服务行业的 FV_buy(购买的外国增加值占比)、FV_sell(被外国使用的增加值占比)都很低。这与库兹涅茨的发现相一致,即大国的对外贸易依存度一般较低。但我们这里的贸易(购买与出售)则是以增加值衡量的。在样本时期里,大多数服务行业的 FV_buy 都出现了不同程度的下降,大多数服务行业的 FV_sell 则出现了不同程度的上升。这些变化既可能意味着中国服务行业国际竞争力的提升,也可能意味着中国服务市场限制性壁垒的高企。这是后面需要进一步研究的问题。

附录：

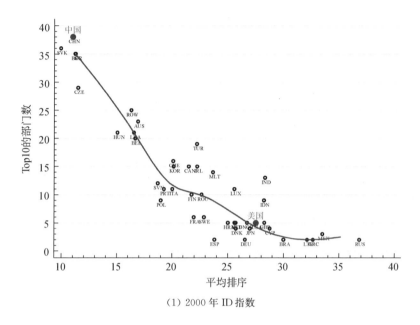

（1）2000年 ID 指数

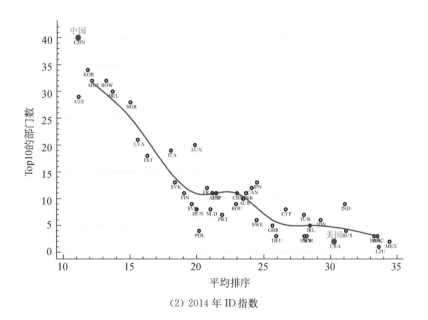

（2）2014年 ID 指数

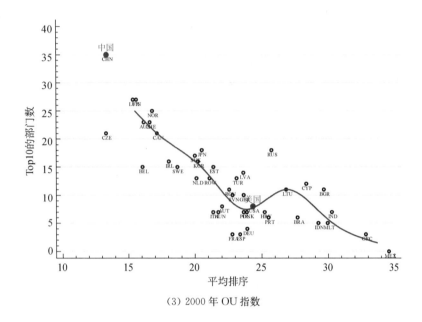

(3) 2000年OU指数

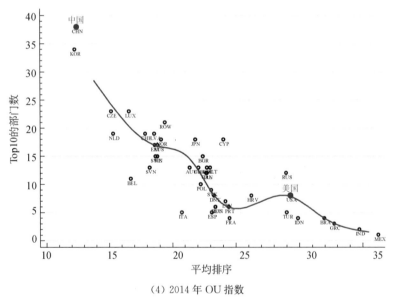

(4) 2014年OU指数

图A6-1 2000—2014年各经济体所有行业参与GVC分工程度比较

注:纵轴表示一国ID指数或OU指数最高的(参与GVC分工程度最高的)前10位的行业数,横轴表示一国平均排序(按ID指数或OU指数从大到小排序)。负相关的趋势线意味着,一国拥有的参与GVC分工程度最高的前10位行业数越少,其平均排序位置就越低(参与GVC分工程度就越低)。经济体代码对照参见第四章表4-3。

资料来源:基于计算而得。

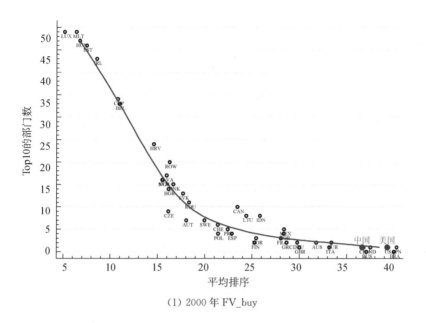

(1) 2000 年 FV_buy

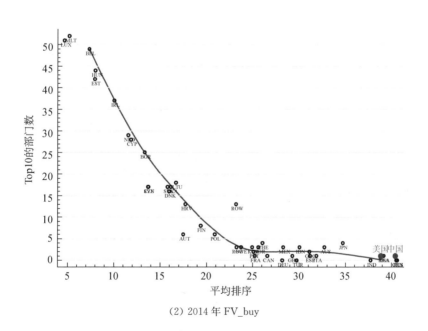

(2) 2014 年 FV_buy

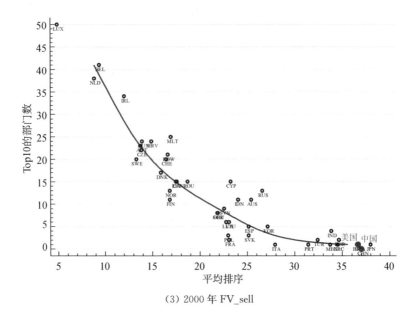

(3) 2000 年 FV_sell

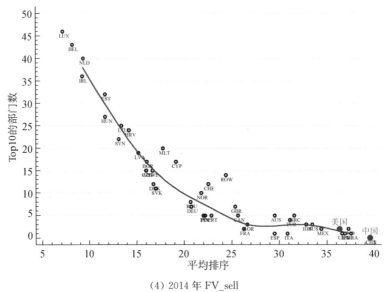

(4) 2014 年 FV_sell

图 A6-2　2000—2014 年各经济体所有行业的增加值分解比较

注：纵轴表示一国 FV_buy（购买的外国增加值占比）或 FV_sell（被外国使用的增加值占比）最高的前 10 位的行业数，横轴表示一国平均排序（按 FV_buy 或 FV_sell 从大到小排序）。负相关的趋势线意味着，一国拥有的 FV_buy 或 FV_sell 最高的前 10 位行业数越少，其平均排序位置就越低（FV_buy 或 FV_sell 的值就越低）。经济体代码对照参见第四章表 4-3。

资料来源：基于计算而得。

第 七 章
中国生产性服务业对外开放壁垒分析

服务业对外开放既是经济全球化的重要领域,也是各国经济自由化与对外开放的重点与难点。本章首先从全球的视角概括服务领域自由化的制度安排及其演进,然后基于限制性壁垒指数比较分析中国服务业特别是生产性服务业的自由化与对外开放水平。

第一节 全球服务领域自由化的制度安排及其演进

尽管第二次世界大战之后世界经济被大致划分为西方工业国家、发展中国家和计划经济国家三大区域,世界政治格局被分割为以美国和苏联为首的两大阵营,但国际货币基金组织(IMF)、世界银行以及GATT/WTO这三大支柱还是支撑起了战后相对稳定的国际经济环境,在最大程度上促进了国际经贸的自由化发展。

一、全球贸易体制与经贸新议题

在多边层面上,当今的全球多边贸易体制已经走过了70多年的历程,其结构和功能不断丰富和完善。目前,非歧视原则(包括最惠国待遇原则和国民待遇原则)、自由贸易原则、透明度原则、公平竞争原则以及鼓励发展和经济改革原则贯穿于WTO的各个协定和协议之中,构成了现代多边贸易体制的基础。更为重要的是,在GATT/WTO框架下的多轮多边谈判,使阻碍贸易自由化发展的关税与非关税措施(non-tariff measures, NTMs)持续不断地削减;这些谈判也逐渐触及"边境内措施"(behind-the-border measures),而不仅仅限于"边境上措施"(on-the-border measures)(见图 7-1)。

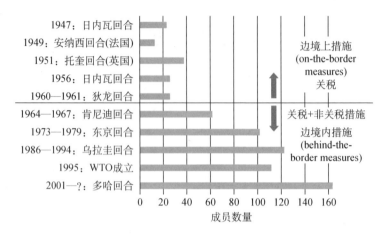

图 7-1 现代多边贸易体制的发展历程

注:主要回合谈判涉及的非关税措施(non-tariff measures)为:(肯尼迪回合)反倾销、海关估价＋(东京回合)补贴与反补贴、政府采购、进口许可、产品标准、保障措施、发展中国家的特殊和差别待遇＋(乌拉圭回合)服务、知识产权、装运前检验、原产地规则、与贸易有关的投资措施、争端解决、贸易政策的透明度与监督＋(多哈回合)贸易便利化、市场准入、规则、服务、环境等。

资料来源:根据 WTO(2007)整理而得。

进入 21 世纪,国际经贸活动中的"贸易-投资-服务"相互交织,客观上要求出台"21 世纪的贸易规则",涉及知识产权保护、投资保证、资本流动保证、人员流动以及一流基础设施(电信、网络等)的提供等方面(Baldwin,2011)。

同时,经济全球化深入发展,要求"跨边境互通互联"(cross-border interconnections),国内政策与对外经贸政策日益一体化,关于国家主权、意识形态、政治等国内诉求越来越显现。

但是,目前的多边框架不仅停滞不前,而且残缺不全。对于 WTO 成员来说,"多哈发展议程"(Doha Development Agenda,DDA)谈判陷于僵局,WTO 体制很可能因为这一局面持续下去并进一步恶化而变成"僵尸"。这样将会导致 WTO 成员出现分化:一些经济体对目前的 WTO 体制日益感到厌倦;另一些经济体则把 WTO 当作公共产品,"搭便车"和机会主义的心态日趋严重。

不仅如此,目前的多边经贸框架也是残缺的,因为迄今为止缺乏像

WTO那样的多边投资框架[1]。这些都促使有关成员寻求新的途径,特别是通过建立自由贸易区这种涉及国家少、见效快的方式来实现多边框架无法达成的目标。

在这一背景下,自20世纪90年代以来,全球范围内各种形式的优惠贸易协定(preferential trade agreement,PTA)层出不穷。这不仅表现为PTA数量的增长,也表现为PTA覆盖领域的不断扩大。目前,PTA覆盖的新领域分为两个部分(如表7-1所示):一是"WTO+"领域("WTO-plus" areas),即这些领域已经出现在目前的WTO框架里,但PTA成员不满足于现状,欲进一步深化;二是"WTO-X"领域("WTO-extra" areas),即这些领域是尚未被目前的WTO框架所解决的新领域。出现这种情况的主要原因在于由跨国公司主导、FDI推动的全球价值链分工,而且目前的全球价值链分工也是区域性的。

表7-1 超出WTO的经贸新议题与新领域

"WTO+"领域	"WTO-X"领域	
PTA工业品	反腐	健康
PTA农产品	竞争政策	人权
海关管理	环境法	非法移民
出口税	知识产权	违禁药物
卫生与动植物卫生(SPS)措施	投资措施	产业合作
国营贸易企业	劳动力市场规制	信息社会
技术性贸易壁垒	资本流动	采矿
反补贴措施	消费者保护	洗钱
反倾销	数据保护	核安全
国家援助	农业	政治对话
公共采购	立法一致性	公共管理
与贸易有关的投资措施(TRIMS)	视频	区域合作
服务贸易总协定(GATS)	民事保护	研究与技术
与贸易有关的知识产权协定(TRIPs)	创新政策	中小企业
	文化合作	社会事务

---

[1] 由于商业存在是服务贸易的主要形式之一,因此,服务业的自由化与对外开放会更多地涉及投资自由化。

(续表)

"WTO+"领域	"WTO-X"领域	
	经济政策对话	统计
	教育与培训	税收
	能源	恐怖主义
	金融援助	签证与避难

注:"WTO+"领域是指已经含在 WTO 之中,但 PTA 成员想走得更远一些。"WTO-X"领域是指 WTO 尚未明确涉及的领域。
资料来源:World Bank data。

这就意味着,在适应全球价值链分工演进方面,区域主义安排有着相对于 WTO 的诸多优势。

由于跨国投资越来越比国际贸易重要,因此,"边境内措施"越来越比"边境上措施"重要,前者涉及国民待遇、国有企业、劳工标准和人权、知识产权、环境保护、竞争政策、对等开放(reciprocal)、市场经济地位、服务市场开放等问题[1]。

二、《服务贸易总协定》(GATS)与《服务贸易协定》(TiSA)

1986 年开始的"乌拉圭回合"谈判首次将服务贸易列为新议题,其目标是:为实现服务贸易自由化,制定各缔约方普遍遵守的国际服务贸易规则。最终,各谈判方于 1994 年 4 月 15 日在摩洛哥的马拉喀什正式签署了《服务贸易总协定》(General Agreement on Trade in Services,GATS)。该协定于 1995 年 1 月 1 日与世界贸易组织(WTO)同时生效。

由于服务贸易涉及面广,情况复杂,各方的态度与要求殊异,所以,谈判并非一帆风顺。回顾谈判历程及其关注的焦点问题,有助于我们理解服务贸易自由化与服务市场开放的复杂性和艰巨性。

"乌拉圭回合"服务贸易谈判的最初关注重点涉及服务贸易的定义和范围。发展中国家要求对服务贸易作比较狭窄的界定,但美国等发达国家则坚持较为宽泛的界定,并强调"商业存在"对服务跨境贸易的重要性。

---

[1] 在新的背景下,一国贸易政策(关税与非关税措施)的制订和实施目的,不再是主要保护国内生产者免受进口竞争的影响,而是主要关注诸多公共政策(public policy)目标的实现。正如 WTO 前总干事 Pascal Lamy 所言,贸易政策措施特别是非关税措施的目的正在由"保护"(protection)转向"预防"(precaution)(WTO,2007)。

随后的谈判重点转移到透明度、逐步自由化、国民待遇、最惠国待遇、市场准入、发展中国家的更多参与、例外和保障条款以及国内规章等原则与规则在服务领域的运用等方面。各方同意建立一套服务贸易规则,以消除服务贸易谈判中的诸多障碍。

通过谈判,各方对国民待遇、最惠国待遇等原则在服务贸易领域的适用性已达成共识,但在服务部门开放列举方式上则出现了"肯定列表"(positive listing)("正面清单")和"否定列表"(negative listing)("负面清单")之争[1]。美国等发达国家提出"否定列表"方式,要求各方将目前无法实施自由化原则的部门清单列在框架协议的附录中作为保留;部门清单一经提出,便不能再增加;要承诺在一定期限内逐步减少不予开放的服务部门。发展中国家则提出"肯定列表"方式,即各方列出能够开放的服务部门清单,可随时增加开放的部门数量[2]。最后的谈判结果实际上是基本采用了"肯定列表"方式。

在解决服务部门开放清单列举方式之争后,各方的讨论开始围绕三个方面进行:协定框架(GATS 协定框架)、承诺表与部门附件。最终,各方正式签署了《服务贸易总协定》[3]。

在后"乌拉圭回合"时期(1995—2000年),服务领域的谈判主要就一些特定服务部门或项目(如金融服务、电信以及自然人流动等)达成协议。2001年11月开始的"多哈回合"将服务贸易谈判的焦点集中于如何改进市场准入、国内规章、促进最不发达国家的服务出口以及完善有关紧急保障措施、补贴和政府采购谈判规则等问题。但"多哈回合"服务贸易谈判进展缓慢,原来的 GATS 已经越来越难适应服务贸易及国际经贸发展的新形势与新趋势。

在此背景下,美国等经济体于 2011 年年底组成了所谓的"服务挚友"

---

[1] "肯定列表"(positive listing)是指减让表(schedule of commitments)对所包含的服务部门列出各方愿意接受的实际市场准入和国民待遇承诺。"否定列表"(negative listing)是指减让表包括的措施是各成员想保持的与共同规则不一致的例外。

[2] 对于服务业十分落后的发展中国家来说,知道哪些服务部门不能对外开放要比知道哪些服务部门可以对外开放难得多,所以,它们倾向于采用"肯定列表"方式。发达国家则相反。

[3] 服务贸易的承诺减让是按照"服务贸易减让表"和"最惠国豁免清单"的固定格式表现的。每一个服务部门或服务活动的减让与限制都是按照服务贸易的四种提供方式(跨境交付、境外消费、商业存在和自然人流动)作出的,具体承诺内容涉及"市场准入""国民待遇"和"附加承诺",承诺分针对所有部门的"水平承诺"和针对各个部门的"具体承诺",减让表中的承诺方式包括"没有限制""有些限制"和"不作承诺"三种。未列入减让表中的服务部门或服务活动是不作承诺的。

(Real Good Friends of Services，RGF)集团，发起了《服务贸易协定》(Trade in Services Agreement，TiSA)谈判。目前，TiSA 有 24 个成员(51 个经济体)，即澳大利亚、加拿大、智利、哥伦比亚、哥斯达黎加、中国香港、冰岛、以色列、日本、列支敦士登、毛里求斯、墨西哥、新西兰、挪威、巴基斯坦、巴拉圭、巴拿马、秘鲁、韩国、瑞士、中国台湾、土耳其、美国以及欧盟(28 国)，约占全球服务市场的 70%、占全球 GDP 的 65%。

TiSA 是一个雄心勃勃的、涵盖所有服务领域的综合性协定，它的目标是强化服务贸易规则、改进服务市场准入、扩大服务市场开放与服务贸易自由化，未来可能被多边化，并有可能取代目前的 GATS 而成为主导全球服务贸易的更高标准新规则[1]。

全球经贸体制特别是服务贸易体制的演变，对中国的服务业开放特别是生产性服务业开放，既构成了挑战也带来了机遇。中国应该密切关注这些形势的变化，加强对 TiSA(包括规则、条款、减让、机制、影响等)的研究和评估，并能设法参与进去，从而避免被边缘化，同时又能借机促进国内服务领域的改革、开放与发展[2]。

第二节 基 本 数 据

本部分主要基于 OECD 服务贸易限制指数(Services Trade Restrictiveness

---

[1] 与 GATS 相比，TiSA 有几个特点：(1)覆盖的服务领域更广泛，特别是增加了一些新领域，如数字贸易、信息服务产品(如 App Store)等。(2)自由化水平更高，比如国民待遇采用负面清单形式(清单外的所有部门都给予国民待遇)、对服务开放设置"冻结条款"(standstill clause)(一旦承诺开放，不再增加新的限制措施)和棘轮条款(ratchet clause)(取消的歧视性措施自动锁定、受到协定的约束)、实施"向前看的最惠国待遇"机制(成员方在未来缔结的双边协定中提供的优惠待遇应给予所有 TiSA 成员)。(3)纪律要求更严格，TiSA 涵盖了 GATS 的很多核心条款，又对透明度等规则进行了强化，提出了更高要求；制定了新的规则，如竞争中立(特别针对国有企业)、减少本地化要求(包括当地商业存在、当地管理层和董事会等方面要求)等。(4)承诺方式更加灵活，比如 TiSA 不受制于"一揽子加入"(single undertaking)方式(成员更易在减让方面达成一致)、"市场准入正面清单＋国民待遇负面清单"(便于成员方灵活控制自己的承诺，又能吸引外面的经济体参与)。

[2] 2013 年，中国商务部曾表达愿意参与 TiSA 谈判，但美方提出了五个评估条件：中国在与美国谈判双边投资协议(BIT)时的立场、上海自由贸易试验园区中的投资改革情况、十八届三中全会可能宣布的潜在改革政策、中国在过去谈判中是否热衷高规格服务贸易承诺以及中国是否完全执行两国电子支付服务争端的 WTO 裁决，但中国拒绝了这些评估条件。

Index，STRI)对中国的生产性服务业开放水平进行评估，同时进行国际比较分析[1]。

OECD 服务贸易限制指数(STRI 指数)于 2014 年开始构建，每年都进行更新，截至目前的样本期限为 2014—2018 年[2]。它涵盖包括中国在内的样本经济体 45 个(其中，OECD 经济体 36 个)、样本服务行业 22 个(涉及金融服务、专业服务、物流运输服务等)，合计占全球服务贸易总额的 80% 以上，占全球 GDP 总额的近 90%，因此具有很强的代表性(见表 7-2)。

STRI 指数从 0(表示对服务贸易与投资完全开放)到 1(表示对国外服务提供者完全封闭市场)计值，由 1 个综合指数以及 5 个分项指数构成；5 个分项指数分别涉及 5 个政策领域：外国准入限制(restrictions on foreign entry)(涉及外国所有权及其他市场准入条件)、人员流动限制(restrictions on the movement of people)、竞争壁垒(barriers to competition)(涉及国家所有权)、规制透明度(regulatory transparency)(涉及行政审批和要求)以及其他歧视性措施(other discriminatory measures)[3]。因此，该指数可以较为全面地提供这些经济体/服务行业的政策及规制变化的最新信息。据此，我们可以评估服务贸易受到的影响以及服务行业开放水平(或受限制程度)。

此外，考虑到近年来数字贸易(digital trade)的兴起，我们还将基于 OECD 数字服务贸易限制指数(Digital STRI)进行补充分析。该指数的样本期限也为 2014—2018 年，涵盖包括中国在内的 46 个经济体(其中有 44 个国家与前面的 STRI 指数样本国家重合)(见表 7-2)。该指数也是从 0(表示对服务贸易与投资完全开放)到 1(表示对国外服务提供者完全封闭市场)计值，由 1 个综合指数以及 5 个分项指数构成；5 个分项指数分别涉及 5 个方面

---

[1] 早期也有研究(如盛斌，2002；程大中，2003)曾使用频率/覆盖率方法测算中国在"入世"之时承诺的服务部门开放水平。但中国"入世"已经将近 20 年了，时过境迁，我们不能基于当初做出的承诺来判断目前中国服务业特别是生产性服务业的开放水平。

[2] 详见 Geloso Grosso, M., Frederic Gonzales, Sébastien Miroudot, Hildegunn Kyvik Nordås, Dorothée Rouzet, and Asako Ueno, 2015, "Services Trade Restrictiveness Index (STRI): Scoring and Weighting Methodology", OECD Trade Policy Papers, No. 177, OECD Publishing, Paris.

[3] 各自权重与构成参见 Geloso Grosso, M., Frederic Gonzales, Sébastien Miroudot, Hildegunn Kyvik Nordås, Dorothée Rouzet, and Asako Ueno, 2015, "Services Trade Restrictiveness Index (STRI): Scoring and Weighting Methodology", OECD Trade Policy Papers, No. 177, OECD Publishing, Paris.

表 7-2 STRI 指数涵盖的样本经济体与行业

国家代码	国家	国家代码	国家	服务行业	英文代码	行业英文名称
AUS	澳大利亚	BRA	巴西	金融服务		
AUT	奥地利	CHN	中国	商业银行	banking	commercial banking
BEL	比利时	COL	哥伦比亚	保险	insurance	insurance
CAN	加拿大	CRI	哥斯达黎加	视听服务		
CHL	智利	IND	印度	动画	motion	motion pictures
CZE	捷克	IDN	印度尼西亚	广播	broadcasting	broadcasting
DNK	丹麦	MYS	马来西亚#	录音	recording	sound recording
EST	爱沙尼亚	RUS	俄罗斯	专业服务		
FIN	芬兰	ZAF	南非	会计	accounting	accounting
FRA	法国	ARG	阿根廷*	建筑设计	architecture	architecture
DEU	德国	SAU	沙特阿拉伯*	工程	engineering	engineering
GRC	希腊			法律	legal	legal
HUN	匈牙利			运输物流		
ISL	冰岛			物流-货物装卸	logi cargo	logistics cargo-handling
IRL	爱尔兰			物流-仓储	logi store	logistics storage and warehouse
ISR	以色列			物流-货代	logi freight	logistics freight forwarding
ITA	意大利			物流-报关	logi customs	logistics customs brokerage
JPN	日本			空运	air	air transport
KOR	韩国			海运	maritime	maritime transport
LVA	拉脱维亚			陆路货运	road freight	road freight transport
LTU	立陶宛			铁路货运	rail freight	rail freight transport
LUX	卢森堡			快递	courier	courier
MEX	墨西哥			分销	distribution	distribution
NLD	荷兰					
NZL	新西兰			电信	telecom	telecom
NOR	挪威			计算机	computer	computer
POL	波兰			建筑	construction	construction
PRT	葡萄牙			数字服务+	digital	digital services
SVK	斯洛伐克					
SVN	斯洛文尼亚					
ESP	西班牙					
SWE	瑞典					
CHE	瑞士					
TUR	土耳其					
GBR	英国					
USA	美国					

注：*、+表示仅为数字服务贸易限制指数的样本经济体/行业；#表示仅为 STRI 指数的样本经济体；其他经济体为这两个指数的共同样本经济体(44 个)。在后面的数据处理时,我们有时会用到相应的国家与行业代码。

资料来源：基于 OECD 服务贸易限制指数数据库。

的政策限制或壁垒,即电子交易(electronic transactions)、基础设施和互通互联(infrastructure and connectivity)、知识产权(intellectual property rights)、支付系统(payment system)以及其他影响数字服务贸易的壁垒(other barriers affecting trade in digitally enabled services)。因此,该指数可以较为全面地提供这些样本经济体在数字服务贸易方面的政策及规制变化的最新信息。据此,我们可以专门评估数字服务贸易受到的影响以及数字服务行业的开放水平(或受限制程度)。

需要强调的是,基于第四章的分析,我们可以知道,无论是 STRI 指数涉及的 22 个服务部门,还是 Digital STRI 指数专门涉及的数字服务部门,它们在服务业中都是最具有生产性服务特点的行业,具有很强的代表性。我们在下面的分析中未必特别区分生产性服务业与细分服务行业[1]。

第三节 总体限制性壁垒分析

图 7-2 显示,2018 年全球平均限制性壁垒最高的三个行业为空运(0.423)、法律(0.384)与会计(0.326),限制性壁垒最低的三个行业为数字服务(0.184)、分销(0.196)与视听服务中的录音服务(0.209)。

中国除建筑设计之外的其他所有服务行业的限制性壁垒均高于全球平均水平[图 7-2 的等高图(2)显示大多数部门的限制性壁垒指数都在第 75 百分位以上],其中,广播、快递、动画、录音、电信、数字服务这六个行业的限制性壁垒是全球最高的。中国除空运、海运之外的其他所有服务行业的限制性壁垒均高于美国。中国有会计等 14 个行业的限制性壁垒比印度低,其他 9 个行业(如广播等)的限制性壁垒则比印度高。

在服务市场的总体限制性壁垒方面,中国与世界平均水平的相关性为 0.328,与美国的相关性为 0.158,与印度的相关性为 0.175。这意味着,如果其他经济体在特定行业上的限制性壁垒较高,中国在相应行业的限制性壁垒也会较高。

---

[1] 关于各服务部门的界定,可参见 Geloso Grosso, M., Frederic Gonzales, Sébastien Miroudot, Hildegunn Kyvik Nordås, Dorothée Rouzet, and Asako Ueno, 2015, "Services Trade Restrictiveness Index (STRI): Scoring and Weighting Methodology", OECD Trade Policy Papers, No. 177, OECD Publishing, Paris.

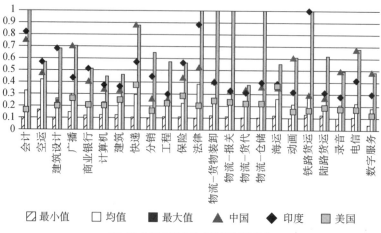

(1) 23个服务行业的总体限制性壁垒

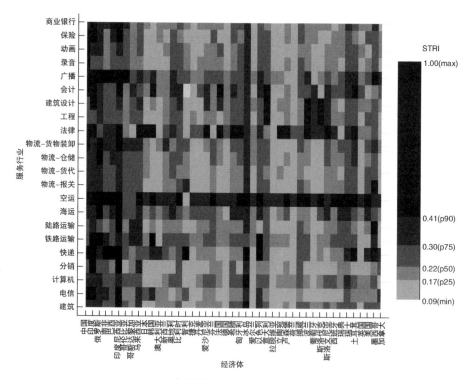

(2) 22个服务行业的总体限制性壁垒比较

图7-2 2018年服务行业的总体限制性壁垒：中国与其他经济体比较

注：行业及经济体对照参见表7-2。图(1)的最小值、均值与最大值为全部样本经济体(对数字服务而言，样本经济体为46个)的统计结果。图(2)不含数字服务部门。

资料来源：基于计算而得。

图7-3进一步按服务行业的总体限制性壁垒对样本经济体进行排序比较。可以看出,中国的总体限制性壁垒最低的(STRI指数最小的)前10位行业数为0,平均排序(按STRI指数从小到大排序)在第40位左右(从2014到2018年基本没有变化)。中国属于世界上服务市场限制性壁垒最高的少

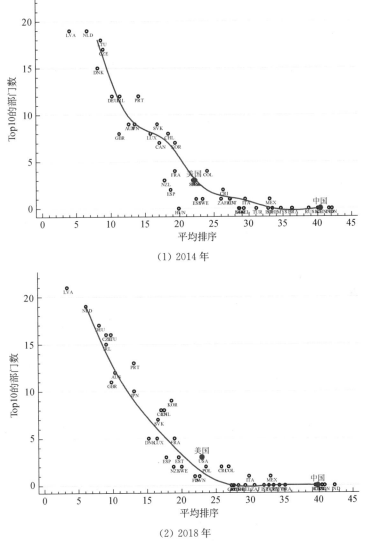

图7-3 2014—2018年各经济体的总体限制性壁垒比较

注:纵轴表示一国总体限制性壁垒最低的(STRI指数最小的)前10位的行业数(不含数字服务),横轴表示一国平均排序(按STRI指数从小到大排序)。负相关的趋势线意味着,一国拥有的总体限制性壁垒最低的前10位行业数越少,其平均排序位置就越低(总体限制性壁垒越高)。经济体代码对照参见表7-2。

资料来源:基于计算而得。

数几个经济体之一(其他有印度、印度尼西亚、俄罗斯、冰岛等)。

负相关的趋势线意味着，一国拥有的总体限制性壁垒最低的前10位行业数越少，其平均排序位置就越低(总体限制性壁垒越高)。总之，中国生产性服务市场的总体开放程度非常低。

我们想进一步观察中国各生产性服务行业所受限制程度的动态演变。图7-4表明，2014—2018年，总体限制性壁垒不降反升的行业多达13个，即包括会计、空运、广播、计算机、快递、法律、物流-报关、物流-货代、物流-仓储、动画、录音、电信以及数字服务，而限制性壁垒下降的行业只有10个，因此，平均限制性壁垒是趋于上升的。快递、广播与会计是中国的总体限制性壁垒最高的三个行业。

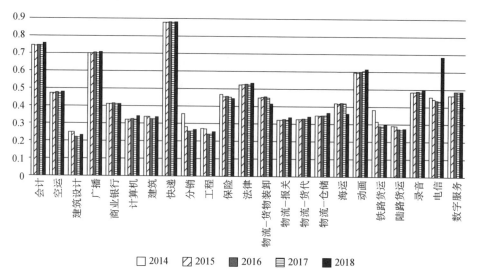

图7-4　2014—2018年中国23个服务行业的总体限制性壁垒变化

资料来源：基于计算而得。

第四节　分项限制性壁垒分析

通过分析分项STRI指数，我们可以探究不同的政策或规制壁垒所起的作用[1]。首先观察一下中国各服务行业的分项限制性壁垒及其变化。

---

[1] 5个分项指数的值加总等于总体指数的值。

图 7-5 显示,对于绝大多数行业而言,外国准入限制是最为关键的限制性壁垒;就电信而言,竞争壁垒是最重要的;规制透明度对物流服务是非常重要的。

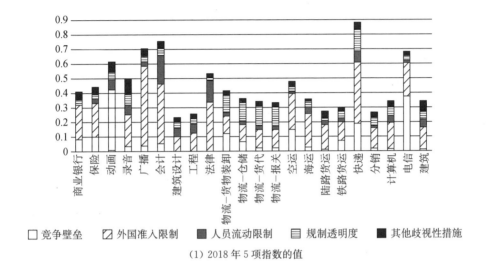

(1) 2018 年 5 项指数的值

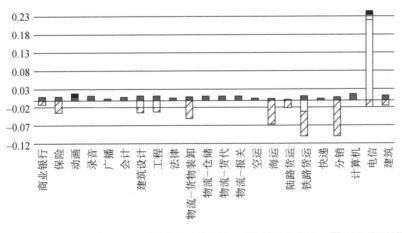

(2) 2018 年相对于 2014 年的变化

图 7-5　中国各服务行业的分项限制性壁垒及其变化

注:5 个分项指数的值加总等于前面分析的总体指数值。2018 年相对于 2014 年的变化是指 2018 年的指数减去 2014 年的指数。

资料来源:基于计算而得。

2014—2018年,对所有行业而言,规制透明度都是趋于恶化的,人员流动限制与其他歧视性措施有增无减。竞争壁垒只是在建筑设计、工程、铁路货运三个行业有所下降,在其他行业则是增加的,尤其表现在电信行业,增加幅度非常大。外国准入限制壁垒下降的行业有11个,分别是商业银行、保险、建筑设计、工程、物流-货物装卸、海运、陆路货运、铁路货运、分销、电信、建筑。

因此,结合前面的分析,我们可以判断,中国服务行业的限制性壁垒不仅很高,而且很多行业还趋于恶化。

一、竞争壁垒

2018年,对全球平均而言,竞争壁垒(barriers to competition)最高的三个行业为空运(0.127)、铁路货运(0.085)与快递(0.072),竞争壁垒最低的三个行业为工程(0.008)、动画(0.008)与建筑设计(0.01)(见图7-6)。

中国除工程、动画、建筑设计、法律、陆路货运、分销、铁路货运这7个部门之外的其他所有服务行业的竞争壁垒均高于全球平均水平[图7-6的等高图(2)显示这些部门的竞争壁垒指数均在第75百分位以上],其中,商业银行、会计、快递、电信这四个行业的竞争壁垒是全球最高的。中国除陆路货运、建筑设计、工程之外的其他所有服务行业的竞争壁垒均高于美国。中国有保险等6个行业的竞争壁垒比印度低,有6个行业(如动画)的竞争壁垒与印度持平,其他10个行业(如商业银行等)的竞争壁垒则比印度高。

在服务市场的竞争壁垒方面,中国与世界平均水平的相关性为0.672,与美国的相关性为0.634,与印度的相关性为0.529。

如果按服务行业的竞争壁垒对样本国家进行排序(见图7-7),则可以发现:中国竞争壁垒最低的(竞争壁垒指数最小的)前10位的行业数为0个(2014年)和2个(2018年),平均排序(按竞争壁垒指数从小到大排序)在第31—34位(从2014—2018年略有上升)。中国属于世界上服务市场竞争壁垒最高的少数几个国家之一(其他有印度、俄罗斯、冰岛等)。同时,我们还可以看到,美国服务市场的竞争壁垒很低。

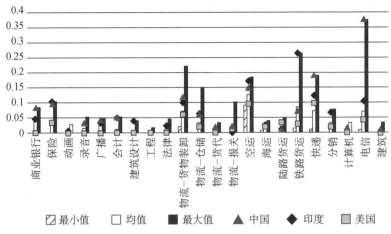

(1) 22个服务行业的竞争壁垒

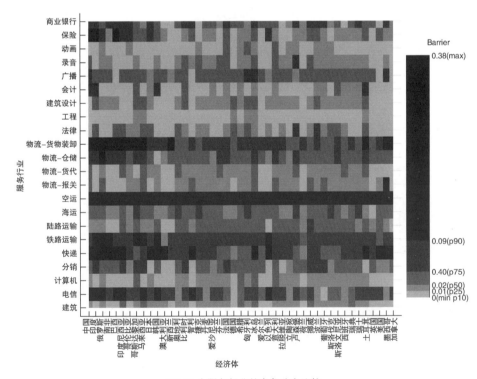

(2) 22个服务行业的竞争壁垒比较

图 7-6 2018年服务行业的竞争壁垒：中国与其他经济体的比较

注：行业及经济体对照参见表7-2。图(1)的最小值、均值与最大值为全部45个样本经济体的统计结果。

资料来源：基于计算而得。

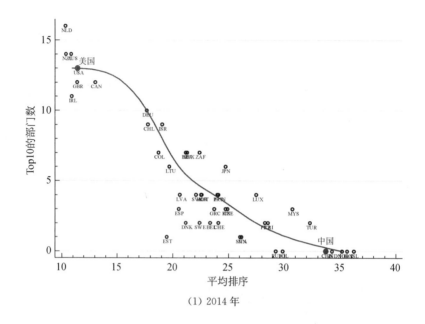

(1) 2014年

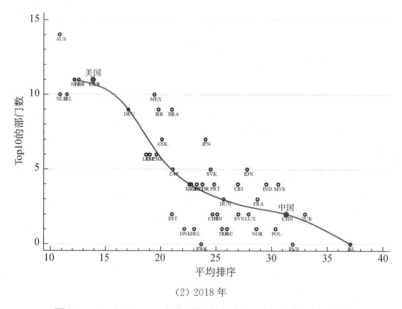

(2) 2018年

图 7-7 2014—2018 年各经济体服务行业的竞争壁垒比较

注:纵轴表示一经济体竞争壁垒最低的(竞争壁垒指数最小的)前10位的行业数,横轴表示一经济体平均排序(按竞争壁垒指数从小到大排序)。负相关的趋势线意味着,一经济体拥有的竞争壁垒最低的前10位行业数越少,其平均排序位置就越低(竞争壁垒就越高)。经济体代码对照参见表7-2。

资料来源:基于计算而得。

动态地看,2014—2018年,只有建筑设计、工程、铁路货运的竞争壁垒是下降的,其他部门的竞争壁垒要么维持不变,要么趋于上升。电信服务部门的竞争壁垒在2018年突然上升了很多,由2014年的0.157升至2018年的0.376[1]。这使得中国的总体竞争壁垒趋于上升。此外,我们还可以看到,中国竞争壁垒较高的服务部门主要是快递、空运、电信、物流-货物装卸以及商业银行和保险(见图7-8)。

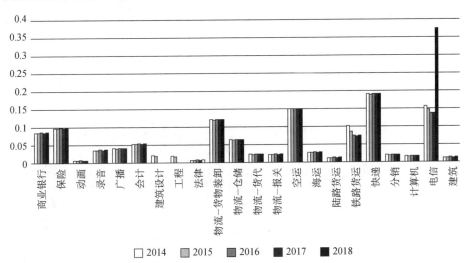

图7-8　2014—2018年中国22个服务行业的竞争壁垒变化

资料来源:基于计算而得。

二、外国准入限制

2018年,就全球平均而言,空运(0.23)、广播(0.192)与法律(0.171)是外国准入限制(restrictions on foreign entry)最严格的三个行业,外国准入限制最宽松的三个行业为工程(0.056)、计算机(0.056)与录音(0.039)(见图7-9)。

中国所有服务行业的外国准入限制均严于全球平均水平[图7-9的等高图(2)显示绝大多数部门的外国准入限制指数均在第75百分位以上],其中,动画、录音、广播、快递、计算机和电信这六个行业的外国准入限制是全球最严的。中国除空运、海运之外的其他所有服务行业的外国准入限制均严于美

---

[1] 这其中的可能原因是,电信部门涉及信息传输以及宣传、意识形态等所谓的敏感领域,受到政治与意识形态氛围的影响很大。

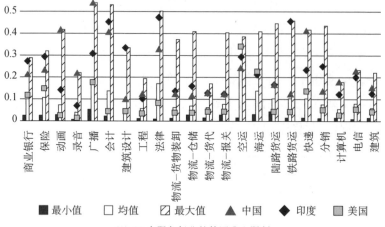

(1) 22个服务行业的外国准入限制

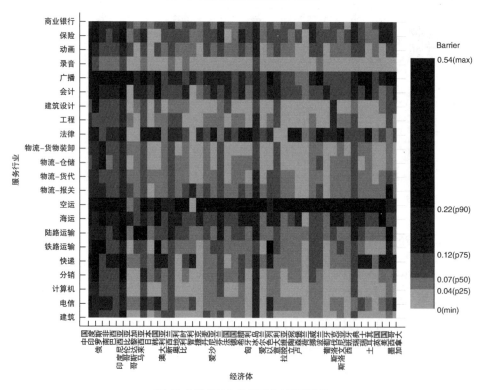

(2) 22个服务行业的外国准入限制比较

图 7-9 2018年服务行业的外国准入限制：中国与其他经济体的比较

注：行业及经济体对照参见表 7-2。图(1)的最小值、均值与最大值为全部 45 个样本经济体的统计结果。

资料来源：基于计算而得。

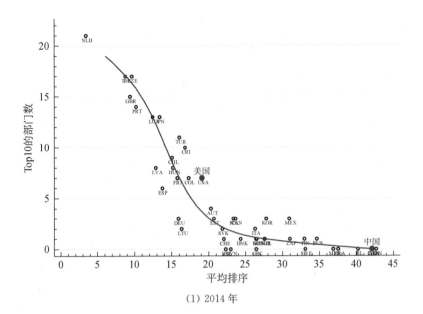

(1) 2014年

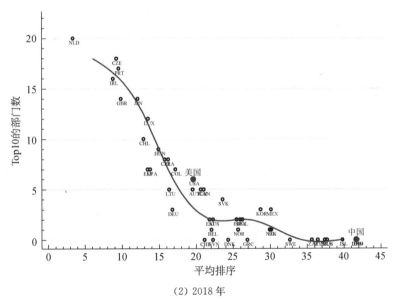

(2) 2018年

图 7-10 2014—2018 年各经济体服务行业的外国准入限制比较

注:纵轴表示一国外国准入限制程度最低的(外国准入限制指数最小的)前 10 位行业数,横轴表示一国平均排序(按外国准入限制指数从低到高排序)。负相关的趋势线意味着,一国拥有的外国准入限制程度最低的前 10 位行业数越少,其平均排序位置就越低(外国准入限制就越严)。经济体代码对照参见表 7-2。

资料来源:基于计算而得。

国。中国有商业银行等10个行业的外国准入限制比印度宽松,有3个行业即物流-货代、物流-报关、陆路货运的外国准入限制程度与印度持平,其他9个行业(如动画等)的外国准入限制比印度严格。

在服务市场的外国准入限制方面,中国与世界平均水平的相关性为0.569,与美国的相关性为0.341,与印度的相关性为0.344。

图7-10进一步按服务行业的外国准入限制壁垒对样本国家进行排序比较。可以看出,中国的外国准入限制最宽松的(外国准入限制指数最小的)前10位行业数为0,平均排序(按外国准入限制指数从小到大排序)在第42位左右(2014—2018年几乎没有变化)。中国属于世界上服务市场外国准入限制程度最高的少数几个国家之一(其他有印度、印度尼西亚、冰岛等)。

图7-11的动态分析表明,2014—2018年,有50%的服务部门(包括商业银行、保险、建筑设计、工程、物流-货物装卸、海运、陆路货运、铁路货运、分销、电信及建筑等11个部门)的外国准入限制程度是下降的,但其他部门的外国准入限制基本维持不变。广播是外国准入限制程度最高的部门[1],其次是动画、快递、会计、法律等。

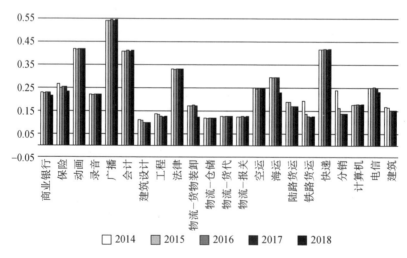

图7-11 2014—2018年中国22个服务行业的外国准入限制变化

资料来源:基于计算而得。

---

[1] 广播与政治、意识形态息息相关。

三、人员流动限制

图 7-12 显示,2018 年,全球平均而言,人员流动限制程度(restrictions

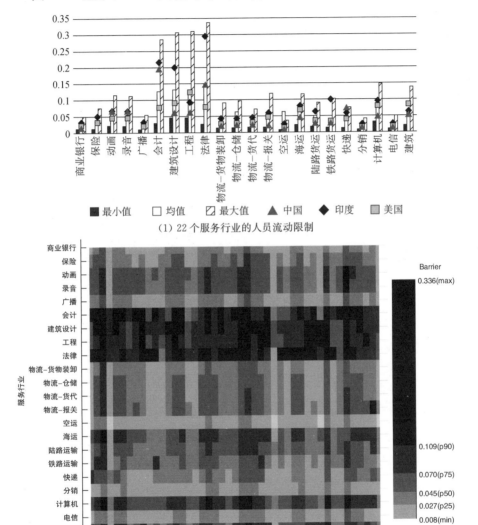

图 7-12 2018 年服务行业的人员流动限制:中国与其他经济体的比较

注:行业及经济体对照参见表 7-2。图(1)的最小值、均值与最大值为全部 45 个样本经济体的统计结果。
资料来源:基于计算而得。

on the movement of people)最高的三个行业为法律(0.151)、建筑设计(0.131)与会计(0.126),人员流动限制程度最低的三个行业为电信(0.024)、分销(0.022)与空运(0.020)。

中国只有动画、录音、广播、会计、快递这5个部门的人员流动限制程度高于全球平均水平,其中,快递的人员流动限制程度是全球最高的,其他17个行业则低于全球平均水平[图7-12的等高图(2)显示这些部门的人员流动限制指数在第50百分位以下]。中国除动画、录音、广播、会计、法律、快递之外的其他所有服务行业的人员流动限制程度均低于美国。中国除快递、动画、录音、广播之外的其他所有服务行业的人员流动限制程度均低于印度。

在服务市场所遭受的人员流动限制方面,中国与世界平均水平的相关性为0.782,与美国的相关性为0.565,与印度的相关性为0.824。

如果按服务行业的人员流动限制对样本国家进行排序(见图7-13),则可以看出:中国的人员流动限制最低的(人员流动限制指数最小的)前10位行业有7个(2014年)和8个(2018年),平均排序(按人员流动限制指数从小到大排序)在第16—17位(2014—2018年基本没有变化)。中国属于世界上服务市场人员流动限制程度中等偏宽松的国家,比美国要宽松。美国的人员流动限制最低的前10位行业有1个(2014年)和2个(2018年),平均排序在第20位左右(样本期间趋于上升)。

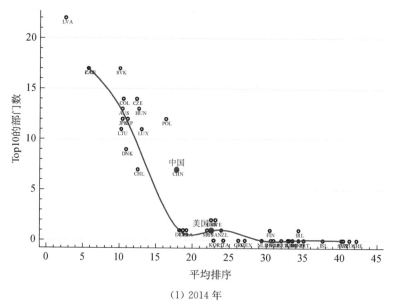

(1) 2014年

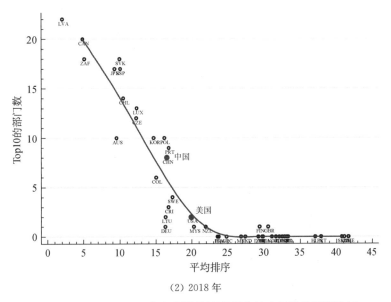

(2) 2018年

图7-13 2014—2018年各经济体服务行业的人员流动限制比较

注：纵轴表示一国的人员流动限制程度最低的（人员流动限制指数最小的）前10位行业数，横轴表示一国平均排序（按人员流动限制指数从小到大排序）。负相关的趋势线意味着，一国拥有的人员流动限制最宽松的前10位行业数越少，其平均排序位置就越低（人员流动限制就越严）。

资料来源：基于计算而得。经济体代码对照参见表7-2。

图7-14表明，2014—2018年，只有电信部门的人员流动限制程度是上升的，其他部门基本保持不变。会计是受到人员流动限制最严的服务部门，其次是法律和快递。

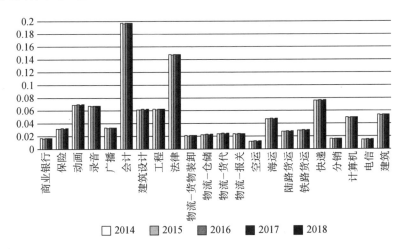

图7-14 2014—2018年中国22个服务行业的人员流动限制变化

资料来源：基于计算而得。

四、规制透明度

2018年,全球平均而言,规制透明度(regulatory transparency)最低(限制指数最高)的三个行业为物流-报关(0.083)、物流-货代(0.080)与物流-仓储(0.079),规制透明度最高(限制指数最低)的三个行业为海运(0.024)、空运(0.021)与陆路货运(0.014)(见图7-15)。

中国除商业银行、保险、建筑设计、工程、法律、铁路货运、计算机、建筑这8个部门之外的其他所有服务行业的规制透明度均低于全球平均水平[图7-15的等高图(2)显示这些部门的规制透明度指数均在第50百分位以上],其中,快递行业的规制透明度是全球最低的。

中国除保险之外的其他所有服务行业的规制透明度均低于美国。中国有物流-货物装卸、物流-仓储、物流-货代、物流-报关、快递等5个行业的规制透明度比印度低,其他17个行业的规制透明度则比印度高。

在服务市场的规制透明度方面,中国与世界平均水平的相关性为0.880,与美国的相关性为0.914,与印度的相关性为0.686。

我们进一步按服务行业的规制透明度对样本国家进行排序(见图7-16),结果表明:中国的规制透明度最高的(规制透明度指数最小的)前10位行业数有5个(2014年)和0个(2018年),平均排序(按规制透明度指数

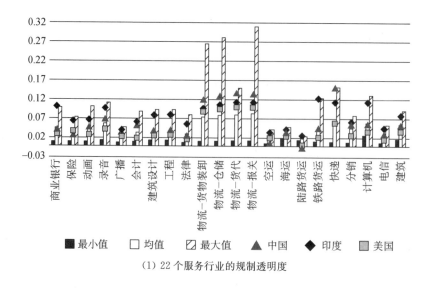

(1) 22个服务行业的规制透明度

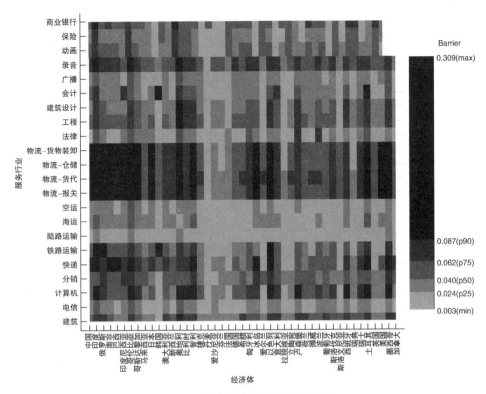

(2) 22个服务行业的规制透明度比较

图 7-15 2018年服务行业的规制透明度：中国与其他经济体的比较

注：行业及经济体对照参见表7-2。图(1)的最小值、均值与最大值为全部45个样本经济体的统计结果。

资料来源：基于计算而得。

从小到大排序)在第23—31位(2014—2018年排位趋于下降)。中国服务市场的规制透明度在恶化,到2018年中国成为世界上服务市场规制透明度最低的国家之一(其他有印度、墨西哥、俄罗斯、土耳其、智利等)。

最后观察规制透明度的动态演变。图7-17显示,2014—2018年,中国所有服务部门的规制透明度都趋于下降(指数在上升)。此外,还可以看到,快递是规制透明度最低的服务部门,其次主要是物流服务(包括四个分部门)。

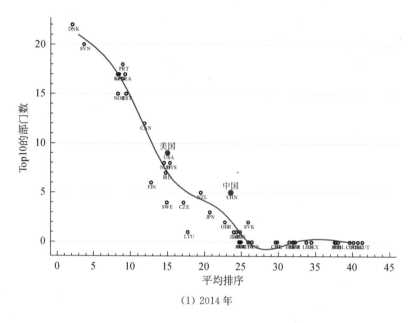

(1) 2014年

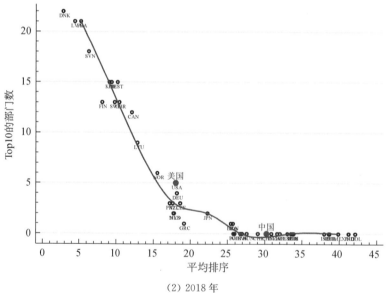

(2) 2018年

图7-16 2014—2018年各经济体服务行业的规制透明度比较

注：纵轴表示一国的规制透明度最高的（规制透明度限制指数最小的）前10位行业数，横轴表示一国平均排序（按规制透明度限制指数从小到大排序）。负相关的趋势线意味着，一国拥有的规制透明度最高的前10位行业数越少，其平均排序位置就越低（规制透明度就越低）。经济体代码对照参见表7-2。

资料来源：基于计算而得。

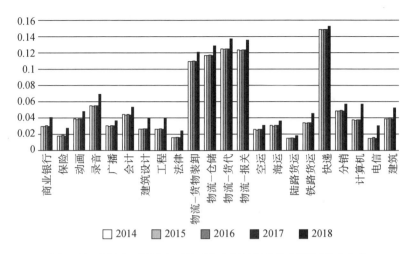

图 7-17 2014—2018 年中国 22 个服务行业的规制透明度变化
资料来源:基于计算而得。

五、其他歧视性措施

图 7-18 显示,2018 年,就全球平均而言,建筑(0.044)、录音(0.042)与动画(0.035)是其他歧视性措施壁垒(other discriminatory measures)最高的三个行业,其他歧视性措施壁垒最低的三个行业为物流-货物装卸(0.017)、海运(0.017)与会计(0.016)。

中国所有服务行业所遭受的其他歧视性措施壁垒均高于全球平均水平(图 7-18 的等高图(2)显示所有部门的其他歧视性措施指数均在第 50 百分位以上),其中,保险、录音、广播、会计、快递这五个行业的其他歧视性措施壁垒是全球最高的。

中国在商业银行、保险、动画、录音、广播、会计、快递这 7 个部门的其他歧视性措施壁垒高于美国,其他行业则低于美国。中国在动画、录音、广播这三个行业的其他歧视性措施壁垒比印度高,其他行业则比印度低或与印度持平。

在服务市场受到的其他歧视性措施方面,中国与世界平均水平的相关性为 0.857,与美国的相关性为 0.708,与印度的相关性为 0.430。

图 7-19 进一步按服务行业的其他歧视性措施对样本国家进行排序。可以看出,中国的其他歧视性措施壁垒最低的(其他歧视性措施指数最小的)

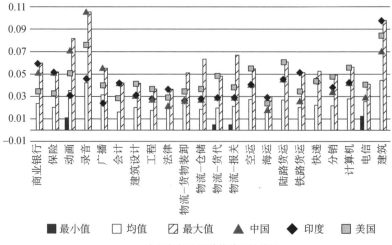

(1) 22个服务行业的其他歧视性措施

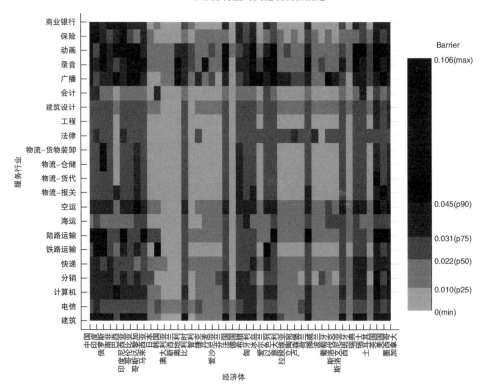

(2) 22个服务行业的其他歧视性措施比较

图 7-18　2018 年服务行业的其他歧视性措施：中国与其他经济体的比较

注：行业及经济体对照参见表 7-2。图(1)的最小值、均值与最大值为全部 45 个样本经济体的统计结果。

资料来源：基于计算而得。

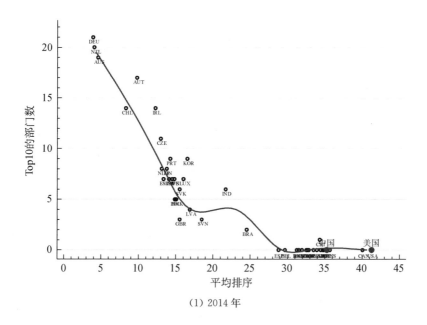

(1) 2014 年

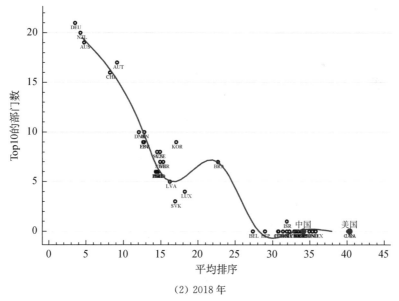

(2) 2018 年

图 7-19 2014—2018 年各经济体服务行业的其他歧视性措施比较

注：纵轴表示一国的其他歧视性措施最少的（其他歧视性措施指数最小的）前 10 位的行业数，横轴表示一国平均排序（按其他歧视性措施指数从小到大排序）。负相关的趋势线意味着，一国拥有的其他歧视性措施壁垒最低的前 10 位行业数越少，其平均排序位置就越低（其他歧视性措施壁垒就越高）。经济体代码对照参见表 7-2。

资料来源：基于计算而得。

前10位行业数为0,平均排序(按其他歧视性措施指数从小到大排序)在第35位左右(2014—2018年基本没有变化)。中国属于世界上服务市场遭受其他歧视性措施壁垒最高的少数几个国家之一(其他有印度、美国、加拿大等)。美国的其他歧视性措施壁垒最低的(其他歧视性措施指数最小的)前10位行业数为0,平均排序在第40位左右(样本期间基本没有变化)。中国相对于美国的排序略靠前。

图7-20的动态分析表明,2014—2018年,中国所有行业的其他歧视性措施要么维持不变,要么趋于上升(主要是动画与电信两个部门)。录音是遭受其他歧视性措施壁垒最高的服务部门,其次主要是建筑、动画、广播等。

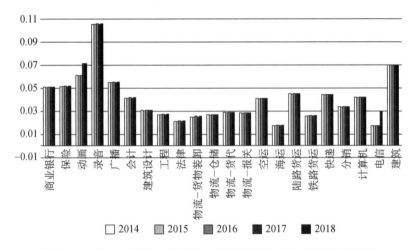

图7-20 2014—2018年中国22个服务行业的其他歧视性措施变化

资料来源:基于计算而得。

六、数字服务的分项限制性壁垒

中国的数字服务贸易壁垒总指数是46个样本经济体中最高的,而且在样本时期里不降反升(见图7-21、图7-22)。数字服务贸易壁垒总指数包括五项分指数,涉及电子交易、基础设施和互通互联、知识产权、支付系统以及其他限制性壁垒。

由图7-22(1)可知,对绝大多数样本国家而言,基础设施和互通互联壁垒是五项壁垒中最重要的,其次是电子交易壁垒及其他限制性壁垒。

中国数字服务贸易壁垒总指数的上升主要是由其他限制性壁垒的上升导致的,另外四项分指数基本保持不变[见图7-22(2)]。

对总指数出现大幅变化(上升或下降)的国家而言(如阿根廷、奥地利、墨西哥等),基础设施和互通互联壁垒的变化则是主因。

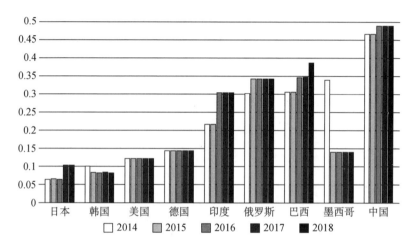

图7-21　2014—2018年中国的数字服务贸易壁垒：与其他代表性经济体的比较

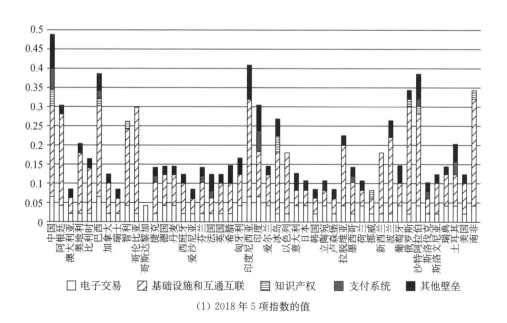

(1) 2018年5项指数的值

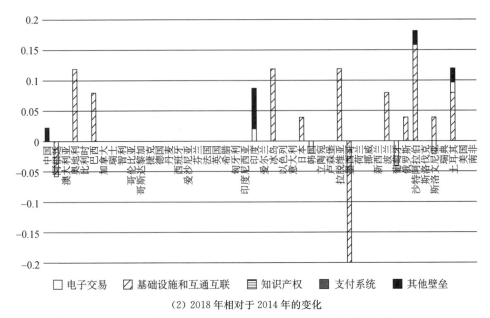

(2) 2018年相对于2014年的变化

图 7-22 数字服务贸易的分项限制性壁垒及其变化:中国与其他经济体的比较

注:5个分项指数的值加总等于前面分析的总体指数值。2018年相对于2014年的变化是指2018年的指数减去2014年的指数。

资料来源:基于计算而得。

第五节 本章主要结论与讨论

服务行业的自由化与对外开放是世界经济发展的基本趋势,也是一国对外开放的重要内容。本章基于OECD服务贸易限制指数对中国的生产性服务业开放水平进行评估,并进行国际比较分析。

基于STRI总指数衡量,中国属于世界上服务市场限制程度最高的少数几个国家之一。中国除建筑设计之外的其他所有服务部门的限制性壁垒均高于全球平均水平,其中,广播、快递、动画、录音、电信、数字服务这6个行业的限制性壁垒是全球最高的。2014—2018年,中国服务市场的平均限制程度是趋于上升的。快递、广播与会计是中国国内的总体限制性壁垒最高的3个行业。

基于分项STRI指数衡量,外国准入限制是绝大多数服务部门最为关键的限制性壁垒。2014—2018年,中国所有服务部门的规制透明度都趋于恶化,人员流动限制与其他歧视性措施有增无减,竞争壁垒在大多数行业趋于增加。

在服务市场的人员流动限制方面,中国是中等偏宽松的国家。但以竞争壁垒、外国准入限制、规制透明度及其他歧视性措施壁垒衡量,中国属于世界上服务市场开放度和自由度最低的少数几个国家之一。

中国的商业银行、会计、快递、电信这4个行业的竞争壁垒是全球最高的。动画、录音、广播、快递、计算机和电信这6个行业的外国准入限制为全球最严。快递行业的人员流动限制程度全球最高,规制透明度全球最低。保险、录音、广播、会计、快递这5个行业的其他歧视性措施壁垒是全球最高的。中国数字服务贸易壁垒总指数的上升主要是由第五项分指数(其他限制性壁垒指数)的上升导致的,另外四项分指数(电子交易、基础设施和互通互联、知识产权、支付系统等方面)的壁垒基本保持不变。

有些服务部门(如广播、电信等)的限制性壁垒较高,可能是因为这些部门受到所谓的政治与意识形态因素的影响太大。鉴于各国服务行业的开放趋势,这些所谓的政治或意识形态敏感性服务部门未必就一定不能开放。正如 Eichengreen and Gupta(2013)表明,上中等收入经济体的服务业第二波增长[1],对民主化程度较高、靠近主要金融中心以及开放程度较高的经济体尤其显著。民主化程度越高(较少抑制信息和通信技术的传播)、越靠近主要金融中心(易于金融业的发展)以及开放程度越高(易于服务贸易的发展)的经济体就越容易利用这些服务部门提供的机遇。因此,在开放经济情况下发展服务经济,不仅仅涉及经济方面的政策措施,还要有相应的政治、意识形态和社会方面的良好条件。

2018年年初以来,中国与美国之间的贸易摩擦以及多轮贸易谈判磋商也进一步表明,服务业的改革开放将不仅成为中美双边经贸关系的焦点,也

---

[1] 他们基于对1950—2005年超过半个世纪的跨国数据的计量分析发现,服务行业出现过两波增长态势:第一波发生在人均收入1 800美元(以2000年的购买力平价换算)以下,服务行业产出份额在不太高的收入水平时开始上升,但上升速度是递减的,在达到大约1 800美元时则趋于稳定;第二波出现在人均收入4 000美元时,在这一收入水平上服务行业产出份额又开始上升。较高收入水平经济体的服务行业第二波增长主要基于这些经济体擅长的现代服务业如金融、电信、计算机与信息服务、法律、技术与商务服务等生产性服务业。目前,中国正好处于上中等收入经济体的第二波增长阶段。

是中国未来经济改革与开放的重点。

总之,就中国经济的长期、健康、可持续发展而言,主动扩大与深化服务行业的市场化改革与开放非常关键,特别是要放松外国准入限制,促进市场竞争,提高规则透明度,改善数字服务贸易支撑条件。唯有如此,才能切实增强国内服务生产能力,提高服务质量和建立可靠的提供服务的信誉,从而提高自身服务业的国际竞争力。

第 八 章

中国生产性服务业对外开放的动因分析

前面已经提及,服务业对外开放既是经济全球化的重要领域,也是各国经济自由化与对外开放的重点与难点。前面章节已分别从全球价值链(GVC)参与程度与限制性壁垒两大方面比较分析了中国服务业包括生产性服务业的自由化与对外开放水平。本章主要通过实证检验,探讨影响生产性服务业自由化与对外开放的因素。

第一节 引言:机制分析与问题的提出

为什么一个国家会对其服务行业以及生产性服务业实施对外开放政策?这实际上是一个比较复杂的问题,因为有很多经济和非经济因素(包括政治、法律因素等)交织在一起。从经验的角度研究生产性服务业对外开放的基本动因,就是把对外开放政策看作内生变量,符合逻辑地找出各种作用于该内生变量的影响因素,评估各种因素的影响力大小。从大的方面讲,我们至少可以归纳出以下五个方面因素。

第一,一国的服务领域对外开放政策与该国的经济发展阶段和发展战略有关。几乎所有的国家在其经济发展的初期阶段,为了刺激国内产业包括服务业的发展,都曾实施过特定的贸易与投资政策,比如征收高额进口关税与非关税壁垒等限制进口的政策,这些政策措施发挥了"进口替代"(import substitution)作用,即用本国生产的产品或服务替代进口产品或服务。这些政策的理论基础通常被认为是"幼稚工业论"(infant industry argument),该理论认为,落后国家或新兴国家新建立的产业(包括服务业)一开始还无力与发达国家已建立完好的产业(包括服务业)竞争,因此,为了使本国的产业能真正建立和发展起来,直至它们能够在国际市场上进行竞争,这些落后国家或新兴国家往往采取关税与非关税措施。

从历史上看,像目前美国、德国和日本这样的发达国家都曾经是通过贸易与投资保护实现国家幼稚产业发展的。随着经济的发展以及国内产业的逐渐强大,相关国家开始由"进口替代"转向"出口促进"(export promotion)战略,随之采取的贸易与投资政策措施包括出口补贴等。当然,当一国经济实力十分强大时,它往往采取比较自由的贸易与投资政策,比如第一次"产业革命"之后的英国以及20世纪50—60年代的美国。如今的服务业强国(如英国、美国等)对服务业领域也都采取比较开放的政策。

这方面较具代表性的经验研究有钱纳里、鲁宾逊和塞尔奎因三人在1986年发表的专著[1]。他们通过对一组经济体的经验分析发现,"一个国家在能够进入世界市场成功地进行竞争、从而转向出口导向型或开放型发展战略之前,需要有一个进口替代和深化投入-产出关系的时期"[2]。

第二,一国服务领域对外开放政策的形成和实施有其特定的政治经济学(political economy)动因。也就是说,服务业对外开放政策的出台和落实是不同利益集团(interest group)(如产业、工会等)相互作用的政治过程;或者如果把这些政策看作"产品",需求与供给决定了这些政策的结果(如图8-1所示)。

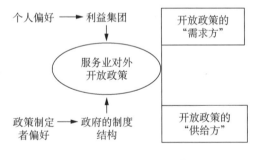

图8-1 服务业对外开放政策形成的政治经济学分析框架

已有的文献主要讨论了贸易政策的政治经济学,相关经验分析大多是基于特定的理论模型[3]。这些理论模型都是基于图8-1的分析框架,主要包括Mayer的"中间投票者模型"

---

[1] 钱纳里、鲁宾逊、塞尔奎因(1986):《工业化和经济增长的比较研究》,吴奇等译,上海三联书店和上海人民出版社1996年版。
[2] 同上书,第256页。
[3] 贸易政策的政治经济学分析是国际贸易研究领域的重要内容,目前已经出现了很多理论模型。

(median voter model)[1]、Hillman 的"政治支持函数模型"(political support function)[2]、Findlay 和 Wellisz 的"关税形成函数模型"(tariff formation function)[3]、Magee 等的"竞选模型"(electoral competition)[4]以及 Grossman and Helpman 的"特殊利益集团模型"(special interest group model)[5]等。

该领域的经验分析很多。比如,Dutt and Mitra 的研究发现[6],对进口资本密集型产品的劳动相对丰裕的发展中国家来说,中间投票者的资本-劳动比率越低,该国的关税水平就越低(或补贴越高);而对进口劳动密集型产品的资本相对丰裕的发达国家来说,中间投票者的资本-劳动比率越低,该国的关税水平就越高。这就验证了 Mayer 的"中间投票者模型"。还有一项关于中国的研究值得关注,就是 Branstetter and Feenstra 基于 Grossman and Helpman 的"特殊利益集团模型"对中国的贸易与 FDI 政策的政治经济学进行了检验分析[7]。他们发现,在中国政府的目标函数中,消费者福利的权重大大低于国有企业的权重(SOEs),后者是前者的 4—7 倍[8]。

第三,一国服务领域对外开放政策与其产业水平上的因素以及宏观经济因素有关。在关于贸易政策内生性的"第一代"经验研究中,研究者们试图找寻贸易保护水平与相关经济因素的关系。产业水平上的因素包括进口的渗

---

[1] Mayer, Wolfgang, 1984, "Endogenous Tariff Formation", *American Economic Review*, 74 (5), pp. 190-197.

[2] Hillman, Arye, 1982, "Declining Industries and Political Support Protectionist Motives", *American Economic Review*, 72, pp. 1180-1187.

[3] Findlay, Ronald and Stanislaw Wellisz, 1982, "Endogenous Tariffs and the Political Economy of Trade Restrictions and Welfare", in Jagdish Bhagwati (ed.), *Import Competition and Response*, University of Chicago.

[4] Magee, Stephen, William Brock, and Leslie Young, 1989, *Black Hole Tariffs and Endogenous Policy Theory: Political Economy in General Equilibrium*, Cambridge University Press.

[5] Grossman, Gene and Elhanan Helpman, 1994, "Protection for Sale", *American Economic Review*, 84 (4), pp. 833-850.

[6] Dutt, Pushan and Devashish Mitra, 2002, "Endogenous Trade Policy through Majority Voting", *Journal of International Economics*, 58, pp. 107-134.

[7] Branstetter, Lee and Robert Feenstra, 2002, "Trade and Foreign Direct Investment in China: A Political Economy Approach", *Journal of International Economics*, 58, pp. 335-359.

[8] 国内比较有代表性的研究有盛斌:《中国对外贸易政策的政治经济学分析》,上海三联书店和上海人民出版社 2002 年版。

透度、就业情况、要素密集度、市场竞争等,宏观经济因素包括货币汇率、GDP、物价等。比如有 Baldwin 对美国贸易政策的研究以及 Knetter and Prusa 基于美国、澳大利亚、加拿大和欧盟的数据对反倾销诉讼(antidumping filings)与宏观经济因素之间关系的经验分析等[1]。

第四,一国实施服务领域对外开放政策是为了攫取额外利润。这是基于最优贸易政策(如最优关税、最优补贴等)和战略性贸易政策的理论信条,因为这些理论研究表明,在特定的国家势力(主要是大国)和市场(主要是寡头市场)背景下,存在单边采取贸易与投资干预的经济动机。但这方面的经验研究更多的是基于政策效应的分析。

第五,一国服务领域对外开放政策的实施有时还基于 WTO/GATS 的相关规则和条款。比如,GATS 第 3 条"透明度"(transparency)、第 6 条"国内法规"(domestic regulation)、第 8 条"垄断和专营服务提供者"(monopolies and exclusive service suppliers)、第 10 条"紧急保障措施"(emergency safeguard measures)、第 11 条"支付和转移"(payments and transfers)、第 13 条"支付采购"(government procurement)、第 14 条"一般例外"(general exceptions)与"安全例外"(secutity exceptions)、第 15 条"补贴"(subsidies)、有关市场准入、国民待遇以及逐步自由化等条款。这些规则在一定程度上构成了一国服务领域对外开放政策的(国际)法律依据。

本章在前面章节研究的基础上,重点分析服务行业的对外开放壁垒(自由化的反面)是如何受到服务行业自身的显性比较优势、参与 GVC 分工程度以及伙伴经济体服务行业壁垒影响的。服务行业自身的显性比较优势及参与 GVC 分工的程度属于服务行业自身因素;伙伴经济体的服务行业壁垒高低,既可以看作国家之间战略互动的政治经济学动因,也可以看作服务领域开放承诺(基于 WTO/GATS)的"部门对等互惠"与"讨价还价"。在具体的回归分析中,我们也将考虑国家发展水平与阶段的影响,但这主要是通过国家固定效应控制的。也就是说,以上讨论的生产性服务业对外开放的基本动因都将在以下经验分析中得到检验。

---

[1] Baldwin, Robert, 1985, *The Political Economy of US Import Policy*, Cambridge: MIT Press; Knetter, Michael and Thomas Prusa, 2003, "Macroeconomic Factors and Antidumping Flings: Evidence from Four Countries", *Journal of International Economics*, 61, pp. 1-17.

第二节 数据及变量处理

本部分使用的跨国投入-产出数据与第四章的数据相同,即采用2000—2014年的WIOD跨国投入-产出数据。为了计量分析,我们把前面使用的STRI指数与数字服务贸易STRI指数包含的样本经济体、行业与WIOD数据包含的样本经济体、行业进行比较与匹配。尽管这些数据集只有一年(2014年)是重叠的,但将它们进行整合与匹配仍然有助于我们进行一定的实证分析。

首先,看样本经济体匹配(见表8-1)。WIOD数据有43个经济体,STRI指数有45个经济体,数字服务贸易STRI指数有46个经济体。三个数据共同包含的经济体37个,包括中国、美国、日本、德国等所有最重要的经济体。其中,只出现在WIOD数据中的经济体有6个,只出现在STRI数据中的经济体有8个,只出现在数字服务贸易STRI数据中的经济体有9个,但STRI数据与数字服务贸易STRI数据共同拥有的经济体有44个。

其次,看样本服务行业的匹配(见表8-2)。WIOD数据与STRI指数涵盖的服务行业并不是全部一一对应的。前者有30个服务行业,后者有23个服务行业(加上数字服务)。最终,两个数据大致可以匹配(归并)的行业数为14个:(1)建筑,(2)电信,(3)计算机及信息服务,(4)金融服务,(5)保险服务,(6)陆运,(7)水运,(8)空运,(9)仓储及运输支持服务,(10)邮政及快递,(11)法律和会计等服务,(12)建筑和工程等服务,(13)动画和广播等服务,(14)批发零售和分销服务。两个数据集基本上可以一一对应的行业主要有6个,即建筑、电信、保险、水运、空运、邮政及快递。其他行业的匹配则需要通过适当的归并。此外,WIOD中的"金融服务(不含保险、养老金)"与STRI中的"商业银行"并不是对应的(前者应该包括后者),但我们近似地认为两者受到的限制性壁垒相当。

最后,在进行下面的实证分析之前,我们需要大致回顾一下前面章节得出的基本结论:第一,无论以总值贸易还是以增加值贸易衡量,中国服务行业的RCA指数都很低,即表明中国服务行业的国际竞争力较弱,而作为服务业重要组成部分的生产性服务业的国际竞争力也是如此。第二,以ID指数(投

表 8-1 三个数据集的样本经济体匹配

	三个数据集共同包含的经济体(37个)		只出现在 WIOD 数据中的经济体(6个)		只出现在 STRI 数据中的经济体(8个)		只出现在数字服务贸易 STRI 数据中的经济体(9个)	
AUS	澳大利亚	IRL 爱尔兰	BGR	保加利亚	CHL	智利	**ARG**	**阿根廷**
AUT	奥地利	ITA 意大利	CYP	塞浦路斯	COL	哥伦比亚	CHL	智利
BEL	比利时	JPN 日本	HRV	克罗地亚	CRI	哥斯达黎加	COL	哥伦比亚
BRA	巴西	KOR 韩国	MLT	马耳他	ISL	冰岛	CRI	哥斯达黎加
CAN	加拿大	LTU 立陶宛	ROU	罗马尼亚	ISR	以色列	ISL	冰岛
CHE	瑞士	LUX 卢森堡	ROW	世界其余地区	**MYS**	**马来西亚**	ISR	以色列
CHN	中国	LVA 拉脱维亚			NZL	新西兰	NZL	新西兰
CZE	捷克	MEX 墨西哥			ZAF	南非	**SAU**	**沙特阿拉伯**
DEU	德国	NLD 荷兰					ZAF	南非
DNK	丹麦	NOR 挪威						
ESP	西班牙	POL 波兰						
EST	爱沙尼亚	PRT 葡萄牙						
FIN	芬兰	RUS 俄罗斯						
FRA	法国	SVK 斯洛伐克						
GBR	英国	SVN 斯洛文尼亚						
GRC	希腊	SWE 瑞典						
HUN	匈牙利	TUR 土耳其						
IDN	印度尼西亚	USA 美国						
IND	印度							

资料来源:基于 WIOD 数据、STRI 指数以及数字服务贸易 STRI 指数整理而得。

表 8-2　WIOD 与 STRI 的样本服务行业匹配

WIOD 样本服务行业（30 个）		STRI 样本服务行业（22 个）	
Construction	建筑业	Construction	建筑
Telecom	电信	Telecom	电信
Computer Program	计算机编程及相关活动、信息服务	Computer Digital	计算机数字服务
Financial	金融服务（不含保险、养老金）	Banking	商业银行
Insurance	保险、再保险及养老金（不含强制性社会保障）	Insurance	保险
Inland Transp	陆运及管道运输	Road freight	陆路货运
		Rail freight	铁路货运
Water Transp	水运	Maritime	海运
Air Transp	空运	Air	空运
Warehousing	仓储及运输支持活动	Log store	物流-仓储
		Log cargo	物流-货物装卸
		Log freight	物流-货代
		Log customs	物流-报关
Postal	邮政及快递	Courier	快递
Legal Account	法律、会计、总部服务、管理咨询	Legal	法律
		Accounting	会计
Engineering	建筑和工程活动、技术测试和分析	Architecture	建筑设计
		Engineering	工程

(续表)

WIOD 样本服务行业(30 个)		STRI 样本服务行业(22 个)	
Motion Video	动画,视频,电视,广播等活动	Motion	动画
		Recording	录音
		Broadcasting	广播
Wholesale	批发(不含机动车)	Distribution	分销
Retail	零售(不含机动车)		
Sale Repair Motor	机动车批发、零售及维修		
Auxil Finan Insur	金融服务及保险的支持性服务		
RD	科学研究与开发		
Advertising	广告及市场调研		
Other Professional	其他专业性科技服务		
Accommodation	旅馆及餐饮服务		
Publishing	出版活动		
Real Estate	房地产		
Administrative	行政管理及支持服务		
Public Adm	公共管理和国防、强制性社会保障		
Education	教育		
Health Social Work	健康及社会工作		
Other Services	其他服务活动		
Private Households	家庭自我雇佣活动、服务		
Extraterritorial	涉外机构与组织活动		

注：在 WIOD 数据中，中国有 8 个服务行业：机动车批发、零售及维修，出版活动，动画、视频、电视、广播等活动，金融服务及保险的支持性服务，建筑和工程活动，技术测试和分析，广告及市场调研，家庭自我雇佣活动、服务，涉外机构与组织活动的数据缺失或未加以析出。

资料来源：基于 WIOD 数据，STRI 指数以及数字服务贸易 STRI 指数整理而得。

入下游度)和 OU 指数(产出上游度)衡量,中国服务业参与全球价值链分工的程度很高且趋于上升;但中国服务行业的 FV_buy(购买的外国增加值占比)、FV_sell(被外国使用的增加值占比)却很低。第三,以 STRI 指数衡量,中国大多数服务行业的限制性壁垒都是全球较高的,有的甚至是最高的。

这其中至少存在两个需要进一步探讨的问题:(1)中国服务行业开放或自由化程度较低(限制性壁垒较高)是不是因为自身比较优势较弱,或者因为伙伴经济体的服务行业限制性壁垒也较高?(2)中国服务行业参与 GVC 分工的程度(分别以 ID 指数和 OU 指数衡量、以 FV_buy 和 FV_sell 衡量)是如何影响服务行业开放或自由化(限制性壁垒的反面)的?下面通过计量回归分析来回答这些问题。

第三节 基于全部样本的计量分析

本节重点从全部样本经济体的角度,探讨服务行业的比较优势、GVC 分工参与程度如何影响了服务行业的开放或自由化程度(或限制性壁垒水平)。受数据结构的限制,我们分别从同期截面与滞后期面板两个角度进行分析。

一、2014 年全部样本截面回归[1]

由于我们采用的 WIOD 跨国投入-产出数据与服务行业 STRI 数据只有一年(2014 年)是重叠的,因此先进行截面回归分析。为此,构造以下计量回归方程:

$$\ln STRI_{ij} = \beta \ln X_{ij} + \mu_i + \eta_j + \varepsilon_{ij} \quad (8-1)$$

其中,i、j 分别表示经济体、服务行业。STRI 表示服务行业的限制性壁垒(总指数与分项指数)。X 为一组自变量,主要包括服务行业的 ID 指数与 OU 指数、服务行业的 FV_buy 和 FV_sell、服务行业的显性比较优势指数(总值指数 RCA_GE)与增加值指数(RCA_VE)。μ_i、η_j 分别表示经济体、服务行业两个维度的固定效应。ε_{ij} 表示随机误差项。考虑到这些因变量和核

---

[1] 在单独一年回归时,我们不能单独对中国进行回归分析,因为样本量太少。

心自变量的原始值为 0 或小于 1,因此,我们在变量原值的基础上加上 1,然后再取对数[1]。这样做也可以平滑相关变量。

表 8-3 的统计描述表明,所有变量均存在一定的变化度。比如,服务贸易限制总指数 STRI 的原值在 0.100—0.877、(原值加 1 的)对数值在 0.096—0.63。总值 RCA 指数的原值在 0—31.36、(原值加 1 的)对数值在 0—3.477[2]。

表 8-3 主要变量统计描述:2014 年全球样本

变量类型	变量名称	变量代码	观测值	均值	标准差	最小值	最大值
服务贸易限制指数	总指数	lnSTRI	512	0.225	0.097	0.096	0.630
	竞争壁垒	lncompetition	512	0.039	0.040	0.000	0.258
	外国准入限制	lnforeignentry	512	0.094	0.073	0.006	0.381
	人员流动限制	lnpersonalmovement	512	0.053	0.043	0.008	0.269
	规制透明度	lntransparency	512	0.041	0.024	0.000	0.170
	其他歧视性措施	lnotherdiscrim	512	0.022	0.016	0.000	0.093
针对数字服务贸易	电子交易壁垒	lnelec_trans	37	0.032	0.013	0.021	0.062
	基础设施和互通互联壁垒	lninfra_con	37	0.079	0.059	0.000	0.245
	知识产权壁垒	lnIPR	37	0.003	0.009	0.000	0.042
	支付系统壁垒	lnpay_sys	37	0.008	0.014	0.000	0.054
	其他壁垒	lnother	37	0.027	0.015	0.000	0.084
GVC 参与程度	投入下游度	lnID	518	1.101	0.149	0.693	1.638
	产出上游度	lnOU	518	1.203	0.199	0.693	1.641
	购买的外国增加值占比	lnFV_buy	518	2.747	0.760	0.000	4.210
	被外国使用的增加值占比	lnFV_sell	518	2.808	0.895	0.000	4.195
显性比较优势	总值 RCA 指数	lnRCA_GE	518	0.622	0.535	0.000	3.477
	增加值 RCA 指数	lnRCA_VE	518	0.720	0.424	0.000	3.130

资料来源:基于计算而得。

---

[1] 由于变量原始值为 0 的情形较少,所以我们暂不采用虚拟变量。
[2] 限于篇幅,所有变量的原值统计描述未给出。

表8-4的相关性分析显示,首先,总体限制性指数(lnSTRI)与FV_buy、FV_sell分别显著负相关,也如图8-2(3)、(4)所显示的,但与ID指数、OU指数的相关性不显著;分项指数中除了竞争壁垒(lncompetition)外的其他指数均与GVC参与程度指数负相关或相关性不显著。负相关意味着,如果服务行业参与全球价值链分工的程度越深,则其受到的限制性壁垒就越低。

表8-4 STRI指数与GVC参与程度、显性比较优势之间的Pairwise相关性:2014年全球样本

变量类型	变量名称	变量代码	GVC参与程度				显性比较优势	
			lnID	lnOU	lnFV_buy	lnFV_sell	lnRCA_GE	lnRCA_VE
服务贸易限制指数	总指数	lnSTRI			−0.19	−0.17	−0.18	−0.24
	竞争壁垒	lncompetition	0.14					−0.13
	外国准入限制	lnforeignentry			−0.13		−0.18	−0.23
	人员流动限制	lnpersonalmovement	−0.20		−0.14			
	规制透明度	lntransparency	−0.26	−0.15	−0.24	−0.25		
	其他歧视性措施	lnotherdiscrim		−0.30	−0.15	−0.38	−0.16	−0.19
针对数字服务贸易壁垒	电子交易壁垒	lnelec_trans						
	基础设施和互通互联壁垒	lninfra_con		−0.39	−0.40	−0.48		−0.31
	知识产权壁垒	lnIPR		−0.49	−0.37	−0.44		−0.37
	支付系统壁垒	lnpay_sys		−0.28				
	其他壁垒	lnother					−0.37	−0.36

注:在10%的水平上显著。空白处表示在10%的水平上不显著。
资料来源:基于计算而得。

其次,总体限制性指数(lnSTRI)与两种RCA指数(RCA_GE与RCA_VE)分别显著负相关,也如图8-2(5)、(6)所显示的;分项指数中除了人员流动限制、规制透明度、电子交易壁垒、支付系统壁垒外的其他指数均与RCA指数显著负相关。负相关意味着,如果服务行业的显性比较优势越强(RCA指数越大),其受到的限制性壁垒就越低。

接下来看计量回归结果,如表8-5所示。可以看出:如果采用OLS单项回归,即回归等式(1)至(6),则所有系数均为负值,即意味着服务行业参与全球价值链分工的程度越深,其受到的限制性壁垒就越低;服务行业的显性比

较优势越强,其受到的限制性壁垒就越低。但 lnID 与 lnOU 的系数是不显著的。

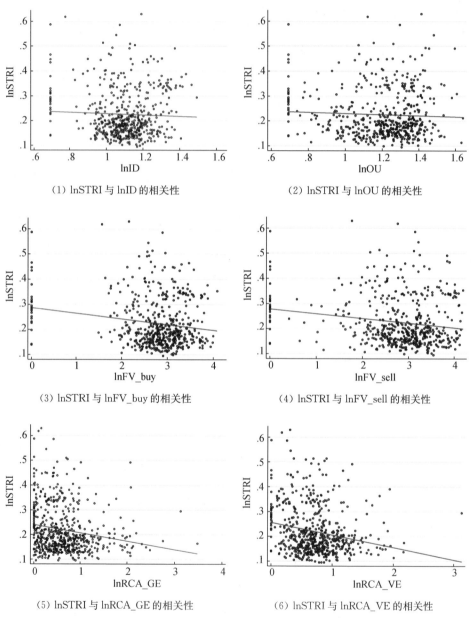

图 8-2　总体 STRI 指数与 GVC 参与度、RCA 指数的相关性:2014 年全球样本

资料来源:基于计算而得。

表 8-5 对总体限制性指数 STRI 的回归分析:因变量为 lnSTRI

	OLS(1)	OLS(2)	OLS(3)	OLS(4)	OLS(5)	OLS(6)	OLS(7)	FE(8)
lnID	−0.028						0.114**	0.123**
	(0.029)						(0.047)	(0.049)
lnOU		−0.026					0.063*	0.053*
		(0.022)					(0.034)	(0.028)
lnFV_buy			−0.023***				−0.032***	−0.020
			(0.005)				(0.012)	(0.016)
lnFV_sell				−0.018***			−0.007	0.017*
				(0.005)			(0.011)	(0.008)
lnRCA_GE					−0.033***		0.017	0.011
					(0.008)		(0.016)	(0.013)
lnRCA_VE						−0.056***	−0.065***	−0.048**
						(0.010)	(0.020)	(0.018)
adj. R^2	−0.000	0.001	0.033	0.025	0.030	0.057	0.084	0.086
p	0.339	0.232	0.000	0.000	0.000	0.000	0.000	0.000
N	512	512	512	512	512	512	512	512

注：***、**、*分别表示在1%、5%、10%的水平上显著。系数下面的括号内数字为标准差(对固定效应回归而言是稳健标准差)。常数项省略。固定效应模型控制了国家与行业的固定效应。

资料来源:基于回归分析而得。

如果所有自变量放在一起回归,即回归等式(7)、(8),则 lnFV_buy 与 lnFV_sell 的系数仍然为负,表明服务行业的后向购买与前向售卖的国外增加值比重越高,其受到的限制性壁垒就越低。lnRCA_VE 的系数显著为负,表明服务行业的显性比较优势越高,其受到的限制性壁垒就越低。但 lnID、lnOU 的系数变得显著为正,这表明服务行业的总投入中的中间投入部分(相对于初始投入或直接增加值)所占份额越高,服务行业的总产出中的中间使用部分(相对于最终使用)所占份额就越高,其受到的限制性壁垒就越高。最后,如果采用固定效应回归,则 lnID 与 lnOU 的系数仍然显著为正,lnFV_buy 的系数则变得不显著了,lnFV_sell 的系数转变为正值。表 8-5 回归等式(7)、(8)中的个别变量系数发生变化,可能是因为有些变量(比如 lnFV_buy 与 lnFV_sell、lnRCA_GE 与 lnRCA_VE)之间存在较强的相关性。为此,我们专门将有些成对变量分开并单独进行回归分析,结果如本章附录表 A8-1 所示。可以看出,不管是何种回归等式,两种 RCA 指数的系数均显著为负,意味着服务行业的显性比较优势越高,其受到的限制性壁垒就越高。lnID、lnOU 的系数符号与显著性没有大的变化;lnFV_buy 的系数不显著,lnFV_sell 的系数显著为正,这意味着服务行业参与 GVC 分工程度对其限制性壁垒的影响取决于我们如何度量服务行业参与 GVC 分工的程度。

因此,尽管图 8-2 表明总体限制性指数 lnSTRI 分别与 lnID、lnOU、lnFV_buy、lnFV_sell、lnRCA_GE、lnRCA_VE 呈负相关关系,但在控制了国家与行业固定效应之后,它们之间的关系却发生了一定程度的变化。这其中的原因可能是所用的数据样本为单独一年的数据,所以,需要进一步探讨。

表 8-6 报告了服务行业分项限制性壁垒的回归结果。可以看出,以 lnID 表示的服务行业参与 GVC 程度(投入下游度)越高,则其受到的外国准入限制就越严,人员流动限制就越松,规则透明度就越高。以 lnOU 表示的服务行业参与 GVC 程度(产出上游度)越高,其受到的外国准入限制、人员流动限制、规则透明度壁垒、其他限制性壁垒就越低。

表 8-6 对分项限制性指数的 OLS 回归分析结果:因变量为分项指数

	竞争壁垒 Incompetition	外国准入限制 Inforeignentry	人员流动限制 Inpersonal-movement	规制透明度 Intransparency	其他歧视性措施 Inotherdiscrim
lnID	+,显著	+,不显著	−,显著	−,显著	−,不显著
lnOU	+,不显著	−,不显著	−,不显著	−,显著	−,显著
lnFV_buy	+,不显著	−,显著	−,显著	−,显著	−,显著
lnFV_sell	+,不显著	−,不显著	−,不显著	−,显著	−,显著
lnRCA_GE	−,不显著	−,显著	−,不显著	−,显著	−,显著
lnRCA_VE	−,显著	−,显著	−,不显著	−,不显著	−,显著

注:至少在 10% 的水平上显著,否则,为不显著。"+""−"分别表示系数为正、负。
资料来源:基于回归分析而得。

服务行业后向购买的国外增加值占比、前向售卖的国外增加值占比越高,其受到的除竞争壁垒之外的其他所有壁垒就越低;对竞争壁垒的影响虽然为正,但不显著。

服务行业显性比较优势(不管以何种指标衡量)越高,其受到的各种限制性壁垒就越低,但对人员流动限制、规则透明度壁垒的负面影响则不显著。

总体来看,如果进行分项、分指标回归分析,在大多数情况下,对大多数分项限制性壁垒而言,服务行业参与 GVC 分工的程度越深,服务行业的显性比较优势越高,服务行业的限制性壁垒就越低。

二、五年滞后期面板回归

这一回归分析将 WIOD 数据的 2010—2014 年样本与 STRI 数据的 2014—2018 年样本进行匹配,从而构成面板数据(实际上涉及年份、经济体与行业三个维度)。公式(8-1)的回归模型变为

$$\ln \text{STRI}_{ijt} = \beta \ln X_{ijt-5} + \mu_i + \eta_j + \lambda_t + \varepsilon_{ijt} \quad (8-2)$$

其中,i、j、t 分别表示经济体、服务行业与年份。X 为一组滞后 5 年期的自变量,主要包括服务行业的 ID 指数与 OU 指数、服务行业的 FV_buy 和 FV_sell、服务行业的总值显性比较优势指数(RCA_GE)与增加值显性比较优势指数(RCA_VE)。μ_i、η_j、λ_t 分别表示经济体、服务行业、年份三个维度的固定效应。ε_{ijt} 表示随机误差项。

表 8-7 的统计描述表明,所有变量均存在一定的变化度。比如,服务贸易总限制指数 STRI 的原值为 0.096—0.881,(原值加 1 之后的)对数值为 0.092—0.632。总值 RCA 指数的原值为 0—33.37,(原值加 1 之后的)对数值为 0—3.54。

表 8-7 主要变量统计描述:全球样本

变量类型	变量名称	变量代码	观测值	均值	标准差	最小值	最大值
服务贸易限制指数(2014—2018 年)	总指数	lnSTRI	2 560	0.224	0.097	0.092	0.632
	竞争壁垒	lncompetition	2 560	0.038	0.039	0.000	0.319
	外国准入限制	lnforeignentry	2 560	0.094	0.072	0.006	0.381
	人员流动限制	lnpersonalmovement	2 560	0.054	0.044	0.008	0.269
	规制透明度	lntransparency	2 560	0.040	0.024	0.000	0.176
	其他歧视性措施	lnotherdiscrim	2 560	0.022	0.016	0.000	0.093

(续表)

变量类型	变量名称	变量代码	观测值	均值	标准差	最小值	最大值
针对数字服务贸易（2014—2018 年）	电子交易壁垒	lnelec_trans	185	0.032	0.014	0.021	0.062
	基础设施和互通互联壁垒	lninfra_con	185	0.081	0.057	0.000	0.245
	知识产权壁垒	lnIPR	185	0.003	0.009	0.000	0.042
	支付系统壁垒	lnpay_sys	185	0.008	0.014	0.000	0.054
	其他壁垒	lnother	185	0.029	0.016	0.000	0.084
GVC 参与程度（2010—2014 年）	投入下游度	lnID	2 590	1.099	0.149	0.693	2.054
	产出上游渡	lnOU	2 590	1.198	0.200	0.693	1.641
	购买的外国增加值占比	lnFV_buy	2 590	2.717	0.755	0.000	4.237
	被外国使用的增加值占比	lnFV_sell	2 590	2.775	0.886	0.000	4.204
显性比较优势（2010—2014 年）	总值 RCA 指数	lnRCA_GE	2 590	0.626	0.532	0.000	3.537
	增加值 RCA 指数	lnRCA_VE	2 590	0.721	0.422	0.000	3.191

资料来源：基于计算而得。

表 8-8 的相关性分析显示，服务行业总体限制性指数（lnSTRI）与 lnID、lnOU、lnFV_buy、lnFV_sell、lnRCA_GE、lnRCA_VE 分别显著负相关（也如图 8-3 所显示的）。在分项指数中，服务行业的竞争壁垒（lncompetition）与服务行业参与 GVC 分工的程度正相关，但与服务行业的显性比较优势负相关。其他限制性壁垒均与服务行业参与 GVC 分工的程度、显性比较优势负相关，或相关性不显著。

表 8-8 STRI 指数与 GVC 参与度、RCA 指数的 Pairwise 相关性：全球样本

变量类型	变量名称	变量代码	GVC 参与程度（2010—2014 年）				显性比较优势（2010—2014 年）	
			lnID	lnOU	lnFV_buy	lnFV_sell	lnRCA_GE	lnRCA_VE
服务贸易限制指数（2014—2018 年）	总指数	lnSTRI	−0.04	−0.05	−0.16	−0.13	−0.14	−0.22
	竞争壁垒	lncompetition	0.14	0.05	0.05	0.05	−0.03	−0.11
	外国准入限制	lnforeignentry			−0.11		−0.15	−0.23
	人员流动限制	lnpersonalmovement	−0.19		−0.12	−0.04		

（续表）

变量类型	变量名称	变量代码	GVC 参与程度（2010—2014 年）				显性比较优势（2010—2014 年）	
			lnID	lnOU	lnFV_buy	lnFV_sell	lnRCA_GE	lnRCA_VE
	规制透明度	lntransparency	−0.22	−0.14	−0.23	−0.25	−0.04	
	其他歧视性措施	lnotherdiscrim	−0.06	−0.32	−0.15	−0.38	−0.12	−0.17
针对数字服务贸易壁垒（2014—2018 年）	电子交易壁垒	lnelec_trans						
	基础设施和互通互联壁垒	lninfra_con	−0.19	−0.33	−0.38	−0.41		−0.24
	知识产权壁垒	lnIPR		−0.49	−0.35	−0.40	−0.22	−0.36
	支付系统壁垒	lnpay_sys		−0.26				
	其他壁垒	lnother	0.14		−0.16	−0.19	−0.25	

注：在 10% 的水平上显著。空白处表示在 10% 的水平上不显著。GVC 参与程度与显性比较优势的指标为滞后 5 年。

资料来源：基于计算而得。

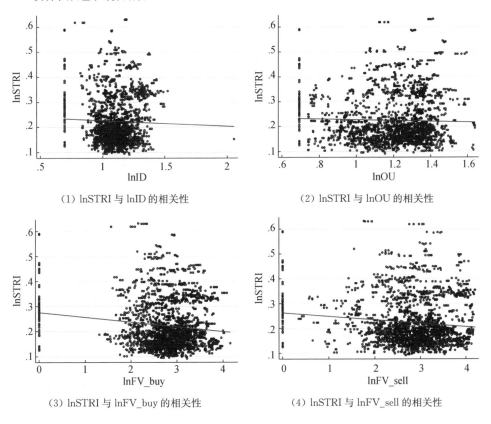

（1）lnSTRI 与 lnID 的相关性　　　　（2）lnSTRI 与 lnOU 的相关性

（3）lnSTRI 与 lnFV_buy 的相关性　　（4）lnSTRI 与 lnFV_sell 的相关性

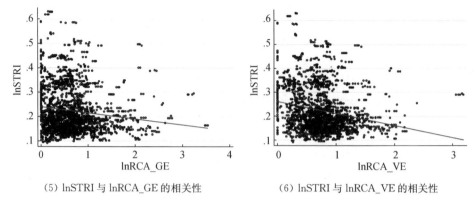

(5) lnSTRI 与 lnRCA_GE 的相关性　　　(6) lnSTRI 与 lnRCA_VE 的相关性

图 8-3　总体 STRI 指数与 GVC 参与度、显性比较优势的相关性：全球样本

注：GVC 参与程度与显性比较优势的指标为滞后 5 年。

资料来源：基于计算而得。

在数字服务贸易方面，电子交易壁垒、支付系统壁垒分别与该行业的 GVC 分工参与程度、显性比较优势之间不存在显著的相关性[1]。但基础设施和互通互联壁垒、知识产权壁垒均与该行业的 GVC 分工参与程度、显性比较优势有着显著的负相关关系。其他壁垒与该行业的显性比较优势之间存在显著的负相关关系。

接下来看计量回归结果，如表 8-9 所示。可以看出：如果采用 OLS 单项回归，即回归等式（1）至（6），则所有系数均为负值而且至少在 10% 的水平上显著，意味着服务行业参与全球价值链分工的程度越深，服务行业的显性比较优势越强，其受到的限制性壁垒就越低。

表 8-9　对总体限制性指数 STRI 的回归分析：自变量滞后 5 年

	OLS (1)	OLS (2)	OLS (3)	OLS (4)	OLS (5)	OLS (6)	OLS (7)	FE (8)
$lnID_{t-5}$	−0.029**						0.082***	−0.028
	(0.013)						(0.021)	(0.021)
$lnOU_{t-5}$		−0.022**					0.057***	0.021
		(0.010)					(0.015)	(0.014)
$lnFV\_buy_{t-5}$			−0.021***				−0.029***	0.017***
			(0.002)				(0.005)	(0.006)

[1] 但支付系统壁垒与该行业的产出上游度（lnOU）之间存在显著的负相关关系。

(续表)

	OLS (1)	OLS (2)	OLS (3)	OLS (4)	OLS (5)	OLS (6)	OLS (7)	FE (8)
$lnFV\_sell_{t-5}$				-0.014^{***}			-0.002	-0.008^{*}
				(0.002)			(0.005)	(0.004)
$lnRCA\_GE_{t-5}$					-0.025^{***}		0.030^{***}	0.007
					(0.004)		(0.007)	(0.005)
$lnRCA\_VE_{t-5}$						-0.050^{***}	-0.077^{***}	-0.011
						(0.004)	(0.009)	(0.007)
adj. R^2	0.002	0.002	0.026	0.016	0.018	0.047	0.077	0.692
p	0.025	0.019	0.000	0.000	0.000	0.000	0.000	0.000
N	2 560	2 560	2 560	2 560	2 560	2 560	2 560	2 560

注：***、**、*分别表示在1%、5%、10%的水平上显著。系数下面的括号内数字为标准差(对固定效应回归而言是稳健标准差)。常数项省略。固定效应模型控制了年份、国家与行业固定效应。

资料来源：基于回归分析而得。

如果所有自变量放在一起回归[回归等式(7)]，则 lnFV_buy 与 lnFV_sell 的系数仍然为负(一个显著，一个不显著)，表明服务行业的后向购买与前向售卖的国外增加值比重越高，其受到的限制性壁垒就越低。但 lnID、lnOU 的系数变得显著为正，这表明服务行业的总投入(总产出)中的中间投入(中间使用)部分所占份额越高，其受到的限制性壁垒就越高。显性比较优势对服务行业限制性壁垒的影响取决于显性比较优势的测算：增加值 RCA 的系数显著为负，但总值 RCA 的系数则显著为正。

最后，如果采用固定效应回归，则结果与回归等式(5)有较大差异：服务行业后向购买的国外增加值比重越高，其受到的限制性壁垒就越高；其他因素对服务行业限制性壁垒的影响要么显著为负，要么不显著。如果与图 8-3 结合起来，则表 8-9 的回归结果总体上相对稳定，此处的自变量是滞后 5 年。

表 8-10 报告了服务行业分项、分指标的回归结果。可以看出，以四种指标衡量的服务行业参与 GVC 分工程度越深，服务行业的竞争壁垒就越高；如果服务行业的显性比较优势越强，服务行业的竞争壁垒就越低。

在除竞争壁垒之外的其他大多数情况下，服务行业参与 GVC 分工的程度越深，服务行业的显性比较优势越高，服务行业的限制性壁垒就越低。

表 8-10　对分项限制性指数的 OLS 回归分析结果：因变量为分项指数

	竞争壁垒 Incompetition	外国准入限制 Inforeignentry	人员流动限制 Inpersonal-movement	规制透明度 Intransparency	其他歧视性措施 Inotherdiscrim
$\ln ID_{t-5}$	＋,显著	＋,不显著	－,显著	－,显著	－,显著
$\ln OU_{t-5}$	＋,显著	－,不显著	＋,不显著	－,显著	－,显著
$\ln FV\_buy_{t-5}$	＋,显著	－,显著	－,显著	－,显著	－,显著
$\ln FV\_sell_{t-5}$	＋,显著	－,不显著	－,显著	－,显著	－,显著
$\ln RCA\_GE_{t-5}$	－,显著	－,显著	－,不显著	－,显著	－,显著
$\ln RCA\_VE_{t-5}$	－,显著	－,显著	－,不显著	－,不显著	－,显著

注：至少在 10% 的水平上显著，否则为不显著。"＋""－"分别表示系数为正、负。
资料来源：基于回归分析而得。

第四节　针对中国的计量分析

专门针对中国的回归分析只能基于 5 年滞后期的样本。类似于前面的全部样本回归，我们将 WIOD 数据的 2010—2014 年样本与 STRI 数据的 2014—2018 年样本进行匹配，从而构成面板数据（实际上涉及年份与行业两个维度）。公式(8-2)的回归模型变为：

$$\ln STRI_{jt} = \beta \ln X_{jt-5} + \eta_j + \lambda_t + \varepsilon_{jt} \tag{8-3}$$

其中，j、t 分别表示服务行业与年份。X 为一组滞后 5 年期的自变量，主要包括服务行业的 ID 指数与 OU 指数、服务行业的 FV_buy 和 FV_sell、服务行业的总值显性比较优势指数（RCA_GE）与增加值显性比较优势指数（RCA_VE）、伙伴经济体各行业的限制性壁垒（是否体现对等承诺）（如果考察特定经济体的话）。η_j、λ_t 分别表示服务行业、年份两个维度的固定效应。ε_{jt} 表示随机误差项。我们分以下两个角度进行回归分析。

一、不考虑伙伴经济体壁垒的回归分析

这一回归分析不考虑特定伙伴经济体服务行业的限制性壁垒，只考虑中国自身服务行业的比较优势与 GVC 分工参与程度对中国服务行业对外开放

的影响。表 8-11 的统计描述表明,所有变量均存在一定的变化度。比如,服务贸易总限制指数 STRI 的原值在 0.23—0.88,(原值加 1 之后的)对数值在 0.21—0.63。总值 RCA 指数的原值在 0—2.65,(原值加 1 之后的)对数值在 0—1.29。

表 8-11　主要变量统计描述:中国样本

变量类型	变量名称	变量代码	观测值	均值	标准差	最小值	最大值
服务贸易限制指数（2014—2018 年）	总指数	lnSTRI	70	0.364	0.108	0.207	0.632
	竞争壁垒	lncompetition	70	0.064	0.061	0.000	0.319
	外国准入限制	lnforeignentry	70	0.212	0.076	0.107	0.348
	人员流动限制	lnpersonalmovement	70	0.045	0.037	0.012	0.159
	规制透明度	lntransparency	70	0.046	0.035	0.015	0.142
	其他歧视性措施	lnotherdiscrim	70	0.040	0.016	0.017	0.075
针对数字服务贸易（2014—2018 年）	电子交易壁垒	lnelec_trans	5	0.062	0.000	0.062	0.062
	基础设施和互通互联壁垒	lninfra_con	5	0.214	0.000	0.214	0.214
	知识产权壁垒	lnIPR	5	0.042	0.000	0.042	0.042
	支付系统壁垒	lnpay_sys	5	0.054	0.000	0.054	0.054
	其他壁垒	lnother	5	0.075	0.011	0.063	0.084
GVC 参与程度（2010—2014 年）	投入下游度	lnID	70	1.163	0.242	0.693	1.497
	产出上游渡	lnOU	70	1.231	0.313	0.693	1.607
	购买的外国增加值占比	lnFV_buy	70	1.955	0.857	0.000	2.785
	被外国使用的增加值占比	lnFV_sell	70	1.887	0.944	0.000	3.333
显性比较优势（2010—2014 年）	总值 RCA 指数	lnRCA_GE	70	0.401	0.347	0.000	1.294
	增加值 RCA 指数	lnRCA_VE	70	0.513	0.302	0.000	1.097

资料来源:基于计算而得。

表 8-12 的相关性分析显示,中国服务行业的总体限制性指数(lnSTRI)与 lnOU 显著正相关,但与其他衡量 GVC 分工参与程度和显性比较优势的指标的相关性不显著(对照参见图 8-4);服务行业遭受的竞争壁垒、规则透

明度壁垒分别与服务行业的 GVC 分工参与程度正相关,但与其显性比较优势负相关;人员流动限制与显性比较优势显著正相关;其他歧视性措施均与 GVC 分工参与程度和显性比较优势负相关。

表 8-12　STRI 指数与 GVC 参与度、显性比较优势之间的 Pairwise 相关性:中国样本

变量类型	变量名称	变量代码	GVC 参与程度 (2010—2014 年)				显性比较优势 (2010—2014 年)	
			lnID	lnOU	lnFV_buy	lnFV_sell	lnRCA_GE	lnRCA_VE
服务贸易限制指数 (2014—2018 年)	总指数	lnSTRI		0.23				
	竞争壁垒	lncompetition	0.37	0.31	0.25		−0.22	
	外国准入限制	lnforeignentry						
	人员流动限制	lnpersonalmovement					0.47	
	规制透明度	lntransparency	0.21				−0.20	−0.27
	其他歧视性措施	lnotherdiscrim	−0.50	−0.26	−0.45			−0.43
针对数字服务贸易 (2014—2018 年)	电子交易壁垒	lnelec_trans						
	基础设施和互通互联壁垒	lninfra_con						
	知识产权壁垒	lnIPR						
	支付系统壁垒	lnpay_sys						
	其他壁垒	lnother			−0.82			

注:在 10% 的水平上显著。空白处表示在 10% 的水平上不显著。
资料来源:基于计算而得。

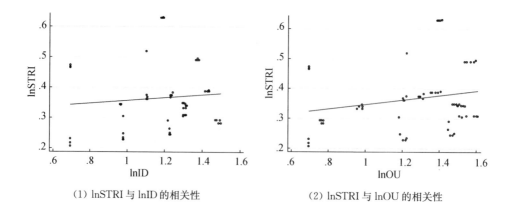

(1) lnSTRI 与 lnID 的相关性　　(2) lnSTRI 与 lnOU 的相关性

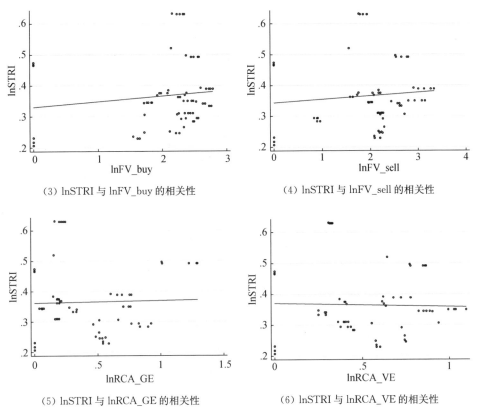

图 8-4 总体 STRI 指数与 GVC 参与程度、显性比较优势的相关性:中国样本

资料来源:基于计算而得。

表 8-12 显示,在很多情况下,中国服务行业遭受的限制性壁垒与其参与 GVC 分工的程度、显性比较优势之间的相关性并不显著。如果只观察显著性的系数,则总体上服务行业的显性比较优势越高,其遭受的限制性壁垒就越低;但服务行业参与 GVC 分工的程度越深,其遭受的限制性壁垒可能越低,也可能越高,这取决于限制性壁垒的类型。

表 8-13 给出了中国服务行业总体限制性壁垒的回归结果。可以看出:如果采用 OLS 单项回归[回归等式(1)至(6)],则除了产出上游度指数(lnOU)外的其他所有自变量系数均不显著(且多个方程拟合不好),意味着服务行业比较优势与 GVC 分工参与程度并不能显著影响服务行业自身的限制性壁垒。如果所有自变量放在一起回归[回归等式(7)、(8)],则 lnID、lnRCA_VE 的系数显著为负,但 lnOU、lnFV_buy、lnRCA_GE 的系数显著为正。

表 8-13 对中国总体限制性指数 STRI 的回归分析（自变量滞后 5 年）：未考虑伙伴经济体的总体限制性壁垒

	OLS (1)	OLS (2)	OLS (3)	OLS (4)	OLS (5)	OLS (6)	OLS (7)	FE (8)
$lnID_{t-5}$	0.049 (0.054)						−0.516** (0.204)	−0.568*** (0.080)
$lnOU_{t-5}$		0.080* (0.041)					0.270*** (0.075)	0.265*** (0.007)
$lnFV\_buy_{t-5}$			0.021 (0.015)				0.154*** (0.058)	0.168** (0.038)
$lnFV\_sell_{t-5}$				0.016 (0.014)			−0.030 (0.031)	−0.029 (0.017)
$lnRCA\_GE_{t-5}$					0.008 (0.038)		0.188*** (0.069)	0.200*** (0.011)
$ln RCA\_VE_{t-5}$						−0.011 (0.043)	−0.345*** (0.086)	−0.355*** (0.009)
adj. R^2	−0.002	0.040	0.013	0.005	−0.014	−0.014	0.200	0.206
p	0.363	0.053	0.168	0.255	0.842	0.799	0.002	0.000
N	70	70	70	70	70	70	70	70

注：***、**、* 分别表示在 1%、5%、10% 的水平上显著。系数下面的括号内数字为标准差（对固定效应回归而言是稳健标准差）。常数项省略。固定效应模型控制了年份、国家（地区）与行业固定效应。
资料来源：基于回归分析而得。

表 8-14 报告了服务行业分项、分指标的回归结果。可以看出，超过 50% 的情形是不显著的。如果服务行业的显性比较优势越强，服务行业的竞争壁垒就越低，规则透明度壁垒、其他歧视性壁垒就越低，但人员流动壁垒则越高。如果服务行业参与 GVC 分工程度越高（以四种指标衡量），则服务行业的竞争壁垒就越高，而其他歧视性壁垒就越低。

表 8-14 对中国分项限制性指数的 OLS 回归分析：因变量为分项指数（未考虑伙伴经济体的壁垒）

	竞争壁垒 Incompetition	外国准入限制 Inforeignentry	人员流动限制 Inpersonal-movement	规制透明度 Intransparency	其他歧视性措施 Inotherdiscrim
$lnID_{t-5}$	+,不显著	−,不显著	+,不显著	+,不显著	−,不显著
$lnOU_{t-5}$	+,显著	+,不显著	+,不显著	+,显著	−,显著
$lnFV\_buy_{t-5}$	+,显著	+,不显著	+,不显著	+,不显著	−,显著
$lnFV\_sell_{t-5}$	+,显著	+,不显著	−,不显著	−,不显著	−,显著

(续表)

	竞争壁垒 Incompetition	外国准入限制 Inforeignentry	人员流动限制 Inpersonal-movement	规制透明度 Intransparency	其他歧视性措施 Inotherdiscrim
$lnRCA\_GE_{t-5}$	−,显著	+,不显著	+,显著	−,显著	−,不显著
$lnRCA\_VE_{t-5}$	+,不显著	+,不显著	−,不显著	−,显著	−,显著

注:至少在10%的水平上显著,否则为不显著。"+""−"分别表示系数为正、负。
资料来源:基于回归分析而得。

二、考虑伙伴经济体壁垒的回归分析

在当今经济全球化发展与价值链分工深化的趋势下,每个经济体将不得不融入其中,与其他经济体进行经济往来,进行基于"部门对等互惠"和"公平贸易"意义上的"讨价还价"。因此,我们需要探讨,中国在服务行业上的对外开放(或壁垒设置)是否以及在多大程度上受到伙伴经济体服务行业对外开放(或壁垒设置)的影响。

我们观察中国与其他所有样本经济体在服务行业壁垒设置上的关系,如表8-15所示。

表8-15 中国与其他样本经济体在服务行业壁垒设置上的相关性

	中国					
	总限制指数 lnSTRI	竞争壁垒 Incompetition	外国准入限制 Inforeignentry	人员流动限制 Inpersonalmovement	规制透明度 Intransparency	其他歧视性措施 Inotherdiscrim
澳大利亚	0.644	0.781	0.548	0.767	0.775	0.383
奥地利		0.448	0.264	0.804	0.307	0.601
比利时	0.228	0.583	0.296	0.841	0.420	0.643
巴西	0.622	0.861	0.474	0.714	0.899	0.642
加拿大	0.517	0.818	0.499	0.788	0.668	0.737
瑞士	0.663	0.746	0.581	0.834	0.678	0.732
捷克		0.542		0.676	0.328	0.484
德国		0.384		0.772	0.344	0.286
丹麦	0.249	0.568	0.206	0.801	0.428	0.661
西班牙	0.235	0.571	0.259	0.897	0.485	0.580

（续表）

			中国			
	总限制指数 InSTRI	竞争壁垒 Incompetition	外国准入限制 Inforeignentry	人员流动限制 Inpersonalmovement	规制透明度 Intransparency	其他歧视性措施 Inotherdiscrim
爱沙尼亚		0.664	0.379	0.696	0.373	0.644
芬兰		0.496		0.618	0.326	
法国		0.490	0.296	0.898	0.306	0.781
英国	0.260	0.723	0.254	0.691	0.360	0.527
希腊		0.405	0.418	0.845	0.344	0.630
匈牙利	0.240	0.582	0.405	0.757	0.514	0.652
印度尼西亚	0.303	0.790	0.340	0.919	0.826	0.882
印度	0.296	0.717	0.343	0.895	0.628	0.438
爱尔兰		0.585	0.240	0.562	0.526	0.608
意大利		0.646		0.596	0.489	0.819
日本	0.560	0.827	0.485	0.902	0.832	0.268
韩国	0.383	0.682	0.450	0.911	0.518	
立陶宛		0.520	0.288	0.804	0.403	0.510
卢森堡	0.279	0.438	0.400	0.915	0.241	0.394
拉脱维亚		0.590		0.499		0.761
墨西哥	0.224	0.713		0.679	0.816	0.757
荷兰		0.514		0.750	0.282	0.310
挪威	0.330	0.699	0.236	0.853	0.738	0.726
波兰	0.228	0.518	0.599	0.649	0.335	
葡萄牙		0.400	0.337	0.574	0.403	
俄罗斯		0.680		0.547	0.703	0.749
斯洛伐克		0.484		0.323	0.459	0.495
斯洛文尼亚		0.488	0.365	0.622	0.353	0.256
瑞典		0.516		0.743	0.300	
土耳其	0.604	0.798	0.578	0.939	0.833	0.730
美国	0.322	0.735	0.343	0.627	0.827	0.696

注：在10%的水平上显著。空白处表示在10%的水平上不显著。
资料来源：基于回归结果整理。

可以看到，在服务行业总体限制壁垒方面，中国与36个样本经济体中的19个呈现显著的正相关关系，这些经济体有美国、加拿大、英国、日本、韩国、印度、澳大利亚等。

在服务行业竞争壁垒、人员流动限制方面,中国与所有的36个样本经济体之间都呈现出显著的正相关关系。

在服务行业的外国准入壁垒方面,中国与26个样本经济体呈显著的正相关关系,这些经济体有美国、加拿大、英国、法国、日本、韩国、印度、澳大利亚等。

在服务行业的规制透明度壁垒方面,中国与除拉脱维亚之外的其他所有35个经济体呈显著的正相关关系。

在服务行业的其他歧视性措施方面,中国与除芬兰、韩国、波兰、葡萄牙、瑞典外的其他31个经济体呈显著的正相关关系。

因此,表8-15传递出的信息非常明确,即其他样本经济体服务行业的限制性壁垒越高,则中国服务行业的限制性壁垒也越高,尽管第七章显示中国服务行业存在的壁垒在绝对水平上高于其他经济体尤其是发达经济体。

接下来,我们挑选美国、英国、德国、日本、韩国、俄罗斯这6个经济体,并在回归模型(8-3)中分别引入这些经济体的服务行业限制性指数,从而观察由此带来的影响(见表8-16至表8-21)[1]。

结果显示,对美国、英国、日本、韩国而言,如果它们的服务行业壁垒越高,则中国的服务行业壁垒也将越高;但德国与俄罗斯的服务行业壁垒并未显著影响到中国服务行业的壁垒(只是在个别情形下显著为正或为负)。这些发现基本上与表8-15的结果相同。

第五节 因果关系与内生性问题

前面不管是基于全部样本的计量分析,还是针对中国的计量分析,我们都没有考虑服务行业壁垒与其自身显性比较优势、参与GVC分工、其他经济体服务行业壁垒之间可能存在的内生性问题。也就是说,服务行业的限制性壁垒也可能影响其自身的比较优势、参与GVC分工以及其他经济体的服务行业壁垒水平。比如,如果某个服务行业的限制性壁垒很高,即对外开放

---

[1] 限于篇幅,略去对其他经济体的对比分析。

表 8-16 对中国总体限制性指数 STRI 的回归分析：考虑美国的总体限制性壁垒（lnSTRI_USA）

	OLS (1)	OLS (2)	OLS (3)	OLS (4)	OLS (5)	OLS (6)	OLS (7)	FE (8)	FE (9)
lnSTRI_USA	0.428***	0.434**	0.373**	0.397**	0.418**	0.440**	0.451***	0.781***	0.821***
	(0.152)	(0.166)	(0.157)	(0.159)	(0.166)	(0.157)	(0.155)	(0.153)	(0.021)
$lnID_{t-5}$		−0.006						−1.017***	−1.150***
		(0.056)						(0.199)	(0.054)
$lnOU_{t-5}$			0.055					0.283***	0.273***
			(0.041)					(0.064)	(0.009)
$lnFV\_buy_{t-5}$				0.010				0.296***	0.331***
				(0.015)				(0.056)	(0.032)
$lnFV\_sell_{t-5}$					0.002			−0.080***	−0.079***
					(0.014)			(0.028)	(0.017)
$lnRCA\_GE_{t-5}$						−0.014		0.281***	0.311***
						(0.037)		(0.061)	(0.008)
$lnRCA\_VE_{t-5}$							−0.034	−0.392***	−0.415***
							(0.042)	(0.073)	(0.009)
adj. R^2	0.091	0.077	0.102	0.084	0.077	0.079	0.086	0.427	0.452
p	0.006	0.025	0.010	0.020	0.025	0.024	0.018	0.000	0.000
N	70	70	70	70	70	70	70	70	70

注：***、**、* 分别表示在 1%、5%、10%的水平上显著。系数下面的括号内数字为标准差（对固定效应回归而言是稳健标准差）。常数项省略。固定效应模型控制了年份与行业固定效应。

资料来源：基于回归分析而得。

表 8-17 对中国总体限制性指数 STRI 的回归分析:考虑英国的总体限制性壁垒(lnSTRI_GBR)

	OLS(1)	OLS(2)	OLS(3)	OLS(4)	OLS(5)	OLS(6)	OLS(7)	FE(8)	FE(9)
lnSTRI_GBR	0.545**	0.526**	0.440*	0.484*	0.523*	0.592**	0.635**	0.907***	0.914***
	(0.246)	(0.263)	(0.256)	(0.258)	(0.279)	(0.262)	(0.260)	(0.253)	(0.043)
$lnID_{t-5}$		0.012						−0.675***	−0.736***
		(0.056)						(0.192)	(0.089)
$lnOU_{t-5}$			0.059					0.301***	0.295***
			(0.042)					(0.070)	(0.008)
$lnFV\_buy_{t-5}$				0.012				0.219***	0.235***
				(0.015)				(0.056)	(0.042)
$lnFV\_sell_{t-5}$					0.003			−0.077**	−0.076***
					(0.015)			(0.031)	(0.019)
$lnRCA\_GF_{t-5}$						−0.021		0.198***	0.212***
						(0.039)		(0.063)	(0.015)
$lnRCA\_VE_{t-5}$							−0.046	−0.368***	−0.379***
							(0.044)	(0.079)	(0.008)
adj. R^2	0.054	0.040	0.067	0.049	0.040	0.044	0.055	0.326	0.334
p	0.030	0.094	0.037	0.070	0.095	0.083	0.056	0.000	0.000
N	70	70	70	70	70	70	70	70	70

注:***、**、*分别表示在1%、5%、10%的水平上显著。系数下面的括号内数字为标准差。常数项省略。固定效应模型控制了年份与行业固定效应。对固定效应回归而言是稳健标准差(对固定效应回归而言是稳健标准差)。

资料来源:基于回归分析所得。

表8-18 对中国总体限制性指数STRI的回归分析：考虑德国的总体限制性壁垒(lnSTRI_DEU)

	OLS(1)	OLS(2)	OLS(3)	OLS(4)	OLS(5)	OLS(6)	OLS(7)	FE(8)	FE(9)
lnSTRI_DEU$_{t-5}$	−0.058 (0.269)	−0.124 (0.277)	−0.130 (0.266)	−0.123 (0.271)	−0.182 (0.284)	−0.090 (0.291)	−0.043 (0.280)	0.179 (0.293)	0.201*** (0.021)
lnID$_{t-5}$		0.055 (0.056)						−0.543** (0.209)	−0.603*** (0.085)
lnOU$_{t-5}$			0.083** (0.041)					0.280*** (0.078)	0.276*** (0.007)
lnFV_buy$_{t-5}$				0.022 (0.015)				0.167*** (0.062)	0.184** (0.041)
lnFV_sell$_{t-5}$					0.019 (0.015)			−0.039 (0.034)	−0.039* (0.018)
lnRCA_GE$_{t-5}$						0.012 (0.041)		0.186*** (0.069)	0.199*** (0.012)
lnRCA_VE$_{t-5}$							−0.009 (0.045)	−0.350*** (0.087)	−0.361*** (0.009)
adj. R^2	−0.014	−0.014	0.029	0.002	−0.004	−0.028	−0.029	0.192	0.199
p	0.831	0.599	0.138	0.352	0.428	0.935	0.957	0.004	0.000
N	70	70	70	70	70	70	70	70	70

注：****，***，*分别表示在1%，5%，10%的水平上显著。系数下面的括号内数字为标准差（对固定效应回归而言是稳健标准差）。常数项省略。固定效应模型控制了年份与行业固定效应。
资料来源：基于回归分析而得。

表 8-19 对中国总体限制性指数 STRI 的回归分析：考虑日本的总体限制性壁垒(lnSTRI_JPN)

	OLS (1)	OLS (2)	OLS (3)	OLS (4)	OLS (5)	OLS (6)	OLS (7)	FE (8)	FE (9)
lnSTRI_JPN	0.893***	0.964***	0.996***	0.929***	1.067***	1.050***	1.102***	1.063***	1.062***
	(0.160)	(0.173)	(0.193)	(0.175)	(0.184)	(0.170)	(0.166)	(0.188)	(0.085)
$lnID_{t-5}$		−0.052						−0.471***	−0.500***
		(0.048)						(0.167)	(0.055)
$lnOU_{t-5}$			−0.040					0.108	0.105***
			(0.042)					(0.068)	(0.012)
$lnFV\_buy_{t-5}$				−0.007				0.165***	0.173***
				(0.014)				(0.048)	(0.025)
$lnFV\_sell_{t-5}$					−0.024*			−0.050**	−0.049***
					(0.013)			(0.025)	(0.014)
$lnRCA\_GE_{t-5}$						−0.075**		0.079	0.086***
						(0.033)		(0.059)	(0.019)
$lnRCA\_VE_{t-5}$							−0.113***	−0.236***	−0.241***
							(0.037)	(0.073)	(0.012)
adj. R^2	0.304	0.305	0.303	0.296	0.326	0.344	0.379	0.463	0.465
p	0.000	0.000	0.000	0.000	0.000	0.000	0.000	0.000	0.000
N	70	70	70	70	70	70	70	70	70

注：***，**，* 分别表示在 1%，5%，10% 的水平上显著。系数下面的括号内数字为标准差（对固定效应回归而言是稳健标准差）。常数项省略。固定效应模型控制了年份与行业固定效应。

资料来源：基于回归分析所得。

表 8-20 对中国总体限制性指数 STRI 的回归分析:考虑韩国的总体限制性壁垒($\ln STRI\_KOR$)

	OLS (1)	OLS (2)	OLS (3)	OLS (4)	OLS (5)	OLS (6)	OLS (7)	FE (8)	FE (9)
$\ln STRI\_KOR$	0.307***	0.306***	0.282***	0.293***	0.309***	0.423***	0.407***	0.352***	0.346***
	(0.090)	(0.094)	(0.102)	(0.094)	(0.097)	(0.105)	(0.099)	(0.120)	(0.029)
$\ln ID_{t-5}$		0.002						−0.333	−0.371***
		(0.052)						(0.203)	(0.065)
$\ln OU_{t-5}$			0.024					0.150*	0.149***
			(0.044)					(0.082)	(0.015)
$\ln FV\_buy_{t-5}$				0.008				0.123**	0.132**
				(0.015)				(0.056)	(0.032)
$\ln FV\_sell_{t-5}$					−0.000			−0.018	−0.017
					(0.014)			(0.029)	(0.013)
$\ln RCA\_GE_{t-5}$						−0.082**		0.049	0.059*
						(0.041)		(0.080)	(0.022)
$\ln RCA\_VE_{t-5}$							−0.095**	−0.278***	−0.285***
							(0.044)	(0.084)	(0.010)
adj. R^2	0.134	0.121	0.125	0.125	0.121	0.171	0.179	0.286	0.287
p	0.001	0.005	0.004	0.004	0.005	0.001	0.001	0.000	0.000
N	70	70	70	70	70	70	70	70	70

注:***,**,*分别表示在 1%,5%,10% 的水平上显著。系数下面的括号内数字为标准差(对固定效应回归而言是稳健标准差)。常数项省略。固定效应模型控制了年份与行业固定效应。

资料来源:基于回归分析而得。

表 8-21 对中国总体限制性指数 STRI 的回归分析:考虑俄罗斯的总体限制性壁垒(lnSTRI_RUS)

	OLS (1)	OLS (2)	OLS (3)	OLS (4)	OLS (5)	OLS (6)	OLS (7)	FE (8)	FE (9)
lnSTRI_RUS	−0.150 (0.153)	−0.248 (0.167)	−0.348** (0.163)	−0.282* (0.164)	−0.255 (0.164)	−0.149 (0.155)	−0.148 (0.158)	−0.465** (0.182)	−0.454*** (0.048)
$lnID_{t-5}$		0.084 (0.058)						−0.243 (0.223)	−0.270** (0.075)
$lnOU_{t-5}$			0.121*** (0.044)					0.320*** (0.075)	0.317*** (0.008)
$lnFV\_buy_{t-5}$				0.032* (0.016)				0.105* (0.059)	0.112* (0.032)
$lnFV\_sell_{t-5}$					0.025* (0.015)			−0.030 (0.030)	−0.030 (0.016)
$lnRCA\_GE_{t-5}$						0.006 (0.038)		0.097 (0.075)	0.104** (0.023)
$lnRCA\_VE_{t-5}$							−0.003 (0.044)	−0.321*** (0.083)	−0.324*** (0.009)
adj. R^2	−0.001	0.015	0.088	0.041	0.025	−0.015	−0.016	0.264	0.264
p	0.332	0.223	0.017	0.092	0.160	0.618	0.626	0.000	0.000
N	70	70	70	70	70	70	70	70	70

注:***,**,*分别表示在1%,5%,10%的水平上显著。系数下面的括号内数字为标准差(对固定效应回归而言是稳健标准差)。常数项省略。固定效应模型控制了年份与行业固定效应。
资料来源:基于回归分析所得。

程度很低,市场竞争很低,该行业的发展与竞争力就可能很落后,其参与 GVC 分工的程度可能就很低,这样就有可能招致其他经济体提高其服务行业的限制性壁垒。为了解决这一问题,我们采用系统 GMM 估计方法处理上面基准回归可能存在的内生性问题[1]。

我们将因变量的滞后项作为解释变量,所有其他解释变量滞后项的影响可以通过因变量滞后项反映出来;将因变量滞后项作为内生变量,将自变量及年份作为前定变量纳入 GMM 工具变量,从而解决因变量自身与当期自变量之间可能的内生性。我们重点对表 8-9 与表 8-13 进行 GMM 再估计,估计结果见表 8-22 和表 8-23。回归结果显示,Hansen 检验并不拒绝工具变量的外生性假设,Arellano-Bond 检验拒绝二阶自相关假设,这意味着系统 GMM 估计是有效的。

从表 8-22 与表 8-23 可以看出,核心解释变量的系数尽管不显著,但大多为负,意味着服务行业的显性比较优势越强、参与 GVC 分工程度越高,服务行业的限制性壁垒就越低(或开放程度就越高)。因此,系统 GMM 估计结果在总体上仍然支持前面基准模型的回归结果。

表 8-22 对总体限制性指数 STRI 的回归分析:GMM 估计(自变量滞后 5 年,全部样本)

	OLS (1)	OLS (2)	OLS (3)	OLS (4)	OLS (5)	OLS (6)
$\ln ID_{t-5}$	−0.005 (0.010)					
$\ln OU_{t-5}$		−0.003 (0.009)				
$\ln FV\_buy_{t-5}$			−0.005 (0.006)			

---

[1] Arellano and Bover(1995)、Blundell and Bond(1998)证实,在时间序列数量较小时,一阶差分 GMM 估计仍会产生显著的有偏结果。为此,他们提出用系统 GMM 估计方法解决有偏问题。Roodman (2009)指出,采用 GMM 方法进行估计需要注意:(1)工具数量一般不要超过样本组数。工具变量过多,会导致 over-identification test 不准确。一般而言,Hansen 统计量的 p 值应为(0.1, 0.25),若在这一区间之外,则要小心。太小则表明拒绝工具变量有效性假设,太大则表明选取的工具太多,Hansen 检验变弱了。通常需要限制工具变量数据,可以用"collapse"选项。(2)时间序列较短、横截面较大。当横截面不是太大但仍可以接受时,可以加上选项"small"。

(续表)

	OLS (1)	OLS (2)	OLS (3)	OLS (4)	OLS (5)	OLS (6)
$\ln FV\_sell_{t-5}$				−0.003 (0.004)		
$\ln RCA\_GE_{t-5}$					−0.003 (0.009)	
$\ln RCA\_VE_{t-5}$						0.001 (0.019)
L. lnSTRI	0.828** (0.408)	0.824** (0.405)	0.636 (0.439)	0.666 (0.408)	0.814* (0.418)	0.947*** (0.316)
Hansen test	0.319	0.331	0.491	0.342	0.65	0.691
AR(1)	0.222	0.21	0.397	0.341	0.24	0.052
AR(2)	—	—	—	—	—	—
年份固定效应	Yes	Yes	Yes	Yes	Yes	Yes
N	1 536	1 536	1 536	1 536	1 536	1 536

注:括号内数值为稳健标准差。*、**、***分别表示在10%、5%、1%的统计水平上显著。L. lnSTRI表示因变量 lnSTRI 的滞后一期项。

资料来源:基于回归分析而得。

表 8-23 对中国总体限制性指数 STRI 的回归分析:GMM 估计
（自变量滞后 5 年,未考虑伙伴经济体的总体限制性壁垒）

	OLS (1)	OLS (2)	OLS (3)	OLS (4)	OLS (5)	OLS (6)
$\ln ID_{t-5}$	−0.008 (0.011)					
$\ln OU_{t-5}$		−0.015 (0.009)				
$\ln FV\_buy_{t-5}$			0.000 (0.002)			
$\ln FV\_sell_{t-5}$				−0.004 (0.003)		
$\ln RCA\_GE_{t-5}$					−0.010 (0.006)	
$\ln RCA\_VE_{t-5}$						−0.004 (0.005)

(续表)

	OLS(1)	OLS(2)	OLS(3)	OLS(4)	OLS(5)	OLS(6)
L. lnSTRI	1.085***	1.102***	1.071***	1.098***	1.080***	1.076***
	(0.038)	(0.048)	(0.030)	(0.043)	(0.032)	(0.028)
Hansen test	0.223	0.364	0.188	0.373	0.237	0.316
AR(1)	0.315	0.307	0.318	0.300	0.320	0.294
AR(2)	0.319	0.429	0.303	0.455	0.363	0.334
年份固定效应	Yes	Yes	Yes	Yes	Yes	Yes
N	56	56	56	56	56	56

注：括号内数值为稳健标准差。*、**、*** 分别表示在10%、5%、1%的统计水平上显著。L. lnSTRI表示因变量lnSTRI的滞后一期项。

资料来源：基于回归分析而得。

第六节　本章主要结论与讨论

本章从跨国比较、总体服务行业及其分部门的角度探讨了中国生产性服务对外开放的基本动因。

基于全部样本的实证分析结果表明，服务行业参与全球价值链分工的程度越深、服务行业的显性比较优势越强，其受到的限制性壁垒就越低，即服务行业就越开放。针对中国的实证分析结果表明，服务行业的显性比较优势越强，其受到的限制性壁垒就越低，而服务行业参与GVC分工的程度对其对外开放程度的影响则不确定或不显著；但如果伙伴经济体服务行业的限制性壁垒越高，中国服务行业的限制性壁垒也会越高。

早在2001年"入世"时，中国在坚持"以发展中国家的身份'入世'"这一基本原则的同时，对服务贸易做出了较高的承诺减让。从长远看，将有利于中国国内服务领域的发展。Hoekman and Kostecki(1995)指出，GATS成员中的发展中国家所能获得的大多数潜在好处来自他们自身市场的自由化；许多降低服务业经济效率的贸易限制是各国国内土生土长的，这是由于政府并不总是寻求正确的政策；GATS成员资格不仅可以增加最初改革的可信度，而且可以帮助政府将来抵制那些具有政治影响力的利益集团寻租的要求。

尽管计量分析显示中国服务行业对外开放的基本动因是基于"部门对等互惠"和"公平贸易"意义上的"讨价还价",而不是完全基于自身的显性比较优势与GVC分工参与程度,但就中国经济的长期、健康、可持续发展而言,主动扩大与深化服务行业的市场化改革与开放非常关键。唯有如此,才能切实增强国内服务生产能力、提高服务质量和建立可靠的提供服务的信誉,从而提高自身服务业的国际竞争力。同时,服务特别是生产性服务(producer services)又是生产商品的中间投入,这样,获得高质量和低成本的服务将会增加商品的产出,并使其在国际市场上更具竞争力,从而形成制造业与服务业、货物贸易与服务贸易良性互动的局面。

附录:

表 A8-1 对总体限制性指数 STRI 的回归分析:因变量为 lnSTRI

	OLS (1)	OLS (2)	OLS (3)	OLS (4)	OLS (5)	OLS (6)	OLS (7)	FE (8)
lnID	0.147*** (0.049)	0.069*** (0.024)	0.123** (0.050)	0.059** (0.024)				
lnOU					0.065*** (0.020)	0.023 (0.023)	0.082*** (0.021)	0.041* (0.024)
lnFV_buy	−0.010 (0.015)		−0.003 (0.015)		0.010 (0.009)		0.013 (0.008)	
lnFV_sell		0.019** (0.008)		0.023*** (0.007)		0.020** (0.008)		0.021*** (0.007)
lnRCA_GE	−0.012* (0.006)	−0.021*** (0.006)			−0.013** (0.006)	−0.018*** (0.006)		
lnRCA_VE			−0.024*** (0.009)	−0.039*** (0.009)			−0.039*** (0.009)	−0.041*** (0.009)
adj. R-sq	0.035	0.055	0.043	0.074	0.034	0.044	0.062	0.070
p	0.000	0.001	0.000	0.000	0.019	0.004	0.000	0.000
N	512	512	512	512	512	512	512	512

注:***、**、*分别表示在1%、5%、10%的水平上显著。系数下面的括号内数字为标准差(对固定效应回归而言是稳健标准差)。固定效应模型控制了国家与行业固定效应。

资料来源:基于回归分析而得。

第九章

促进中国生产性服务业对外开放的战略与政策思考

服务业在国民经济中的地位在不断上升,已不再是边缘化的或奢侈的经济活动,而是位于经济的核心地带。服务业特别是生产性服务业在国民经济中的突出作用表现在其具有"黏合剂"的功能,也正因为这一功能使之成为经济增长和效率提高的助推器、经济竞争力提升的牵引力、经济变革与经济全球化的催化剂。经过40余年的改革开放,尤其自加入WTO以来,中国已经深入地融入世界经济,并取得了世界瞩目的经济成就,但服务行业包括生产性服务业的发展、改革与开放却相对滞后,成为制约中国整体经济进一步发展、改革与开放的瓶颈。本书正是基于这一背景,从理论与经验两个层面较为深入地研究了中国生产性服务业的发展基础与国际竞争力、对外开放与自由化程度、对外开放动因与效应,为本章关于如何促进中国生产性服务业对外开放的战略、路径与政策思考奠定了实证基础。

第一节 主要研究工作及发现

在系统概括国内外现实背景和研究背景、整合与构建跨国投入-产出数据等相关数据库以及优化研究方法的基础上,本书重点完成了四个方面的研究工作,并由此获得一些新的发现。

一、关于生产性服务业增长机制与经济效应的研究

首先,在理论上,我们受到Francois(1990)规模报酬递增与垄断竞争模

型以及Romer(1990)含有产品品种扩张的内生增长模型的启发,构建了一个局部均衡分析框架,讨论专业化、产出规模、生产性服务的劳动投入份额与最终产品或部门生产率之间的关系。我们推导出三个基本假说:(1)专业化分工会随着经济产出的扩张而深化;(2)生产性服务的就业份额会随着经济产出的扩张而上升,但也会随着生产性服务的劳动生产率的提高而下降;(3)最终产品或部门的生产率会随着生产性服务的劳动力投入的增加而上升。

其次,在经验上,我们采用基于跨国投入-产出表的多国、多行业面板数据进行分析,发现:(1)产出规模扩张10%,将导致价值链分工程度上升0.1%—0.2%,从而验证了我们的第一个假说。(2)整体看,生产性服务就业比重与产出规模显著正相关,与从事生产性服务活动的劳动生产率显著负相关,但产出规模效应起主导作用。如果将一个经济体(行业)使用的生产性服务所含劳动力要素的来源区分为国内与国外两部分,则一个经济体(行业)产出规模的扩大对生产性服务活动所含的国内就业的促进效应更大一些。(3)整体来看,最终产品/行业的生产率与生产性服务增长之间显著正相关。如果生产性服务因为源自本国的劳动投入增长而增长,则最终产品/行业的全要素生产率并未得到显著提升;但如果生产性服务因为源自外国的劳动投入增长而增长,则最终产品/行业的全要素生产率将显著趋于上升。这些发现对不同的模型设定以及考虑劳动力技能方面异质性的分析均是稳健可信的。总之,经验分析结果均支持我们提出的三个假说。

本书的研究从全球价值链分工的视角重新理解服务业特别是生产性服务业在现代经济中发挥的日益重要的作用,但传统上服务业都被认为不仅自身无法实现显著的生产率增长,而且会导致"成本病"问题,拖累整个经济增长。

这一理论与经验分析结果具有鲜明的政策含义。首先,推动服务市场尤其是生产性服务市场的开放与竞争、打破封闭与垄断是扩张国内外市场容量的根本途径,这有助于扩大产出规模,形成规模经济效应,从而扩大对生产性服务的中间需求,促进生产性服务增长。其次,在全球价值链分工的背景下,经由开放与竞争而获得多样化、高效率的生产性服务将有助于提升生产性服务使用者(如最终产品/行业)的生产率。换句话说,如果没有生产性服务领域的改革开放,仅靠生产性服务使用者(如制造业和农业领域)的改革开放,则无法有效而最大限度地增进双重(生产性服务的数量与质量、生产性服务的提供者与使用者)经济绩效。这对中国目前正在推进的服务领域改革开放与发展战略无疑具有一定的启示作用。

二、关于中国生产性服务业发展基础与国际竞争力的研究

我们分别从国内产业与国际贸易两个角度,比较分析中国生产性服务业的发展水平、结构变化、产业关联以及国际竞争力。

一方面,我们从生产性服务业的内涵而不是从具体的带有生产性服务特性的服务部门出发,基于投入-产出法和跨国投入-产出数据,并采用相应的分析指标(包括增加值率、服务投入率、生产性服务比率、产业关联系数等),对中国和其他各个经济体的生产性服务业发展水平、部门结构及产业关联进行比较研究。结果表明:(1)与其他样本经济体相比,中国生产性服务业的发展水平相对较低;国民经济中的物质性投入消耗相对较大,而服务性投入(生产性服务)消耗相对较小;国民经济的增加值比率也相对较低。这一状况在即使考虑到发展阶段的影响因素之后仍然如此。(2)在生产性服务的部门构成方面,批发(不含机动车),金融服务(不含保险、养老金),法律、会计、总部服务、管理咨询等三个服务部门(均超过10%)合计占中国生产性服务提供的43.76%。(3)所有样本经济体与所有行业平均而言,被国内使用的生产性服务占全部生产性服务使用的70%以上。对中国而言,近57%的生产性服务投到了服务业,在所有样本经济体中仅高于印度,列倒数第二位;大约36%的生产性服务投到了制造业,在所有样本经济体中仅低于印度,列第二位。也就是说,中国与其他经济体的共性是,服务业的生产性服务投入率最高,但不同的是,中国大多数产业的生产性服务投入率均比其他经济体的平均水平(甚至大部分经济体)要低,表明后者的服务经济发展水平高于中国,而中国目前仍处于工业化发展阶段,尚未进入服务经济时代或后工业化社会。(4)在服务部门的生产性服务特性方面,中国与美国的相关性为0.668,与印度的相关性为0.835。但与美国等其他经济体不同的是,中国的行政管理及支持服务、计算机编程及相关活动和信息服务则具有消费性服务的特征,旅馆及餐饮服务则具有生产性服务的特征。(5)中国的前向关联系数大于1的、具有显著生产性服务功能的行业有15个(包括运输服务、批发零售、

金融、专业服务以及技术服务等)。但房地产行业的前向关联与后向关联系数都很低(即使与其他样本经济体相比也是如此)。这意味着中国房地产行业已经严重脱离整个国民经济的发展。与其他经济体类似的,中国制造业的前后关联系数要比服务业大(以标准化之后的指标衡量)。相当一部分制造行业(如焦炭及炼油,化工及化学制品,橡胶及塑料产品,基本金属等)的关联系数都在 1.5 以上,具有较强的产业关联性。

另一方面,我们从国际贸易的角度,采用学界常用的 RCA 指数,并基于总值贸易与增加值贸易两个维度进行比较分析。在此基础上,我们进一步检验了服务国际竞争力对服务贸易差额的影响,从非价格因素的角度解释"服务贸易差额悖论"产生的原因。结果表明:(1)无论以总值贸易还是以增加值贸易衡量,中国服务行业的 RCA 指数都很低。意味着中国服务行业的国际竞争力较弱,而作为服务业重要组成部分的生产性服务业的国际竞争力也是如此。(2)服务国际竞争力越高(低),服务贸易顺差的规模或可能性就越大(小),从而从非价格因素的角度解释了"服务贸易差额悖论"产生的原因。这意味着,服务贸易领域的"质量竞争"可能比"价格竞争"更重要,QHFT 模型和 Alchian-Allen 假说所强调的"质量筛选"机制在服务贸易领域可能更加普遍。所以,中国发展服务贸易不能套用发展货物贸易的经验,而应该更加关注非价格(成本)因素的作用,特别是要把提高质量作为重中之重。但服务质量是多维度的,受到很多经济与非经济因素的影响。比如,高等教育服务,尤其是中国与美国之间的双边高等教育服务贸易,中国对美国存在巨额逆差。很显然,这其中的非价格因素(包括世界主导性语言、现代主流科技文明、教育教学质量、体制机制等)起着关键作用,这对其他服务领域也是很有启发性的。

三、关于中国生产性服务业对外开放与自由化程度的研究

首先,我们基于跨国投入-产出数据,从全球价值链(GVC)参与程度与国内外增加值含量分解两个方面,测算中国服务业特别是生产性服务业的对外开放程度。一方面,我们分别基于投入下游度(ID 指数)与产出上游度(OU 指数)两种指标来衡量 GVC 参与程度。ID 指数越大(小),则某行业/产品的总投入中的中间投入部分(相对于初始投入或直接增加值)所占份额就越高(低),潜在的 GVC 分工参与程度就越高(低)。OU 指数越大(小),则

某行业的总产出中的中间使用部分(相对于最终使用)所占份额就越高(低),潜在的 GVC 分工参与程度就越高(低)。我们发现,以这两种指标衡量,中国服务业参与全球价值链分工的程度都很高,而且在样本时期里大多数服务行业参与 GVC 分工的水平都出现了不同程度的提升。这背后的主要机制是,越来越多的服务作为中间品(生产性服务)参与了 GVC 分工,即使这些服务是不可贸易的或可贸易性较低,或者这些服务的市场开放受到政府限制。另一方面,为了分解中国服务行业的国内外增加值含量,我们分别从需求与供给两个角度进行测算。从需求或购买者的角度,我们把中国的服务行业作为购买方,计算其购买的全部增加值中的国外部分占比(FV_buy)。从供给或出售者的视角,我们把中国的服务行业作为出售方,计算其出售的全部增加值中的国外部分占比(FV_sell)。结果表明,中国服务行业的 FV_buy(购买的外国增加值占比)、FV_sell(被外国使用的增加值占比)都很低。这与库兹涅茨的发现相一致,即大国的对外贸易依存度一般较低。但我们这里的贸易(购买与出售)则是以增加值衡量的。在样本时期里,大多数服务行业的 FV_buy 都出现了不同程度的下降,大多数服务行业的 FV_sell 则出现了不同程度的上升。这些变化既可能意味着中国服务行业国际竞争力的提升,也可能意味着中国服务市场限制性壁垒的高企,因而与基于 ID 指数和 OU 指数的测算结果并不矛盾。

其次,我们在回顾全球服务领域自由化制度安排及其演进的基础上,采用 OECD 服务贸易限制指数(STRI 指数)对中国的生产性服务业开放水平进行评估,并进行国际比较分析。结果表明:(1)基于 STRI 总指数衡量,中国属于世界上服务市场限制程度最高的少数几个国家之一。中国除建筑设计之外的其他所有服务部门的限制性壁垒均高于全球平均水平,其中,广播、快递、动画、录音、电信、数字服务这 6 个行业的限制性壁垒是全球最高的。2014—2018 年,中国服务市场的平均限制程度是趋于上升的。快递、广播与会计是中国国内的总体限制性壁垒最高的 3 个行业。(2)基于分项 STRI 指数衡量,外国准入限制是绝大多数服务部门最为关键的限制性壁垒。2014—2018 年,中国所有服务部门的规制透明度都趋于恶化,人员流动限制与其他歧视性措施有增无减,竞争壁垒在大多数行业趋于增加。在服务市场的人员流动限制方面,中国是中等偏宽松的国家。但以竞争壁垒、外国准入限制、规制透明度及其他歧视性措施壁垒衡量,中国属于世界上服务市场开放度和自由度最低的少数几个国家之一。(3)有些服务部门(如广播、电信等)的限制性壁垒较高,可能是因为这些部门受到政治与意识形态因素的影响太大。

四、关于中国生产性服务业对外开放动因的研究

我们重点分析服务行业的对外开放壁垒(自由化的反面)是如何受到服务行业自身的显性比较优势、参与 GVC 分工程度以及伙伴经济体服务行业壁垒影响的。服务行业自身的显性比较优势及参与 GVC 分工的程度属于服务行业自身因素;伙伴经济体的服务行业壁垒高低,既可以看作国家之间战略互动的政治经济学动因,也可以看作服务领域开放承诺(基于 WTO/GATS)的"部门对等互惠"与"讨价还价"。

基于全部样本的实证分析结果表明,服务行业参与全球价值链分工的程度越深、服务行业的显性比较优势越强,其受到的限制性壁垒就越低,即服务行业就越开放。针对中国的实证分析结果表明,服务行业的显性比较优势越强,其受到的限制性壁垒就越低,而服务行业参与 GVC 分工的程度对其对外开放程度的影响则不确定或不显著;但如果伙伴经济体服务行业的限制性壁垒越高,则中国服务行业的限制性壁垒也会越高。

可以看出,中国服务行业对外开放的基本动因是基于"部门对等互惠"和"公平贸易"意义上的"讨价还价",而不是完全基于自身的显性比较优势与 GVC 分工参与程度。但已有研究表明,《服务贸易总协定》(GATS)成员中的发展中国家所能获得的大多数潜在好处来自他们自身市场的自由化;许多降低服务业经济效率的贸易限制是各国国内土生土长的,这是由于政府并不总是寻求正确的政策;GATS 成员资格不仅可以增加最初改革的可信度,而且可以帮助政府将来抵制那些具有政治影响力的利益集团寻租的要求。因此,就中国经济的长期、健康、可持续发展而言,主动扩大与深化服务行业的市场化改革与开放非常关键。唯有如此,才能切实增强国内服务生产能力、提高服务质量和建立可靠的提供服务的信誉,从而提高自身服务业的国际竞争力。同时,服务特别是生产性服务(producer services)又是生产商品的中间投入,这样,获得高质量和低成本的服务将会增加商品的产出,并使其在国际市场上更具竞争力,从而形成制造业与服务业、货物贸易与服务贸易良性互动的局面。

第二节　战略和政策启示及讨论

基于较为系统的理论研究、经验分析与计量检验以及由此得到的基本结论，我们需要在战略与政策层面思考如何扩大中国生产性服务业的对外开放。具体包括以下六个方面。

一、解放思想，回归生产性服务业的经济属性

在思想观念方面一直存在着两种倾向：一是服务业包括生产性服务业是不创造价值的[1]；二是服务行业的过分意识形态化。

造成第一种倾向的根源在于经济学思维上的商品与服务"两分法"，而"两分法"的直接理论根源是生产性劳动与非生产性劳动的界分。价值论认为，商品在经济学理论中具有相对独立的价值，服务则没有这种价值或只有派生于商品生产过程的附属价值。对服务的价值歧视肇始于古典经济学的创立，根源于古典经济学的价值规范。

古典经济学体系的创立与发展强烈地依赖着劳动（要素）价值学说和交换价值概念。由于生产性劳动同非生产性劳动的界分，商品无可争议地拥有同古典经济学既定的逻辑体系相协调的价值基础，但服务则因与非生产性劳动相联系，而被排除在古典价值论的逻辑之外。生产性劳动与物质生产部门相联系，非生产性劳动则与非物质生产部门相关。这就是服务与商品"两分法"的经济学幻觉。更深入一点分析，我们则可以发现一条导致"两分法"产生的微妙的思维路径（如图9-1所示）。

我们知道，马克思主义哲学的基本问题之一是意识与存在的关系问题，即存在是第一性的，意识是第二性的，存在决定意识。以社会构成体为具体表现的客观存在（人类社会）包括上层建筑和经济基础，经济基础决定上层建筑。经济基础按生产部门分包括物质生产部门和非物质生产部门，而传统上

---

[1] 比如，对创意、理念等服务活动价值的轻视与低估。但戴尔·尼夫指出，"在当今世界各国'知识深化'（knowledge deepening）不断发展的情况下，越来越多的人在从事创造思想、解决问题或出售服务而非生产任何有形商品的活动"（参见戴尔·尼夫：《知识对经济的影响力》，邸东辉、范建军译，新华出版社1999年版）。

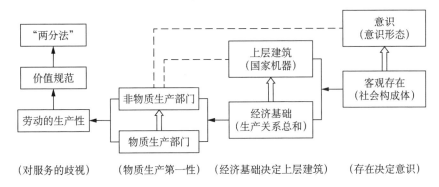

图 9-1　服务与商品"两分法"的经济学与哲学探源

资料来源：基于程大中(2002, 2006)。

往往认为物质生产是第一性的,非物质生产是第二性的。现实表明,非物质生产常常与作为上层建筑的国家机器(政府服务)以及意识形态(文化、教育服务等)密切相关。这也正是马克思(还有斯密)划分生产性劳动与非生产性劳动,并以此批判资本主义制度(上层建筑、意识形态等)的革命性前提。然而,现实经济特别是社会主义国家经济中的服务领域的发展,对这一革命性前提构成了颠覆性的挑战。这些领域的所有表现同整个生产相比,再也不像马克思所说的"微不足道,因此可以完全置之不理"了[1]。但传统的经济学与哲学观点妨碍了人们正确地评价服务行业包括生产性服务业的经济价值。

第二种倾向是服务行业涉及意识形态问题。这与第一种倾向密切相关,并且主要表现在信息(互联网)服务、教育服务、文化娱乐服务、新闻出版、传媒(包括广播、电影、电视)等服务领域。

以上两种倾向的存在必然会严重阻碍服务行业包括生产性服务业的发展,因此,当务之急是解放思想,回归生产性服务业的经济属性。

二、打破行政性垄断,促进生产性服务业的市场竞争

目前,中国部分服务行业的行政性垄断程度较高,市场竞争不足。这些服务行业大多处于产业链和价值链的上游,属于生产性服务业,如金融、电信、运输等。实际上,这些行业不仅存在行政性垄断,也存在市场垄断。两种垄断并存极大地扭曲了资源配置,抑制、破坏了服务市场竞争,降低了服务生产效率。

---

[1]《马克思恩格斯全集》第 26 卷(I),第 443 页,人民出版社 1972 年版。

因此,我们应适应服务业产业化、市场化和国际化发展的大趋势,积极推进相关改革和开放,减少和消除扭曲,以改革和开放促发展,增强服务业发展的活力与动力。加快服务业发展,核心是体制、机制与政策创新,关键是打破垄断、放宽准入领域以及建立公开、平等、规范的行业准入制度,促进有序竞争,中心环节是国有与集体服务性企业的产权改革与管理变革,特别关注点是要始终把体制、机制和政策创新与调整、优化服务业结构有机结合起来。

在打破行政性垄断的同时,应高度重视市场环境建设方面,倡导"规范诚信服务",整顿和规范市场运行秩序,打造诚信经济,为服务经济发展营造良好的社会信用环境。健全服务业标准体系,推进服务业标准化和规范化。鼓励服务业行业协会建设和市场化运作,发挥其在市场规范、行业自律、企业与政府沟通等方面的积极作用。

三、降低交易成本,发挥好生产性服务业的黏合剂作用

中国传统经济体制下企业"办社会"的思想意识和实践观念仍然残留至今。国有经济占绝对控制地位的工业所有制结构的形成,以及农业经营的人民公社化,使得工业经济和农业经济被分割成无数个"孤岛",如有些国有企业与人民公社。这些"孤岛"在传统体制下相互联系薄弱,有的"孤岛"就是一个独立的经济王国,学校教育、医院、后勤等服务几乎样样俱全。几乎所有的服务都被企业和人民公社"内部化"了,服务"外部化或市场化"严重不足,市场上交易的服务微乎其微。

由于服务交易的市场规模较小、市场化程度不高,服务提供缺乏足够的市场竞争,使得服务提供缺乏应有的标准与规范,提高服务质量的激励与约束严重不足,致使服务的消费与提供之间缺乏应有的信任机制。服务的标准化、规范化与诚信度严重不足,大大增加了服务的市场交易成本。从经济学理论上讲,作为商品与其他服务生产过程的中间投入的生产性服务,其外部化或市场化程度取决于专业化经济——互补经济与交易成本之间的权衡(trade-off)。只要有专业化经济、最终产品或服务生产中的中间产品互补经济以及交易成本,就需要权衡取舍。复杂的中间投入种类越多,生产力就越高,但与此相应的是交易次数和相关成本也越多(杨小凯,1998)。

加入 WTO 之后,中国服务业在这些年确实出现了很好的发展势头,但

与此同时也出现了严重的虚化问题。原先在发达国家出现的问题,如"成本病"等,在我们国家也越来越明显。服务业已经成为实体经济发展的负担和障碍,是实体经济的"寄生虫"。这方面的例子非常多。以前讨论的"成本病"问题还主要是指最终需求,现在中间需求(对生产性服务的需求)也出现了"成本病"问题,如运输成本高昂。对运输服务的需求主要是中间需求,当然人也会坐车(这是最终需求),但主要是中间服务需求。现在种菜的不如卖菜的,制造东西的不如卖东西的,造房子的不如卖房子的,这种现象比比皆是。有一项统计表明,中国高速公路收费站有两万多个,这种运输成本非常高昂[1]。菜场里的菜生产成本并不很高,但由于运输成本高昂而运不过来。所以,高昂的运输成本已经成为阻碍整个销售和市场环节的重要因素。

各种显性的和隐性的市场交易成本使得行业之间的专业化分工水平低下、外部化和市场化不足。有相当规模的生产性服务供求的实现是基于企业内部循环(企业内部自我提供生产性服务),尚未演进到市场循环(企业通过市场交易从专业化服务性企业那里购买生产性服务)[2]。因此,只有切实降低交易成本,才能更好地深化生产性服务业的专业化分工,也才能发挥好生产性服务业的黏合剂作用。

四、顺应全球服务自由化趋势,推动生产性服务业的对外开放

传统的观点认为,服务业不可以贸易,所以服务业开放不重要。但随着服务业的发展,服务也是可以贸易的,因此,对外开放越来越重要。现在,世界各国、各地区对服务业领域的开放问题越来越重视。比如,前面提及,有关国家和地区在1994年《服务贸易总协定》(GATS)基础上达成了一个新的协

---

[1] 一段时间以来,互联网上热议企业家曹德旺到美国投资一事。曹德旺做过测算,在美国的运输成本是一公里不足一美元。
[2] 有些生产性服务如社会审计、质量检测等按照法律规定必须外购。政府在生产性服务外购方面的硬性规定的意义在于,为增强企业之间的信任提供制度保证,这必然会促进生产性服务的外部化和服务业发展。但有些地方、有些部门对此问题却重视不够,政府缺位和政府不作为使得必须外购的生产性服务仍然由企业自己说了算。比如近年来出现的医药质量和安全检验、食品安全检验、生产安全检查等领域的问题都与此有关。但规制也会产生相反的作用。当政府规章侵犯企业经营自主权,限制服务提供的自由时,企业设立自己的服务部门而不去外购服务,在成本上可能更有利。另外,由于国内规制和贸易障碍的存在,外国服务提供者的市场进入会变得更加困难。这些势必影响国内服务的市场化和外部化发展(程大中,2008)。

议——《服务贸易协定》(TiSA)。这个协定在原来GATS的基础上往前迈出了很大的一步,旨在没有例外、没有限制地开放所有的服务行业,这种开放力度是中国服务业远远不及的。

长期的对外开放力度不足、对外开放水平低下,导致中国服务业的国际竞争力低下、国际化和高端化不足,也就导致了中国生产性服务业总体上处于"低端生产性服务↔低端产品与服务的生产(如低端制造业和农业)"的低端市场循环,尚未真正嵌入或融入发达国家主导的"高端生产性服务↔高端产品与服务的生产(如高端制造业和农业)"的高端市场循环。

前面也已经提及两位学者Barry Eichengreen and Poonam Gupta(2013)做过的一项研究。他们基于半个多世纪的跨国数据分析发现,服务业有两波增长态势,第一波增长发生在人均收入1 800美元(以2000年的购买力平价换算)之前,第二波增长发生在人均收入4 000美元之后。在这两波增长阶段之间的服务业比重往往徘徊不前,可以看作"陷阱"(当然,不同经济体的"陷阱"宽度可能不同)。第二波增长对应的是上中等收入水平国家的服务业增长阶段,目前中国正好处于这个时期。上中等收入经济体的服务业第二波增长,对民主化程度较高、靠近主要金融中心以及开放程度较高的经济体尤其显著。民主化程度越高(较少抑制信息和通信技术的传播)、越靠近主要金融中心(易于金融业的发展)以及开放程度越高(易于服务贸易的发展)的经济体,就越容易利用这些服务部门提供的机遇。因此,在开放经济情况下发展服务经济,不仅仅涉及经济方面的政策措施,还要有相应的政治、意识形态和社会方面的良好条件[1]。

---

[1] 另外需要指出的是,近年来,国内有些地方促进服务业对外开放的措施和方法并不得当,甚至是按照制造业那一套搞服务业。比如,现在许多地方为促进服务业开放搞了很多自贸园区。问题是,服务业搞改革开放放在自贸园区里做实验是不是合适?世界上很多国家都有自贸园区。美国比较典型,但美国自贸园区的级别比中国自贸园区的级别高,美国对国内的自贸园区有一个规定,里面没有常住居民,不允许服务业,自贸园区里面主要是制造业。但是我们的自贸园区里面什么都有,如2013年设立的上海自贸区和天津自贸区等。为什么世界上很少有国家把服务业放在自贸区里搞实验?这主要是因为服务业和服务经济的特点决定了它不能这样做。第一是服务是无形的,第二是服务和消费同时发生,第三是服务在跨境意义上的可贸易性比较低。这决定了服务的商业存在(涉及FDI)、要素(人员)流动(涉及签证制度)和媒介传输(涉及信息服务开放)的重要性,而所有这些都无法在一个很小的空间里实现。这是涉及一个国家系统性、全局性、垄断性的服务业改革和开放问题。所以,我们现在要改的是那些具有系统性、全局性、垄断性的服务业,而不是那些零星的如餐饮业这样的服务业。所有这些需要改革开放的服务业都不是能够在小小的自贸区里面解决的。

五、鼓励服务创新,促进生产性服务业与其他产业有效融合

通常认为,创新最活跃的领域主要是制造业,服务业大多是难以进行创新的;服务业相对于制造业缺乏创新,因而难以成为经济增长的引擎。没有创新,经济增长就缺乏持久动力。发达国家在第二次世界大战之后,特别是20世纪六七十年代后,服务业发展都出现了创新不足与"成本病"这两个问题。但是它们采取了各种措施来治疗"成本病",促进创新,使服务业成为经济增长的新引擎。最主要的措施除了机制体制的改革外,就是促进人力资本的积累和提高,重视教育和对人的培养,从而促进创新。我们知道,服务业的主要投入是人力投入,所以,重视服务业领域从业人员的教育和培养,特别是基础教育,是解决"成本病"和促进创新的最重要手段。最近有很多研究发现,高技能劳动力比例的上升是促进发达国家高端服务业发展的重要支撑因素。这样就解决了"成本病"问题和缺乏创新问题。

关于创新缺乏的问题主要包括两个方面:一是组织创新,二是技术手段创新。创新缺乏导致服务业越来越难以成为经济增长的引擎。这其中的原因很多,比如我们的服务业脱胎于计划经济,机制体制落后。但事实上,我们仍可以看到服务业在经营组织方式和技术手段方面存在很多创新的潜力。比如,江浙卫视的《中国好声音》就是一个很新颖的组织方式创新;江苏卫视的《非诚勿扰》是征婚服务领域的组织方式创新。新闻媒体服务的组织方式创新带给人们很不一样的感受。技术手段的创新比如互联网的发展,这影响到很多行业、很多领域,如互联网金融、电子商务等。

服务创新一般包括四个层面:(1)微观服务创新,主要包括服务产品创新、服务生产流程创新、服务组织创新、服务市场创新等。这一层面的创新与服务产品本身的独特性质以及服务生产中"人"的因素密切相关。(2)服务产业创新,主要强调知识服务业(knowledge-based services)在产业结构调整中的作用、服务业内部以及服务业与其他产业乃至经济增长之间的关联效应等方面。(3)服务宏观管理创新,这主要强调服务领域中的制度改革与市场化建设。(4)服务创新的国际扩散与国际合作,这强调国际社会如何在多边、双边框架下进行知识产权、技术创新等方面的交流与合作。

重视服务领域的人才和科技支撑、组织创新和管理创新,夯实服务经济

的微观基础以及推动微观企业(主要是制造业企业)的服务化进程。依托高新技术,推进技术创新,实现传统服务业的现代化;依托现代经营方式和组织形式,推进管理创新和组织创新,是实现服务业现代化的组织与管理条件。

六、完善统计核算,提高生产性服务业发展、改革与开放的透明度

在统计领域,人们经常会引用马克·吐温的话:"有三种谎言:谎言、该死的谎言和统计"。也就是说,统计是最不靠谱的。服务业统计也不靠谱,但是统计又非常重要,没有很好的统计,就没有很好的政策,如果我们对自己的情况都不清楚,怎么去搞政策。几年前,笔者曾经翻译过一本书《服务部门产出测算》。笔者在该书的导读中强调,如果缺乏对服务部门的准确统计,我们就无从知道服务业到底发生了什么,这一点对我们进行学术研究和政策制定都非常关键。美国、欧盟在服务经济统计方面走在前列,包括增加值统计、全球价值链统计、服务贸易统计(包括BOP统计与FATS统计)、企业水平统计、服务质量统计等,我们国家现在也开始往这方面努力,但任重道远[1]。

总之,基于对国内外背景、主要问题及其根源的认识,本书提出扩大中国生产性服务业对外开放的基本战略(三大转型):通过扩大对外开放,推动中国生产性服务(业)实现从行政性垄断向市场竞争的转型,从企业内部循环向市场循环的转型,从低端市场循环向高端市场循环的转型,进而提高中国生产性服务业的发展水平与国际竞争力。

中国生产性服务业对外开放的战略目标(四个方面):(1)要有助于经济绩效的"双重提升",即一方面促进生产性服务业自身绩效的提升,另一方面通过生产性服务业扩大开放促进关联行业绩效的提升;(2)要有助于安全高效地利用两个市场和两种资源能力;(3)要有助于提升中国的产业链、价值链

---

[1] 多年来,在国内有些地区特别是城市,地方政府仍然过分强调制造业的发展,对服务业包括生产性服务业的发展重视不够,在用地、税收、供水、供电等方面给予制造业的优惠往往多于服务业。这不仅相对抑制了生产性服务业的发展,还带来统计核算的偏差问题,即为了得到政策优惠,一些本来是从事服务业的企业在工商注册时登记为制造业。从这个意义上讲,服务业统计问题也是政策性问题。

与创新链的国际地位;(4)要有助于形成促进专业化分工、降低交易成本、发挥市场机制作用、符合国际规则的制度体系与环境。

因此,这需要四个方面的战略支撑:(1)资源要素支撑,包括资本、劳动力以及技术要素;(2)微观企业支撑,包括组织、管理等方面;(3)中观产业支撑,包括产业结构、产业之间的相互关联关系;(4)宏观制度支撑,包括体制、机制、规制、政策、法律等方面。

围绕以上基本战略,我们提出扩大中国生产性服务业对外开放的路径:通过扩大对外开放融入国际分工,通过国际化竞争与合作借鉴国际先进经验,打破中国生产性服务业发展的低端循环,嵌入发达经济体主导的高端循环,促进低端生产性服务业的高端化;以此为"标杆"带动国内相关体制、机制、规制、政策等方面的配套改革,打破制度约束与瓶颈,降低交易成本,深化专业化分工,通过国际国内市场化竞争提高绩效,促进内部化生产性服务的外部化与竞争力提升,最终实现中国生产性服务业与其他产业(特别是制造业和农业)的双重转型升级。

为落实扩大中国生产性服务业对外开放的战略与路径,相关推进方案与政策框架的制定无疑会受到很多因素的影响或制约,我们把这些因素总结为"十五大关系":(1)生产性服务的内部化与外部化的关系;(2)生产性服务业自身发展和开放与产业关联的关系;(3)生产性服务业对外开放与价值链地位提升的关系;(4)生产性服务业不同部门的共性与个性的关系;(5)生产性服务业的技术创新与制度创新的关系;(6)生产性服务业的市场竞争与政府规制的关系;(7)生产性服务业开放不同承诺方式(正面清单、负面清单与混合清单)的关系;(8)生产性服务业开放不同提供模式(四种服务贸易提供模式)之间的关系;(9)生产性服务业开放不同平台或框架(WTO多边框架、FTA框架、BIT框架等)的关系;(10)生产性服务业微观基础(企业"走出去"与"引进来")的关系;(11)生产性服务业企业行为与政府竞争中立的关系;(12)生产性服务业扩大开放与服务贸易紧急保障和救济措施之间的关系;(13)生产性服务业扩大开放的行政管理体制与法律制度之间的关系;(14)生产性服务业开放的国内规制与国际规则的关系;(15)生产性服务业开放战略与谈判策略之间的关系。我们需要统筹考虑这些因素,制定可行的实施方案与政策框架,确保基本战略的落实与实现。

参 考 文 献

1. 《马克思恩格斯全集》第 26 卷(I),人民出版社,1972 年。
2. 陈建军、陈国亮、黄洁:《新经济地理学视角下的生产性服务业集聚及其影响因素研究——来自中国 222 个城市的经验证据》,《管理世界》,2009 年第 4 期。
3. 陈宪:《国际服务贸易——原理·政策·产业》,立信会计出版社,2000 年。
4. 程大中:《中国服务贸易显性比较优势与"入世"承诺减让的实证研究》,《管理世界》,2003 年第 7 期。
5. 程大中:《论服务业在国民经济中的"黏合剂"作用》,《财贸经济》,2004 年第 2 期。
6. 程大中:《中国服务业增长的特点、原因及影响——鲍莫尔-富克斯假说及其经验研究》,《中国社会科学》,2004 年第 2 期。
7. 程大中:《生产者服务论》,文汇出版社,2006 年。
8. 程大中:《中国生产性服务业的水平、结构及影响——基于投入-产出法的国际比较研究》,《经济研究》,2008 年第 1 期。
9. 程大中:《中国参与全球价值链分工的程度及演变趋势——基于跨国投入-产出分析》,《经济研究》,2015 年第 9 期。
10. 程大中:《国际服务贸易》,高等教育出版社,2009 年。
11. 程大中:《收入效应、价格效应与中国的服务性消费》,《世界经济》,2009 年第 3 期。
12. 程大中:《中国增加值贸易隐含的要素流向扭曲程度分析》,《经济研究》,2014 年第 9 期。
13. 程大中和程卓:《中国出口贸易中的服务含量分析》,《统计研究》,2015 年第 3 期。
14. 戴尔·尼夫:《知识对经济的影响力》,邸东辉、范建军译,新华出版社,1999 年。
15. 丹尼尔·贝尔:《后工业社会的来临》,高铦等译,商务印书馆,1984 年。
16. 顾乃华和李江帆:《中国服务业技术效率区域差异的实证分析》,《经济研究》,2006 年第 1 期。
17. 郭克莎:《三次产业增长因素及其变动特点分析》,《经济研究》,1992 年第 2 期。

18. 贺正楚、吴艳、张蜜、文先明:《我国生产服务业与战略性新兴产业融合问题研究》,《管理世界》,2012 年第 12 期。

19. 侯永志和陈波:《中国服务业的结构特征》,李善同、华而诚主编:《21 世纪的中国服务业》,经济科学出版社,2002 年。

20. 胡庄君:《我国第三产业固定资产投资的实证分析》,《经济研究》,1993 年第 6 期。

21. 黄少军:《服务业与经济增长》,经济科学出版社,2000 年。

22. 黄维兵:《现代服务经济理论与中国服务业发展》,西南财经大学出版社,2003 年。

23. 建立香港与内地服务产业链战略构想与对策研究课题组:《香港与内地服务产业链策论》,中国经济出版社,2000 年。

24. 江静、刘志彪、于明超:《生产者服务业发展与制造业效率提升》,《世界经济》,2007 年第 8 期。

25. 江小涓:《服务全球化的发展趋势和理论分析》,《经济研究》,2008 年第 2 期。

26. 江小涓:《服务外包:合约形态变革及其理论蕴意——人力资本市场配置与劳务活动企业配置的统一》,《经济研究》,2008 年第 7 期。

27. 江小涓:《高度联通社会中的资源重组与服务业增长》,《经济研究》,2017 年第 3 期。

28. 江小涓:《网络空间服务业:效率、约束及发展前景——以体育和文化产业为例》,《经济研究》,2018 年第 4 期。

29. 江小涓和李辉:《服务业与中国经济:相关性和加快增长的潜力》,《经济研究》,2004 年第 1 期。

30. 李冠霖:《第三产业投入产出分析:从投入产出的角度看第三产业的产业关联与产业波及特性》,中国物价出版社,2002 年。

31. 李江帆:《服务消费品的使用价值与价值》,《中国社会科学》,1984 年第 3 期。

32. 李江帆:《第三产业经济学》,广东人民出版社,1990 年。

33. 李善同和高传胜:《中国生产者服务业发展与制造业升级》,上海三联书店,2008 年。

34. 李善同和华而诚:《21 世纪初的中国服务业》,经济科学出版社,2002 年。

35. 李永友和严岑:《服务业"营改增"能带动制造业升级吗?》,《经济研究》,2018 年第 4 期。

36. 刘培林和宋湛:《服务业与制造业企业法人绩效比较》,《经济研究》,2007 年第 1 期。

37. 刘伟和杨云龙:《工业化与市场化:中国第三次产业发展的双重历史使命》,《经济研究》,1992 年第 12 期。

38. 刘志彪:《论以生产性服务业为主导的现代经济增长》,《中国经济问题》,2004 年第 1 期。

39. 卢锋:《我国承接国际服务外包问题研究》,《经济研究》,2007 年第 9 期。

40. 吕政、刘勇、王钦:《中国生产性服务业发展的战略选择——基于产业互动的研究视角》,《中国工业经济》,2006 年第 8 期。

41. 裴长洪和彭磊:《中国流通领域改革开放回顾》,《中国社会科学》,2008 年第 6 期。

42. 平新乔、梁爽、郝朝艳、张海洋、毛亮:《增值税与营业税的福利效应研究》,《经济研究》,2009 年第 9 期。

43. 钱纳里、鲁宾逊、塞尔奎因:《工业化和经济增长的比较研究》,吴奇等译,上海三联书店和上海人民出版社,1996 年。

44. 青木昌彦和安藤晴彦:《模块时代:新产业结构的本质》,周国荣译,上海远东出版社,2003 年。

45. 芮明杰和赵小芸:《产业发展与结构转型研究——基于上海生产性服务业与先进制造业动态匹配研究》,上海财经大学出版社,2012 年。

46. 盛斌:《中国加入 WTO 服务贸易自由化的评估与分析》,《世界经济》,2002 年第 8 期。

47. 盛斌:《中国对外贸易政策的政治经济学分析》,上海三联书店和上海人民出版社,2002 年。

48. 孙浦阳、侯欣裕、盛斌:《服务业开放、管理效率与企业出口》,《经济研究》,2018 年第 7 期。

49. 唐保庆、邱斌、孙少勤:《中国服务业增长的区域失衡研究——知识产权保护实际强度与最适强度偏离度的视角》,《经济研究》,2018 年第 8 期。

50. 唐晓华、张欣钰、李阳:《中国制造业与生产性服务业动态协调发展实证研究》,《经济研究》,2018 年第 3 期。

51. 汪德华、张再金、白重恩:《政府规模、法治水平与服务业发展》,《经济研究》,2007 年第 6 期。

52. 王恕立和胡宗彪:《中国服务业分行业生产率变迁及异质性考察》,《经济研究》,2012 年第 4 期。

53. 王耀中和王记志:《中国服务贸易与服务业发展互动关系——基于三维向量自回归模型的实证分析》,《系统工程》,2012 年第 8 期。

54. 夏杰长:《高新技术与现代服务业融合发展研究》,经济管理出版社,2008 年。

55. 夏杰长、李勇坚、刘奕、霍景东:《迎接服务经济时代来临》,经济管理出版社,2010 年。

56. 许宪春:《中国国内生产总值核算中存在的若干问题研究》,《经济研究》,2000 年第 2 期。

57. 许宪春:《中国服务业核算及其存在的问题研究》,《经济研究》,2004 年第 3 期。

58. 杨圣明:《服务贸易:中国与世界》,民主与建设出版社,1999 年。

59. 杨小凯:《经济学原理》,中国社会科学出版社,1998 年。

60. 姚战琪:《工业和服务外包对中国工业生产率的影响》,《经济研究》,2010 年第 7 期。

61. 岳希明、张曙光:《我国服务业增加值的核算问题》,《经济研究》,2002 年第 12 期。

62. 翟凡:《中国服务业改革的宏观经济影响》,李善同、华而诚主编:《21 世纪的中国服务业》,经济科学出版社,2002 年。

63. 张汉林和刘锡刚:《论影响服务业外国直接投资的政策措施》,《世界经济》,1996 年第 9 期。

64. 张艳、唐宜红、周默涵:《服务贸易自由化是否提高了制造业企业生产效率》,《世界经济》,2013 年第 11 期。

65. 周振华:《现代服务业发展研究》,上海社会科学院出版社,2005 年。

66. Alchian, Armen and William Allen, 1964, *University Economics: Elements of Inquiry*, Wadsworth Publishing Company Inc., Belmont, California.

67. Antonelli, Cristiano, 1998, "Localized Technological Change, New Information Technology and the Knowledge-based Economy: The European Evidence", *Journal of Evolutionary Economics*, 8(2), pp. 177-198.

68. Antràs, Pol and David Chor, 2013, "Organizing the Global Value Chain", *Econometrica*, 81(6), pp. 2127-2204.

69. Antràs, Pol, 2003, "Firms, Contracts, and Trade Structure", *Quarterly Journal of Economics*, 118(4), pp. 1375-1418.

70. Antràs, Pol, Davin Chor, Thibault Fally, and Russell Hillberry, 2012, "Measuring the Upstreamness of Production and Trade Flows", *American Economic Review*, 102(3), pp. 412-416.

71. Arellano, Manuel and Olympia Bover, 1995, "Another Look at the Instrumental Variable Estimation of Error-Components Models", *Journal of Econometrics*, 68(1), pp. 29-51.

72. Arnold, Jens M., Beata S. Javorcik, and Aaditya Mattoo, 2011, "Does Services Liberalization Benefit Manufacturing Firms? Evidence from the Czech Republic", *Journal of International Economics*, 85(1), pp. 136-146.

73. Arnold, Jens Matthias, Aaditya Mattoo, and Gaia Narciso, 2008, "Services Inputs and Firm Productivity in Sub-Suharan Africa: Evidence from Firm-Level Data", *Journal of African Economies*, 17(4), pp. 578-599.

74. Arnold, Jens Matthias, Beata S. Javorcik, and Aaditya Mattoo, 2007, "Does Services Liberalization Benefit Manufacturing Firms? Evidence from the Czech Republic", World Bank Policy Research Working Paper 4109.

75. Baier, Scott and Jeffery Bergstrand, 2001, "International Trade in Services, Free Trade Agreements, and the WTO", in Robert M. Stern (ed.), *Services in the International Economy*, Ann Arbor, MI: University of Michigan Press.

76. Balassa, Bela, 1964, "The Purchasing Power Parity Doctrine: A Reappraisal," *Journal of Political Economy*, 72(6), pp. 584-596.

77. Balassa, Bela, 1965, "Trade Liberalization and Revealed Comparative Advantage", *Manchester School of Economic and Social Studies*, 33, pp. 99-123.

78. Baldwin, Richard and Anthony Venables, 2010, "Relocating the Value Chain: Offshoring and Agglomeration in the World Economy", NBER Working Paper No. 16111.

79. Baldwin, Richard and James Harrigan, 2011, "Zeros, Quality, and Space: Trade Theory and Trade Evidence", *American Economic Journal: Microeconomics*, 3(2), pp. 60-88.

80. Baldwin, Richard, 1985, *The Political Economy of U.S. Import Policy*, Cambridge: MIT Press.

81. Baldwin, Richard, 2011, "21st Century Regionalism: Filling the Gap between 21st Century Trade and 20th Century Trade Rules", *CEPR Policy Insight 56*.

82. Banga, Rashmi, 2005, "Trade and Foreign Direct Investment in Services: A Review", ICRIER Working Paper Series No. 154.

83. Barro, Robert and Xavier Sala-i-Martin, 1995, *Economic Growth*, McGraw-Hill, Inc.

84. Baumol, William, 1967, "Macroeconomics of Unbalanced Growth: The Anatomy of Urban Crisis." *American Economic Review*, 57, pp. 415-426.

85. Baumol, William, Sue Blackman, and Edward Wolff, 1985, "Unbalanced Growth Revisited: Asymptotic Stagnancy and New Evidence." *American Economic Review*, 75(4), pp. 806-817.

86. Berthélemy, Jean-Claude and Aristomène Varoudakis, 1996, "Financial Development, Policies, and Economic Growth", In N. Hermes and R. Lensink (ed.), *Financial Development and Economic Growth: Theory and Experiences from Developing*

Countries, Routledge.

87. Beverellia, Cosimo, Matteo Fiorinib, and Bernard Hoekman, 2017, "Services Trade Policy and Manufacturing Productivity: The Role of Institutions", *Journal of International Economics*, 104, pp. 166-182.

88. Bhagwati, Jagdish, 1984, "Why Are Services Cheaper in the Poor Countries?" *Economic Journal*, 94, pp. 279-286.

89. Blundell, Richard and Stephen Bond, 1998, "Initial Conditions and Moment Restrictions in Dynamic Panel Data Models", *Journal of Econometrics*, 87 (1), pp. 115-143.

90. Boatman, Kara, 1992, "Telecommunications System Quality and Developing Country Export Performance: An Analysis", Unpublished.

91. Borchert, Ingo, Batshur Gootiiz, and Aaditya Mattoo, 2012, "Guide to the Services Trade Restrictions Database", Policy Research Working Paper No. WPS 6108, Washington, DC: World Bank.

92. Borland, Jeff and Xiaokai Yang, 1992, "Specialization and a New Approach to Economic Organization and Growth," *American Economic Review*, 82 (2), pp. 386-391.

93. Bowden, Roger, 1983, "The Conceptual Basis of Empirical Studies of Trade in Manufactured Commodities: A Constructive Critique", *Manchester School of Economic and Social Studies*, 51 (3), pp. 209-234.

94. Branstetter, Lee and Robert Feenstra, 2002, "Trade and Foreign Direct Investment in China: A Political Economy Approach", *Journal of International Economics*, 58, pp. 335-359.

95. Browning, Harley and Joachim Singelmann, 1975, *The Emergence of a Service Society: Demographic and Sociological Aspects of the Sectoral Transformation of the Labor Force in the U.S.A*, Springfield, VA: National Technical Information Service.

96. Bryson, John and Peter W. Daniels (eds.), 1998, *Service Industries in the Global Economy: Volume 1: Service Theories and Service Employment*, Edward Elgar, Cheltenham/Northampton, MA.

97. Buera, Francisco and Joseph Kaboski, 2012, "The Rise of the Service Economy", *American Economic Review*, 102(6), pp. 2540-2569.

98. Caliendo, Lorenzo and Fernando Parro, 2015, "Estimates of the Trade and Welfare Effects of NAFTA", *Review of Economic Studies*, 82(1), pp. 1-44.

99. Cameron, Colin and Pravin Trivedi, 2005, *Microeconometrics: Methods and Applications*, Cambridge University Press.

100. Cheng, Dazhong and Peter W. Daniels, 2014, "What's So Special about China's Producer Services?" *China and World Economy*, 22 (1), pp. 103-120.

101. Cheng, Dazhong, 2013, "The Development of the Service Industry in the Modern Economy: Mechanisms and Implications for China", *China Finance and Economic Review* 2013, 1: 3 doi:10.1186/2095-4638-1-3, SpringerOpen Journal.

102. Christen, Elisabeth, JosephFrancois, and Bernard Hoekman, 2012, "CGE Modeling of Market Access in Services", Working Paper No.1208, Department of Economics, Johannes Kepler University of Linz.

103. Clark, Colin, 1940, *The Conditions of Economic Progress*, London: Macmillan.

104. Conway, Paul and Giuseppe Nicoletti, 2006, "Product Market Regulation in the Non-Manufacturing Sectors of OECD Countries: Measurement and Highlights", Paris, OECD, Economics Department Working Paper 530.

105. Crozet, Matthieu, Keith Head, and Thierry Mayer, 2012, "Quality Sorting and Trade: Firm-level Evidence for French Wine", *Review of Economic Studies*, 79(2), pp. 609-644.

106. Cummins, David and Maria Rubio-Misas, 2006, "Deregulation, Consolidation, and Efficiency: Evidence from the Spanish Insurance Industry", *Journal of Money, Credit, and Banking*, 38(2), pp. 323-355.

107. Deardorff, Alan, 1985, "Comparative Advantage and International Trade and Investment in Services," in R. M. Stern (ed.), *Trade and Investment in Services: Canada/US Perspectives*, Toronto: Ontario Economic Council, pp. 39-71.

108. Dietzenbacher, Erik, Bart Los, Robert Stehrer, Marcel Timmer, Gaaitzen de Vries, 2013, "The Construction of World Input-Output Tables in the WIOD Project", *Economic Systems Research*, 25, pp. 71-98.

109. Dixit, Avinash and Joseph Stiglitz, 1977, "Monopolistic Competition and Optimum Product Diversity", *American Economic Review*, 67 (3), pp. 297-308.

110. Donghoon Lee and Kenneth Wolpin, 2006, "Intersectoral Labor Mobility and the Growth of the Service Sector", *Econometrica*, 74(1), pp. 1-46.

111. Doove, Samantha, Owen Gaabbitas, Duc Nguyen-Hong, and Joe Owen, 2001, "Price Effects of Regulation: Telecommunications, Air Passenger Transport and Electricity Supply", Productivity Commission Staff Research Paper, AusInfo, Canberra.

112. Dutt, Pushan and Devashish Mitra, 2002, "Endogenous Trade Policy through Majority Voting", *Journal of International Economics*, 58, pp. 107-134.

113. Eaton, Jonathan and Samuel Kortum, 2002, "Technology, Geography, and Trade", *Econometrica*, 70(5), pp. 1741-1779.

114. Edwards, Brian and Ross Starr, 1987, "A Note on Indivisibilities, Specialization, and Economies of Scale", *American Economic Review*, 77 (1), pp. 192-194.

115. Egger, Peter and Rainer Lanz, 2008, "The Determinants of GATS Commitment Coverage", *World Economy*, 31(12), pp. 1666-1694.

116. Eichengreen, Barry and Poonam Gupta, 2013, "The Two Waves of Service-Sector Growth", *Oxford Economic Papers*, 65 (1), pp. 96-123.

117. Eschenbach, Felix, and Bernard Hoekman, 2006, "Services Policy Reform and Economic Growth in Transition Economies", *Review of World Economics/Weltwirtschaftliches Archiv*, 142(4), pp. 746-764.

118. Eschenbach, Felix, Joseph Francois, and Ludger Schuknecht, 2000, "Financial Sector Openness and Economic Growth", In Stijn Claessens and Marion Jansen (ed.), *The Internationalization of Financial Services: Issues and Lessons for Developing Countries*, 103-116. The Hague: Kluwer Law International.

119. Ethier, Wilfred, 1982, "National and International Returns to Scale in the Modern Theory of International Trade", *American Economic Review*, 72 (3), pp. 389-405.

120. Fally, Thibault, 2011, "On the Fragmentation of Production in the U.S.", *University of Colorado mimeo*.

121. Falvey, Rodney and Norman Gemmell, 1991, "Explaining Service-Price Differences in International Comparisons", *American Economic Review*, 81 (5), pp. 1295-1309.

122. Falvey, Rodney and Norman Gemmell, 1996, "A Formalization and Test of the Factor Productivity Explanation of International Differences in Services Prices", *International Economic Review*, 37 (1), pp. 85-102.

123. Fernandes, Ana, 2009, "Structure and Performance of the Service Sector in

Transition Economies", *Economics of Transition*, 17(3), pp. 467-501.

124. Fernandes, Ana, and Caroline Paunov, 2012, "Foreign Direct Investment in Services and Manufacturing Productivity: Evidence for Chile", *Journal of Development Economics*, 97(2), pp. 305-321.

125. Ferrantino, Michael and Zhi Wang, 2008, "Accounting for Discrepancies in Bilateral Trade: The Case of China, Hong Kong, and the United States," *China Economic Review*, 19, pp. 502-520.

126. Findlay, Christopher and Tonny Warren (eds.), 2000, *Impediments to Trade in Services: Measurement and Policy Implications*, London, Routledge.

127. Findlay, Ronald and Stanislaw Wellisz, 1982, "Endogenous Tariffs and the Political Economy of Trade Restrictions and Welfare", in Jagdish Bhagwati (ed.), *Import Competition and Response*, Chicago: University of Chicago.

128. Fink, Carsten, Aaditya Mattoo, and Randeep Rathindran, 2003, "An Assessment of Telecommunications Reform in Developing Countries", *Information Economicsand Policy*, 15(4), pp. 443-466.

129. Fisher, Allan, 1935, *The Clash of Progress and Security*, London: Macmillan.

130. Francois, Joseph and Bernard Hoekman, 1999, "Market Accessin the Service Sectors", manuscript, Tinbergen Institute.

131. Francois, Joseph and Bernard Hoekman, 2010, "Services Trade and Policy", *Journal of Economic Literature*, 48, pp. 642-692.

132. Francois, Joseph and Ian Wooton, 2001, "Market Structure, Trade Liberalization and the GATS", *European Journal of Political Economy*, 17, pp. 389-402.

133. Francois, Joseph and Ian Wooton, 2001, "Trade in International Transport Services: the Role of Competition", *Review of International Economics*, 9, pp. 249-261.

134. Francois, Joseph and Ludger Schuknecht, 1999, "Trade in Financial Services: Procompetitive Effects and Growth Performance", CEPR Discussion Paper No. 2144.

135. Francois, Joseph, 1990a, "Producer Services, Scale, and the Division of Labor", *Oxford Economic Papers*, 42, pp. 715-729.

136. Francois, Joseph, 1990b, "Trade in Producer Services and Returns due to Specialization and the Monopolistic Competition", *Canadian Journal of*

Economics, 23, pp. 109-124.

137. Francois, Joseph, and Julia Woerz, 2008, "Producer Services, Manufacturing Linkages, and Trade", *Journal of Industry, Competition and Trade*, 8(3-4), pp. 199-229.

138. Francois, Joseph, Miriam Manchin, and Annette Pelkmans-Balaoing, 2009, "Regional Integration in Asia: The Role of Infrastructure", In Joseph Francois, Pradumna B. Rana, and Ganeshan Wignaraja (ed.), *Pan-Asian Integration: Linking East and South Asia*, 439–486. Houndmills, U.K. and New York: Palgrave Macmillan.

139. Fuchs, Victor, 1968, *The Service Economy*, National Bureau of Economic Research, New York.

140. Geloso Grosso, M., Frederic Gonzales, Sébastien Miroudot, Hildegunn Kyvik Nordås, Dorothée Rouzet, and Asako Ueno, 2015, "Services Trade Restrictiveness Index (STRI): Scoring and Weighting Methodology", OECD Trade Policy Papers No. 177, OECD Publishing, Paris.

141. Ghosh, Ambica, 1958, "Input-output Approach in an Allocation System", *Economica*, 25(97), pp. 58-64.

142. Greenfield, Harry, 1966, *Manpower and the Growth of Producer Services*, New York: Columbia University Press.

143. Griffiths, Brian, 1975, *Invisible Barriers to Invisible Trade*, London: Macmillan.

144. Grossman, Gene and Elhanan Helpman, 1994, "Protection for Sale", *American Economic Review*, 84 (4), pp. 833-850.

145. Grossman, Gene and Esteban Rossi-Hansberg, 2008, "Trading Tasks: A Simple Theory of Offshoring", *American Economic Review*, 98(5), pp. 1978-1997.

146. Grubel, Herbert and Michael Walker, 1989, *Service Industry Growth: Cause and Effects*, Fraser Institute, Montreal.

147. Guerrieri, Paolo and Valentina Meliciani, 2005, "Technology and International Competitiveness: The Interdependence between Manufacturing and Producer Services", *Structural Change and Economic Dynamics*, 16. pp. 489-502.

148. Hardin, Alexis and Leanne Holmes, 1997, "Services Trade and Foreign Direct Investment", Staff Research Paper, Industry Commission, Canberra: Australian Government Publishing Services.

149. Helpman, Elhanan and Paul Krugman, 1985, *Market Structure and Foreign Trade*, MIT Press, Cambridge.

150. Helpman, Elhanan, 1984, "The Factor Content of Foreign Trade", *Economic Journal*, 94 (373), pp. 84-94.

151. Hillman, Arye, 1982, "Declining Industries and Political Support Protectionist Motives", *American Economic Review*, 72, pp. 1180-1187.

152. Hoekman, Bernard and Carlos Braga, 1997, "Protection and Trade in Services: A Survey", *Open Economies Review*, 8, pp. 285-308.

153. Hoekman, Bernard and Michel Kostecki, 1995, *The Political Economy of the World Trading System-From GATT to GATS*, Oxford University Press.

154. Hoekman, Bernard, 1995, "Assessing the General Agreement on Trade in Services", in W. Martin and L. Alan Winters (eds.), *The Uruguay Round and the Developing Countries*, World Bank Discussion Paper 307, Washington, DC: World Bank.

155. Hummels, David and Alexandre Skiba, 2004, "Shipping the Good Apples Out? An Empirical Confirmation of the Alchian-Allen Conjecture", *Journal of Political Economy*, 112 (6), pp. 1384-1402.

156. Inklaar, Robert and Marcel Timmer, 2014, "The Relative Price of Services", *Review of Income and Wealth*, 60 (4), pp. 727-746.

157. Inklaar, Robert, Marcel Timmer, and Bart van Ark, 2007, "Mind the Gap! International Comparisons of Productivity in Services and Goods Production", *German Economic Review*, 8(2), pp. 281-307.

158. Inklaar, Robert, Marcel Timmer, and Bart van Ark, 2008, "Market Services Productivity across Europe and the US", *Economic Policy*, 23(53), pp. 139-194.

159. Itakura, Ken and Hiro Lee, 2012, "Welfare Changes and Sectoral Adjustments of Asia-Pacific Countries under Alternative Sequencings of Free Trade Agreements", *Global Journal of Economics*, 01.02.

160. Jones, Ronald and Frances Ruane, 1990, "Appraising the Options for International Trade in Services", *Oxford Economic Papers*, 42, pp. 672-687.

161. Jones, Ronald and Henryk Kierzkowski, 1990, "The Role of Services in Production and International Trade: A Theoretical Framework", In *The Political Economy of International Trade*, ed. R. Jones and A. Krueger, Oxford: Basil Blackwell.

162. Kalinova, Blanka, Angel Palerm and Stephen Thomsen, 2010, "OECD's FDI Restrictiveness Index: 2010 Update", Paris, OECD, Working Paper on International Investment.
163. Kee, Hiau Looi, Alessandro Nicita and Marcelo Olarreaga, 2009, "Estimating Trade Restrictiveness Indices", *Economic Journal*, 119(534), pp. 172-199.
164. Khayum, Mohammed, 1995, "The Impact of Service Sector Growth on Intersectoral Linkages in the United States", *Service Industries Journal*, 15(1), pp. 35-49.
165. Kierzkowski, Henryk, 1986, "Modeling International Transportation Services", International Monetary Fund Research Paper DM/86/35.
166. Knetter, Michael and Thomas Prusa, 2003, "Macroeconomic Factors and Antidumping Flings: Evidence from Four Countries", *Journal of International Economics*, 61, pp. 1-17.
167. Konan, Denise Eby and Keith Maskus, 2006, "Quantifying the Impact of Services Liberalizationin a Developing Country", *Journal of Development Economics*, 81(1), pp. 142-162.
168. Koopman, Robert, Zhi Wang and Shang-Jin Wei, 2014, "Tracing Value-added and Double Counting in Gross Exports", *American Economic Review*, 104(2), pp. 459-494.
169. Kravis, Irving, Alan Heston and Robert Summers, 1982, *World Product and Income: International Comparisons of Real Gross Product*, Baltimore: John Hopkins University Press for the World Bank.
170. Kravis, Irving, Alan Heston and Robert Summers, 1983, "The Share of Services in Economic Growth", in F. G. Adams and B. G. Hickman, eds., *Global Econometrics: Essays in Honor of Lawrence R. Klein*, Cambridge: MIT Press, pp. 188-218.
171. Krugman, Paul, 1979, "Increasing Returns, Monopolistic Competition, and International Trade", *Journal of International Economics*, 9, pp. 469-480.
172. Krugman, Paul, 1980, "Scale Economies, Product Differentiation, and the Pattern of Trade", *American Economic Review*, 70, pp. 950-959.
173. Kugler, Maurice and Eric Verhoogen, 2012, "Prices, Plant Size, and Product Quality", *Review of Economic Studies*, 79(1), pp. 307-339.

174. Kumakura, Masanaga, 2007, "What's So Special about China's Exports? A Comment," *China and World Economy*, 15 (5), pp. 18-37.

175. Kuznets, Simon, 1973, "Modern Economic Growth: Findings and Reflections", *American Economic Review*, 63, pp. 247-258.

176. Lai, Huiwen and Susan Chun Zhu, 2007, "Technology, Endowments, and the Factor Content of Bilateral Trade", *Journal of International Economics*, 71(2), pp. 389-409.

177. Lancaster, Kelvin, 1966, "A New Approach to Consumer Theory", *Journal of Political Economy*, 74, pp. 132-157.

178. Lancaster, Kelvin, 1979, *Variety, Equity and Efficiency*, Columbia University Press, New York.

179. Lawrence, Robert, 1996, *Regionalism, Multilateralism, and Deeper Integration*, Washington: Brookings Institution Press.

180. Leontief, Wassily, 1936, "Quantitative Input and Output Relations in the Economic System of the United States", *Review of Economics and Statistics*, 18(3), pp. 105-125.

181. Linder, Staffan Burenstam, 1961, *An Essay on Trade and Transformation*, Uppsala: Almqvist & Wiksells.

182. Los, Bart, Marcel Timmer, and Gaaitzen de Vries, 2016, "Tracing Value-Added and Double Counting in Gross Exports: Comment", *American Economic Review*, 106(7), pp. 1958-1966.

183. Lucas, Robert, 1988, "On the Mechanics of Economic Development", *Journal of Monetary Economics*, 22 (1), pp. 3-42.

184. Magee, Stephen, William Brock, and Leslie Young, 1989, *Black Hole Tariffs and Endogenous Policy Theory: Political Economy in General Equilibrium*, Cambridge: Cambridge University Press.

185. Markusen, James, 1989, "Trade in Producer Services and in Other Specialized Intermediate Inputs", *American Economic Review*, 79(1), pp. 85-95.

186. Markusen, James, and Bridget Strand, 2008, "Offshoring of Business Services in Small Open Economies: Toward a General-Equilibrium Modeling Approach", *Journal of Industry, Competition and Trade*, 8(3-4), pp. 231-246.

187. Markusen, James, and Bridget Strand, 2009, "Adapting the Knowledge-Capital

Model of the Multinational Enterprise to Trade and Investment in Business Services", *World Economy*, 32(1), pp. 6-29.

188. Markusen, James, Thomas Rutherford, and David Tarr, 1999, "Foreign Direct Investment in Services and the Domestic Market for Expertise", at the Second Annual Conference on Global Economic Analysis.

189. Mattoo, Aaditya, and Randeep Rathindran, 2006, "How Health Insurance Inhibits Trade in Health Care", *Health Affairs*, 25(2), pp. 358-368.

190. Mattoo, Aaditya, Randeep Rathindran, and Arvind Subramanian, 2006, "Measuring Services Trade Liberalization and Its Impact on Economic Growth: An Illustration", *Journal of Economic Integration*, 21(1), pp. 64-98.

191. Mattoo, Aaditya, Zhi Wang, and Shang-Jin Wei (ed.), 2013, *Trade in Value Added: Developing New Measures of Cross-Border Trade*, The World Bank, Washington D. C., USA.

192. Mayer, Wolfgang, 1984, "Endogenous Tariff Formation", *American Economic Review*, 74 (5), pp. 190-197.

193. Melitz, Marc, 2003, "The Impact of Trade on Intra-industry Reallocations and Aggregate Industry Productivity", *Econometrica*, 71(6), pp. 1695-1725.

194. Miller, Ronald and Peter Blair, 2009, *Input-output Analysis: Foundations and Extensions*, Cambridge University Press.

195. Miller, Ronald and Umed Temurshoev, 2017, "Output Upstreamness and Input Downstreamness of Industries/Countries in World Production", *International Regional Science Review*, 40(5), pp. 443-475.

196. OECD, 2009, "Methodology for Deriving the Services Trade Restrictiveness Index", unpublished working paper.

197. Pacific Economic Cooperation Council (PECC), 1995, *Survey of Impediments to Trade and Investmentin the APEC Region*, Singapore: PECC.

198. Petri, Peter, Michael Plummer, and Fan Zhai, 2011, "The Trans-Pacific Partnership and Asia-Pacific Integration: AQuantitative Assessment", East-West Center Working Papers No. 119, October 24.

199. Riddle, Dorothy, 1986, *Service-led Growth: The Role of the Service Sector in the World Development*, Praeger Publishers.

200. Rivera-Batiz, Francisco and Luis A. Rivera-Batiz, 1992, "Europe 1992 and the

Liberalization of Direct Investment Flows: Services versus Manufacturing", *International Economic Journal*, 6, pp. 45-57.

201. Robinson, Sherman, Zhi Wang, and Will Martin, 2002, "Capturing the Implications of Services Trade Liberalization", *Economic Systems Research*, 14(1), pp. 3-33.

202. Rodríguez-Clare, Andrés, 1996, "The Division of Labor and Economic Development", *Journal of Development Economics*, 49(1), pp. 3-32.

203. Roland, Gerard, 2002, "The Political Economy of Transition", *Journal of Economic Perspectives*, 16(1), pp. 29-50.

204. Romer, Paul, 1990, "Endogenous Technological Change", *Journal of Political Economy*, 98(5), pp. S71-S102.

205. Roodman, David, 2009, "How to Do Xtabond2: An Introduction to Difference and System GMM in Stata", *Stata Journal*, 9 (1), pp. 86-136.

206. Roy, Martin, 2009, "Endowments, Power, and Democracy: Political Economy of Multilateral Commitments on Trade in Services", World Trade Organization Economic Research and Statistics Division Staff Working Paper 2009-07.

207. Roy, Martin, Juan Marchetti, and Hoe Lim, 2006, "Services liberalization in the new generation of Preferential Trade Agreements (PTAs): How much further than the GATS?" WTO Staff Working Paper, No. ERSD-2006-07.

208. Rutherford, Thomas, David Tarr, and Oleksandr Shepotylo, 2006, "The Impact on Russia of WTO Accession and the DDA: The Importance of Liberalization of Barriers against FDI in Services for Growth and Poverty Reduction", In Thomas W. Hertel and L. Alan Winters, eds., *Poverty and the WTO: Impacts of the Doha Development Agenda*, 467-496. Washington, D. C.: World Bank; Houndmills, U.K. and New York: Palgrave Macmillan.

209. Samuelson, Paul, 1964, "Theoretical Notes on Trade Problems", *Review of Economics and Statistics*, 46, pp. 145-154.

210. Sapir, André and Chantal Winter, 1994, "Services Trade", in David Greenaway and Alan Winters (eds.), *Surveys in International Trade*, Basil Blackwell Ltd, p. 273.

211. Schaffer, Mark, 2010, "XTIVREG2: Stata Module to Perform Extended IV/2SLS, GMM and AC/HAC, LIML and k-class Regression for Panel Data Models", Available at http://ideas.repec.org/c/boc/bocode/s456501.html.

212. Snape, Richard, 1998, "Reaching Effective Agreements Covering Services", in A. Krueger(ed.), *The WTO as an International Organization*, University of Chicago Press, Chicago and London.

213. Spence, Michael, 1976, "Product Selection, Fixed Costs, and Monopolistic Competition", *Review of Economic Studies*, 43 (2), pp. 217-235.

214. Stibora, Joachim and Albert de Vaal, 1995, *Services and Services Trade: A Theoretical Inquiry*, Amsterdam: Thesis Publishers.

215. Triplett, Jack and Barry Bosworth, 2003, "Productivity Measurement Issues in Services Industries: 'Baumol's Disease' Has Been Cured", *Economic Policy Review*, Federal Reserve Bank of New York, No. Sep, pp. 23-33.

216. Triplett, Jack, and Barry Bosworth, 2004, *Productivity in the U.S. Services Sector: New Sources of Economic Growth*, Washington, D. C.: Brookings Institution Press.

217. UNCTAD, 2004, *The Shift Towards Services*, World Investment Report, New York and Geneva.

218. UNCTAD, 2011, *Non-equity modes of International Production and Development*, World Investment Report, New York and Geneva.

219. UNCTAD, 2012, *Towards a New Generation of Investment Policies*, World Investment Report, Geneva.

220. UNCTAD, 2013, *Global Value Chains: Investment and Trade for Development*, World Investment Report, New York and Geneva.

221. Van Ark, Bart, Johanna Melka, Nanno Mulder, Marcel Timmer, Gerard Ypma, and Alessandra Colecchia, 2002, "ICT Investment and Growth Accounts for the European Union 1980-2000", Groningen Growth and Development Centre.

222. Van Marrewijk, Charles, Joachim Stibora, and Albert de Vaal, 1996, "Services Tradability, Trade Liberalization, and Foreign Direct Investment", *Economica*, 63, pp. 611-631.

223. Walmsley, Terrie, and Alan Winters, 2005, "Relaxing the Restrictions on the Temporary Movement of Natural Persons: A Simulation Analysis", *Journal of Economic Integration*, 20(4), pp. 688-726.

224. Wang, Zhi, Shang-Jin Wei and Kunfu Zhu, 2013, "Quantifying International Production Sharing at the Bilateral and Sector Levels", NBER Working Paper No.

19677.

225. Warren, Tony, 2001, "The Identification of Impediments to Trade and Investment in Telecommunications Services," in Christopher Findlay and Tony Warren (eds.), *Impediments to Trade in Services: Measurement and Policy Implications*, New York: Routledge.

226. Windrum, Paul and MarkTomlinson, 1999, "Knowledge-intensive Services and International Competitiveness: A Four Country Comparison", *Technology Analysis and Strategic Management*, 11(3), pp. 391-408.

227. Wong, Clement Yuk Pang, Jinhui Wu, and Anming Zhang, 2006, "A Model of Trade Liberalization in Services", *Review of International Economics*, 14(1), pp. 148-168.

228. WTO, 2007, *World Trade Report* 2007 — Six decades of multilateral trade cooperation: What have we learnt? World Trade Report, Geneva.

229. WTO, 2010, *Measuring Trade in Services: A Training Module*.

230. WTO, 2012, *Trade and Public Policies: A Closer Look at Non-Tariff Measures in the 21st Century*, World Trade Report, Geneva.

231. Yang, Xiaokai and YewKwang Ng, 1993, *Specialization and Economic Organization: A New Classical Microeconomic Framework*, Amsterdam, North-Holland.

232. Young, Alwyn, 2014, "Structural Transformation, the Mismeasurement of Productivity Growth, and the Cost Disease of Services", *American Economic Review*, 104(11), pp. 3635-3667.

后　记

当前,世界经济最令人关注的热点问题应该是中国与美国之间的经贸摩擦。从2018年年初至今,中美经贸摩擦已经持续一年多了,但似乎没有改善的迹象。中美经贸摩擦以及多轮经贸谈判磋商表明,服务业包括生产性服务业的改革开放不仅已成为中美双边经贸关系的焦点,而且将是中国未来经济改革与开放的重点。本书也算是对这一现实问题的初步探讨。

本书是笔者主持的国家社科基金重点项目(14AZD058)的最终研究成果、国家社科基金重大项目(专项立项)(18VSJ056)和教育部人文社科重点研究基地重大项目(项目号:17JJD790001)的阶段性成果。笔者对生产性服务业问题的关注已有近二十年时间。早在2006年年初,笔者就在文汇出版社出版过一本33万字的专著《生产者服务论》,这是"国内第一本生产性服务业方面专著"(这一评价见夏杰长等:《新中国服务经济研究70年》,第130页,中国社会科学出版社2019年版)。从那之后,笔者的研究兴趣逐渐转移至微观层面上的企业国际化与全球价值链问题。随着研究领域的拓展,笔者越来越体会到生产性服务在国民经济与世界经济中的重要作用,并试图把这一问题与全球价值链研究结合起来。基于这一设想,笔者在2014年上半年以"扩大我国生产性服务业对外开放的路径与战略研究"为题申请到了国家社科基金重点项目的资助。该课题从立项到2019年年初完成,历时四年半,并以"免于鉴定"顺利结项。随后笔者又用将近半年的时间在课题成果的基础上进行修改完善,最终完成这本专著。

本书的研究与写作得到了很多人的帮助。首先要特别感谢复旦大学世界经济系与复旦大学世界经济研究所的诸位同事:万广华教授、干杏娣教授、田素华教授、沈国兵教授、罗长远教授、李志远教授、刘军梅副教授、唐东波副教授等,以及复旦大学国际金融系的杨长江教授、复旦大学管理学院的肖志国教授。他们在系(所)学术论坛"开放经济与世界经济学术报告"等不同场合对课题的部分研究成果给予了富有洞见的讨论与中肯的建议。

最后,我要对支持本书出版的复旦大学出版社戚雅斯女士表示由衷的谢意。

程大中

2019 年 12 月 28 日于复旦大学

图书在版编目(CIP)数据

中国生产性服务业发展与开放:理论、实证与战略/程大中著. —上海:复旦大学出版社,2020.5
ISBN 978-7-309-14916-6

Ⅰ.①中… Ⅱ.①程… Ⅲ.①生产服务-服务业-产业发展-研究-中国 Ⅳ.①F726.9

中国版本图书馆 CIP 数据核字(2020)第 036769 号

中国生产性服务业发展与开放:理论、实证与战略
程大中 著
责任编辑/戚雅斯

复旦大学出版社有限公司出版发行
上海市国权路 579 号 邮编:200433
网址:fupnet@fudanpress.com http://www.fudanpress.com
门市零售:86-21-65642857 团体订购:86-21-65118853
外埠邮购:86-21-65109143
常熟市华顺印刷有限公司

开本 787×1092 1/16 印张 19 字数 277 千
2020 年 5 月第 1 版第 1 次印刷

ISBN 978-7-309-14916-6/F·2679
定价:58.00 元

如有印装质量问题,请向复旦大学出版社有限公司发行部调换。
版权所有 侵权必究